Modernes Russisch
GRUNDGRAMMATIK

von
Monika Brosch, Jutta Schmidt
und Harry Walter

Ernst Klett Sprachen
Stuttgart

Modernes Russisch – Grundgrammatik

von
Dr. Monika Brosch; Jutta Schmidt, Leipzig; Dr. Harry Walter, Greifswald

Beratende Mitarbeit: Hans-Christoph Pocha, Bottrop

2. Auflage 2 $^{1\ 5\ 14\ 13}$ | 2025 24 23 22

Alle Drucke dieser Auflage sind unverändert. Die letzte Zahl bezeichnet das Jahr des Druckes. Das Werk und seine Teile sind urheberrechtlich geschützt. Jede Nutzung in anderen als den gesetzlich zugelassenen Fällen bedarf der vorherigen schriftlichen Einwilligung des Verlags.

© Ernst Klett Sprachen GmbH, Rotebühlstraße 77, 70178 Stuttgart, 1996
Alle Rechte vorbehalten.

Internetadresse: www.klett-sprachen.de

Umschlaggestaltung: Christian Dekelver, Weinstadt
Druck: Elanders GmbH, Waiblingen

Printed in Germany.
ISBN 978-3-12-515260-1

Inhaltsverzeichnis

Kapitel 1　Lautung und Schreibung

Seite

§ 1	Das russische Alphabet	8
§ 2	Die Konsonanten	9
§ 3	Lautverbindungen	11
§ 4	Vokale	12
§ 5	Schreibregeln	14
§ 6	Satzintonation	14

Kapitel 2　Wortbildung

§ 7	Bestandteile des Wortes	16
§ 8	Präfixe	17
§ 9	Suffixe	19
§ 10	Wortzusammensetzungen	23

Kapitel 3　Verb

§ 11	Infinitiv	25
§ 12	Verbstämme	25
§§ 13–14	Konjugation des Verbs	26
§ 13	e-Konjugation	26
§ 14	и-Konjugation	28
§§ 15–18	Aspekt	28
§ 15	Aspektpaare	28
§ 16	Verben des unvollendeten Aspekts	29
§ 17	Verben des vollendeten Aspekts	30
§ 18	Aspektbildung	31
§§ 19–22	Tempusformen	33
§ 19	Tempusformen und Aspekt	33
§ 20	Präsens	33
§ 21	Präteritum	34
§ 22	Futur	35
§ 23	Rektion der Verben	37
§ 24	Imperativ	37
§ 25	Konjunktiv	39
§ 26	Verben auf -ся	40
§ 27	Passiv	41
§§ 28–32	Partizipien	43
§ 28	Charakter der Partizipien und ihr Formenbestand	43
§ 29	Partizip Präsens Aktiv	43
§ 30	Partizip Präteritum Aktiv	44
§ 31	Partizip Präsens Passiv	45
§ 32	Partizip Präteritum Passiv	46
§ 33	Übersicht zu Bildung und Gebrauch der Partizipien	48

§§ 34–36	Adverbialpartizipien	48
§ 34	Charakter und Formenbestand der Adverbialpartizipien	48
§ 35	Adverbialpartizip der Gleichzeitigkeit	49
§ 36	Adverbialpartizip der Vorzeitigkeit	50
§§ 37–38	Verben der Fortbewegung	51
§ 37	Unpräfigierte Verben der Fortbewegung	52
§ 38	Präfigierte Verben der Fortbewegung	54

Kapitel 4   Substantiv

§ 39	Einteilung der Substantive	56
§ 40	Genus der Substantive	56
§ 41	Numerus der Substantive	58
§ 42	Belebtheit – Unbelebtheit	59
§§ 43–50	Deklination der Substantive	60
§ 43	Deklinationstypen	60
§ 44	I. Deklination – Maskulina	61
§ 45	I. Deklination – Neutra	65
§ 46	II. Deklination – Feminina auf -а (-я)	68
§ 47	III. Deklination – Feminina auf -ь (и-Deklination)	70
§ 48	Russische Namen	72
§ 49	Deklination der Familiennamen	73
§ 50	Undeklinierbare Substantive	74

Kapitel 5   Adjektiv

§ 51	Einteilung der Adjektive	75
§§ 52–56	Deklination der Adjektive	76
§ 52	Deklinationstypen	76
§ 53	Adjektive mit hartem Stammauslaut	77
§ 54	Adjektive mit weichem Stammauslaut	78
§ 55	Possessivadjektive	79
§ 56	Gattungsadjektive	80
§ 57	Kurz- und Langformen der Adjektive	81
§§ 58–60	Komparation der Adjektive	85
§ 58	Steigerungsformen	85
§ 59	Bildung und Gebrauch des Komparativs	86
§ 60	Bildung und Gebrauch des Superlativs	89

Kapitel 6   Numerale

§ 61	Einteilung der Numeralien	93
§§ 62–71	Kardinalzahlwörter	94
§ 62	Überblick	94
§ 63	Das Kardinalzahlwort ноль/нуль	94
§ 64	Das Kardinalzahlwort один	95
§ 65	Die Kardinalzahlwörter два, три, четы́ре	96
§ 66	Die Kardinalzahlwörter 5–20 und 30	98
§ 67	Die Kardinalzahlwörter 40, 90, 100	99
§ 68	Die Kardinalzahlwörter 50, 60, 70, 80	99
§ 69	Die Kardinalzahlwörter 200, 300, 400 … 900	100
§ 70	Die Kardinalzahlwörter ты́сяча, миллио́н, милли́ард	100
§ 71	Mehrgliedrige Kardinalzahlwörter	101
§ 72	Sammelzahlwörter	101

§ 73	Ordinalzahlwörter	104
§ 74	Bruchzahlwörter	105
§ 75	Unbestimmte Zahlwörter	107

Kapitel 7 Pronomen

§ 76	Einteilung der Pronomen	108
§ 77	Personalpronomen	109
§ 78	Possessivpronomen	111
§ 79	Demonstrativpronomen	113
§ 80	Interrogativpronomen	114
§ 81	Relativpronomen	116
§ 82	Reflexivpronomen	117
§ 83	Determinativpronomen	118
§ 84	Negationspronomen	120
§ 85	Indefinitpronomen	121

Kapitel 8 Adverb

| § 86 | Einteilung der Adverbien | 124 |
| § 87 | Komparation der Adverbien | 126 |

Kapitel 9 Präposition

§ 88	Die wichtigsten einfachen Präpositionen und ihr Gebrauch	127
§ 89	Die wichtigsten abgeleiteten Präpositionen und ihr Gebrauch	131
§ 90	Sonderfälle	131

Kapitel 10 Konjunktion

| § 91 | Die wichtigsten Konjunktionen und ihr Gebrauch | 133 |
| § 92 | Zum Gebrauch von и, а, und но | 135 |

Kapitel 11 Partikel

| § 93 | Eigentliche Partikeln und ihr Gebrauch | 136 |
| § 94 | Wort- und formbildende Partikeln | 137 |

Kapitel 12 Interjektion

§ 95	Interjektionen zum Ausdruck von Gefühlen	139
§ 96	Interjektionen zum Ausdruck von Aufforderungen	140
§ 97	Interjektionen des Grußes, des Dankes, der Entschuldigung	140

Kapitel 13 Kongruenz zwischen Subjekt und Prädikat

| § 98 | Allgemeine Regeln | 141 |
| § 99 | Sonderfälle | 142 |

Kapitel 14   Die wichtigsten Funktionen der Kasus

§ 100	Nominativ	144
§ 101	Genitiv	144
§ 102	Dativ	145
§ 103	Akkusativ	146
§ 104	Instrumental	147
§ 105	Präpositiv	148

Kapitel 15   Der Gebrauch von быть

§ 106	(не) быть als Kopula „sein/nicht sein"	149
§ 107	быть zum Ausdruck des Vorhandenseins, der Existenz, der Anwesenheit	150
§ 108	быть zur Wiedergabe von „haben"	150

Kapitel 16   Können – dürfen – müssen – sollen – wollen – mögen

§ 109	können – nicht können	152
§ 110	dürfen – nicht dürfen	153
§ 111	müssen – nicht müssen/nicht brauchen	153
§ 112	sollen – nicht sollen	155
§ 113	wollen – nicht wollen	155
§ 114	mögen – nicht mögen	156

Kapitel 17   Verneinte Sätze

§ 115	Der Gebrauch von не, нет und ни	157
§ 116	Das direkte Objekt nach verneintem transitiven Verb	159
§ 117	Doppelte Verneinung	160

Kapitel 18   Fragesätze

§ 118	Ergänzungsfragen (Fragen mit Fragewort)	161
§ 119	Entscheidungsfragen (Fragen ohne Fragewort)	161

Kapitel 19   Direkte und indirekte Rede

§ 120	Die Form der direkten und indirekten Rede	163
§ 121	Die Wiedergabe von Aussagesätzen	164
§ 122	Die Wiedergabe von Aufforderungssätzen	165
§ 123	Die Wiedergabe von Fragesätzen (indirekte Fragesätze)	165

Kapitel 20   Unbestimmt-persönliche und unpersönliche Sätze

§ 124	Unbestimmt-persönliche Sätze	166
§ 125	Unpersönliche Sätze	166

Kapitel 21 Adverbialsätze

§ 126 Modalsätze 169
§ 127 Lokalsätze 169
§ 128 Temporalsätze 170
§ 129 Kausalsätze 171
§ 130 Finalsätze 172
§ 131 Konditionalsätze 173
§ 132 Konsekutivsätze 173
§ 133 Konzessivsätze 173

Kapitel 22 Zeit- und Ortsangaben

§ 134 Altersangaben 174
§ 135 Uhrzeitangaben 174
§ 136 Datumsangaben 177
§ 137 Jahreszahlen 178
§ 138 Datums- und Jahresangabe 179
§ 139 Präpositionale Fügungen zum Ausdruck temporaler Beziehungen 179
§ 140 Präpositionale Fügungen zum Ausdruck lokaler Beziehungen 180

Anhang

1. Unterschiede in der Rektion gebräuchlicher deutscher und russischer Verben 182
2. Liste einiger häufiger unregelmäßiger Verben 185

Register 187

Kapitel 1 Lautung und Schreibung

§ 1 Das russische Alphabet

1. Überblick

Druck-schrift	Schreib-schrift	Russische Benennung	Transkription (Duden)	Beispielwort	
				russisch	transkribiert
А а	*A a*	а	a	Ахма́това	Achmatowa
Б б	*Б б*	бэ	b	Бело́в	Below
В в	*B b*	вэ	w	Нева́	Newa
Г г	*Г г*	гэ	g	Во́лга	Wolga
Д д	*D d*	дэ	d	Дон	Don
Е е	*E e*	е	1. e nach Konsonant	Ле́на	Lena
			2. je • am Wortanfang • nach Vokal • nach ь und ъ	Енисе́й Сила́ев Ю́рьев	Jenissei Silajew Jurjew
Ё ё	*Ё ё*	ё	1. jo	Орёл	Orjol
			2. o nach ж, ш, ч, щ	Горбачёв	Gorbatschow
Ж ж	*Ж ж*	жэ	sh	Кижи́	Kishi
З з	*З з*	зэ	s (stimmhaft)	Пе́нза	Pensa
И и	*И и*	и	i	И́горь	Igor
Й й	*Й й*	и краткое	1. i	Байка́л	Baikal
			2. nach и und ы unbezeichnet	Го́рький Бе́лый	Gorki Bely
К к	*К к*	ка	k ks = x	Куприн́ Ксе́ния	Kuprin Xenija
Л л	*Л л*	эль	l	Левита́н	Lewitan
М м	*М м*	эм	m	Москва́	Moskwa
Н н	*Н н*	эн	n	Но́вгород	Nowgorod
О о	*О о*	о	o	О́мск	Omsk
П п	*П п*	пэ	p	Пермь	Perm
Р р	*Р р*	эр	r	Ири́на	Irina
С с	*С с*	эс	1. s (stimmlos)	Сама́ра	Samara
			2. ss zw. Vokalen	Тару́са	Tarussa
Т т	*Т т*	тэ	t	Тама́ра	Tamara
У у	*У у*	у	u	Ту́ла	Tula
Ф ф	*Ф ф*	эф	f	Фет	Fet
Х х	*Х х*	ха	ch	Хаба́ровск	Chabarowsk
Ц ц	*Ц ц*	цэ	z	Цвета́ева	Zwetajewa
Ч ч	*Ч ч*	че	tsch	Со́чи	Sotschi
Ш ш	*Ш ш*	ша	sch	Пу́шкин	Puschkin
Щ щ	*Щ щ*	ща	schtsch	Щедри́н	Schtschedrin

Druck-schrift	Schreib-schrift	Russische Benennung	Transkription (Duden)	Beispielwort	
				russisch	transkribiert
ъ	ъ	твёрдый знак	bleibt unbezeichnet	объе́кт	Objekt
ы	ы	ы	y	Ирты́ш	Irtysch
ь	ь	мягкий знак	bleibt unbezeichnet	Каза́нь	Kasan
Э э	Э э	э оборотное	e	Эльбру́с	Elbrus
Ю ю	Ю ю	ю	ju	Ю́рий	Juri
Я я	Я я	я	ja	Я́лта	Jalta

Das russische Alphabet umfasst 33 kyrillische Buchstaben:

10 Vokalbuchstaben, 21 Konsonantenbuchstaben sowie das Härte- und das Weichheitszeichen.

Das **Weichheitszeichen** ь (мягкий знак) und das **Härtezeichen** ъ (твёрдый знак) stehen nicht für Laute.

ь	bezeichnet die Weichheit des vorangehenden Konsonanten Das gilt nicht für die stets harten Konsonanten ж, ш, ц ↗ § 2	чита́ть мать	lesen Mutter
ь und ъ	verweisen bei nachfolgendem я, е, ё, ю und (nur ь) и auf deren Aussprache als **[j] + Vokal**.	пьём [jo] объе́кт [je]	(wir) trinken Objekt

2. Wortbetonung

Das Russische hat **keine feste Betonung.**
Die Betonung kann grundsätzlich **auf jeder Silbe** eines Wortes liegen:

кни́га Buch, газе́та Zeitung, города́ Städte, ученики́ Schüler, достопримеча́тельности Sehenswürdigkeiten

In einigen Wörtern unterscheidet ausschließlich die Betonung deren Bedeutung:

замо́к Türschloss – за́мок Schloss(gebäude), семьи́ der Familie (Gen. Sing.), – се́мьи die Familien (Nom. Pl.), уже́ schon – у́же enger (Komparativ zu у́зкий)

∇ Die Betonung muss bei jedem Wort mitgelernt werden.

Die Betonung der Wörter beeinflusst in starkem Maße deren Aussprache ↗ § 4. Die **betonte Silbe** wird im Russischen **deutlich, lang** und **intensiv** ausgesprochen. Unbetonte Silben werden stark **abgeschwächt** (reduziert) ausgesprochen. Je weiter die unbetonte von der betonten Silbe entfernt ist, desto kürzer und undeutlicher wird sie.

§ 2 Die Konsonanten

1. Harte und weiche Konsonanten

Im Gegensatz zum Deutschen wird im Russischen zwischen **harten** (nicht palatalisierten) und **weichen** (palatalisierten) **Konsonanten** unterschieden. Bei der Bildung der weichen Konsonanten wird der Zungenrücken zusätzlich gegen den harten Gaumen (lat. palatum) gehoben.
Die meisten russischen Konsonanten haben **sowohl** eine **weiche** als **auch** eine **harte Variante**.

hart	б	п	в	ф	г	к	д	т	з	с	х	л	м	н	р	
weich	б′	п′	в′	ф′	г′	к′	д′	т′	з′	с′	х′	л′	м′	н′	р′[1]	j

[1] Das Zeichen ′ verweist darauf, dass der vorangehende Konsonant weich ist.

▽ **Immer hart** sind ж, ш, ц.
Nach **ж, ш, ц** spricht man
и wie [ы], **е** wie [э] und
ё wie [о]:

маши́на [ы]   Auto   жест [э]   Geste

цена́ [э]   Preis   шёл [о]   (er) ging

▽ **Immer weich** sind ч, щ, й [j]:   чай   Tee   щи   Kohlsuppe   май   Mai

Die **Weichheit** der anderen Konsonanten wird durch den **nachfolgenden Buchstaben** angezeigt und zwar

– durch ein Weichheitszeichen: учи́те[л′]ь   Lehrer   тетра́[д′]ь   Heft

– durch я, е, и, ё, ю: [д′]е[р′]é[в′]ня   Dorf   [л′]ю́[б′]ит   (er) liebt   и[д′]ёт   (er) geht

Die Weichheit des Konsonanten kann **bedeutungsunterscheidend** wirken:

брат Bruder – брать nehmen; говори́т (er) spricht – говори́ть sprechen

2. Stimmhafte und stimmlose Konsonanten

Im Russischen unterscheidet man wie im Deutschen zwischen **stimmhaften** und **stimmlosen** Konsonanten. Die meisten von ihnen treten in Paaren auf:

stimmhaft	б, б′	в, в′	г, г′	д, д′	ж	з, з′
stimmlos	п, п′	ф, ф′	к, к′	т, т′	ш	с, с′

▽ Nur **stimmhaft** sind: м, м′   н, н′   л, л′   р, р′   й [j]
  Nur **stimmlos** sind: х, х′   ц, ч, щ

Die Stimmhaftigkeit ist im Russischen viel stärker als im Deutschen ausgeprägt. Sie wirkt **bedeutungs-unterscheidend**, z. B. дом (Haus) – том Band (Buch).

3. Kurze und lange Konsonanten

Im Russischen unterscheidet man im Gegensatz zum Deutschen **kurze** und **lange Konsonanten**.
Kurze Konsonanten des Russischen haben die gleiche Dauer wie die deutschen Konsonanten. **Lange** Konsonanten haben im Vergleich mit den kurzen die doppelte Länge.
Einfache Konsonantenbuchstaben (mit Ausnahme des **щ**) werden **kurz** gesprochen; **doppelte** Konsonantenbuchstaben und **щ** lang.

kurz		lang	
стена́	Wand	стенна́я газе́та	Wandzeitung
забо́та	Sorge	беззабо́тный	sorglos
тума́н	Nebel	тума́нный	neblig

▽ Stoßen bei einer präpositionalen Fügung zwei **gleichartige Konsonanten** zusammen, so wird **ein langer Konsonant** gesprochen:

к кому́   zu wem
в воде́   im Wasser
под дива́ном   unter dem Sofa

4. Aussprache einzelner Konsonanten

л	Das harte russische [л] wird gebildet, indem man die Mittelzunge senkt und die Zungenspitze an die Oberzähne führt („Löffelform der Zunge").	Ла́ра молоко́ стол	Lara Milch Tisch
л'	Das weiche russische [л'] ist viel weicher als das deutsche [l].	фами́лия лёд автомоби́ль	Familienname Eis Auto
р, р'	Das russische [р] ist ein Zungenspitzen-r.	рома́н Ри́та	Roman Rita
ж, ч, ш, щ	zählen zu den russischen **Zischlauten**.		
ж	wird hart und sehr stimmhaft gesprochen.	журна́л жена́	Journal Ehefrau
ч	wird wie ein weicher **tsch**-Laut gesprochen.	врач чек	Arzt Scheck
ш	ist ein harter, dumpfer **sch**-Laut (deutliches Vorschieben des Unterkiefers).	каранда́ш шко́ла	Bleistift Schule
щ	wird wie ein langer, weicher **schtsch**-Laut gesprochen.	ве́щи ещё	Sachen noch
х	Das harte russische [х] ist dem deutschen „ch" in „ach" ähnlich.	хара́ктер холо́дный	Charakter kalt
х'	Das weiche russische [х'] klingt ähnlich wie das deutsche „ch" in ich.	парикма́хер стихи́	Friseur Verse
й	(**и кра́ткое**) steht nur nach Vokalen. Es wird als [j] gesprochen.	музе́й трамва́й неме́цкий	Museum Straßenbahn deutsch
п, т, к	sind im Russischen im Gegensatz zum Deutschen **nicht behaucht**.	ка́рта парла́мент торт	Karte Parlament Torte

§ 3 Lautverbindungen

Bei der Aussprache von Konsonantenverbindungen ist auf einige Besonderheiten zu achten:

– Im Redefluss gleichen sich Konsonanten an ihre Folgekonsonanten an. Diese Erscheinung nennt man **Stimmassimilation**. Sie wirkt innerhalb eines Wortes und über die Wortgrenzen hinaus (meist zwischen Präposition und Substantiv).

Stimmhafte Konsonanten werden vor **stimmlosen Konsonanten stimmlos**, und
stimmlose Konsonanten werden vor **stimmhaften Konsonanten stimmhaft**, z. B.:

в шко́ле в → [ф] vor ш	in der Schule	из кни́ги з → [с] vor к	aus dem Buch
вокза́л к → [г] vor з	Bahnhof	сде́лать с → [з] vor д	tun

∇ Diese Regel wirkt **nicht** vor
[в], [м], [н], [л], [р] und

твой [тв]	dein	с ма́мой [см]	mit der Mutter

– Im **Wortauslaut** werden **stimmhafte Konsonanten** (ähnlich wie im Deutschen) **stimmlos** gesprochen:

клуб [п]	Klub	друг [к]	Freund	нож [ш]	Messer

– Stehen **с** oder **з** vor einem **Zischlaut**, so verschmelzen sie mit diesem zu einem **langen Zischlaut**:

из шко́лы [ш:]	aus der Schule	с жено́й [ж:]	mit der Ehefrau	вы́сший [ш:]	(der) höchste

– In einigen (schwer auszusprechenden) Konsonantenverbindungen kommt es zum **Konsonantenausfall**:

Здра́вствуй! [ств]	Guten Tag!	со́лнце [нц]	Sonne	счастли́вый [сл]	glücklich	че́стно [сн]	ehrlich

– In einigen Wörtern wird **г** als [в] bzw. [х] und **ч** als [ш] gesprochen:

сего́дня [в]	heute	лёгкий [х]	leicht	что [ш]	was
но́вого [в]	neu (Gen. Sing.)	мя́гкий [х]	weich	коне́чно [ш]	natürlich

§ 4 Vokale

1. Überblick

Im Russischen gibt es 5 Vokale, die durch 10 Buchstaben bezeichnet werden:

а	э	ы	о	у
я	е	и	ё	ю

я, е, ё, ю bezeichnen am Wort- und Silbenanfang sowie nach ь und ъ die Lautverbindung [**j + Vokal**]:
[ja], [je], [jo], [ju].

я́блоко	Apfel	есть	essen	ёлка	Tanne	ю́бка	Rock

Nach **ь** wird **и** wie **[ji]** gesprochen: се́мьи   Familien

Я, е, ё, и, ю bezeichnen in allen anderen Fällen die Weichheit des vorangegangenen Konsonanten und den entsprechenden Vokal ↗ § 2.

2. Aussprache einiger betonter Vokale

Vokale sind im russischen Wort Betonungsträger. Der **betonte** Vokal wird **deutlich, lang** und **intensiv** gesprochen. Es gibt keine **betonten kurzen** Vokale.

e/э	werden **vor harten** Konsonanten und im **Wortauslaut offen** gesprochen:	жест э́то в душе́	Geste dieses in der Seele
e/э	werden **vor weichen** Konsonanten **geschlossen** gesprochen:	э́ти цель музе́й	diese Ziel Museum
o	wird **stets offen** – etwa wie deutsches [o] in „offen", „Koch", „sollen" gesprochen:	окно́ о́зеро	Fenster See
ы	wird wie ein mit stark zurückgezogener Zunge gebildeter **i-Laut** gesprochen, wobei die **Lippen ungerundet** bleiben:	сын быть	Sohn sein

3. Aussprache unbetonter Vokale

Unbetonte Vokale werden **verkürzt** (reduziert) gesprochen und verändern zum Teil ihren Klang:

a/o werden **unmittelbar vor der betonten Silbe** sowie im Wortanlaut als kurzes „a" [ʌ] gesprochen:

рабо́та	Arbeit	авто́бус	Autobus	конце́рт	Konzert	маши́на	Auto,
альбо́м	Album	отвеча́ть	antworten				

In allen **anderen** unbetonten Silben werden sie als **stark verkürzter Murmelvokal** [ъ] gesprochen:

вы́ставка	Ausstellung	проводи́ть	verbringen	го́род	Stadt	хорошо́	gut
поздравля́ла	(sie) gratulierte						

е/я werden in allen unbetonten Silben als kurzes [i] bzw. [ji] gesprochen:

язы́к	Sprache	телефо́н	Telefon	ещё	noch	пятьдеся́т	fünfzig
в лесу́	im Wald	объявле́ние	Erklärung				

▽ Eine **Ausnahme** bildet das **я**, das am Wortauslaut und in der Endung der 3. Pers. Plur. als [ъ] gesprochen wird: тётя   Tante   по́мнят   (sie) denken an

§ 5 Schreibregeln

- **Substantive** werden im Russischen im Unterschied zum Deutschen **klein** geschrieben. **Ausnahmen** sind Satzanfänge und Eigennamen:

  В го́роде собо́р. — In der Stadt gibt es einen Dom.
  Он живёт в Москве́. — Er wohnt in Moskau.

- Nach **г, к, х** und **ж, ч, ш, щ** schreibt man stets **и** (nicht **ы**):

  кни́ги — Bücher
  ученики́ — Schüler
  стихи́ — Verse
  хоро́ший — gut

- Nach **ж, ч, ш, щ** schreibt man stets **у** und **а** (nicht **ю** und **я**): Ausnahmen sind einige Fremdwörter.

  сижу́ — (ich) sitze
  да́ча — Datsche
  жюри́ — Jury

- Nach den Zischlauten **ж, ч, ш, щ** und **ц** wird in **unbetonter** Silbe **е** (nicht **о**) geschrieben:

  хоро́шего — gut (Gen. Sing.)
  с учени́цей — mit der Schülerin

§ 6 Satzintonation

Die Satzintonation (Satzmelodie) spielt bei mündlichen Äußerungen eine wichtige Rolle. Sie weicht im Russischen oftmals wesentlich von der deutschen Satzmelodie ab. Es werden verschiedene **Intonationstypen** (IT) unterschieden:

Intonationstyp 1

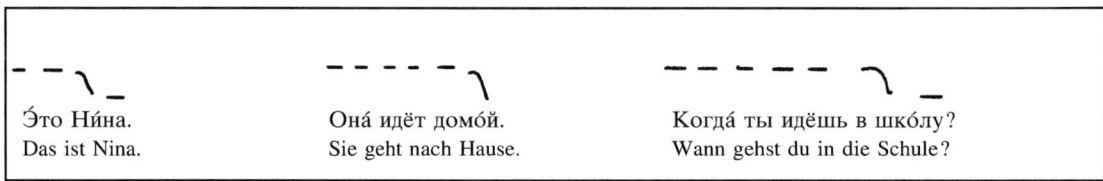

Dieser IT hat eine **Tonsenkung am Satzende**. Er drückt die Abgeschlossenheit einer Äußerung aus. Er wird vor allem in Aussagesätzen, aber auch in Ergänzungsfragen (Fragen mit Fragewort) verwendet.

Intonationstyp 2

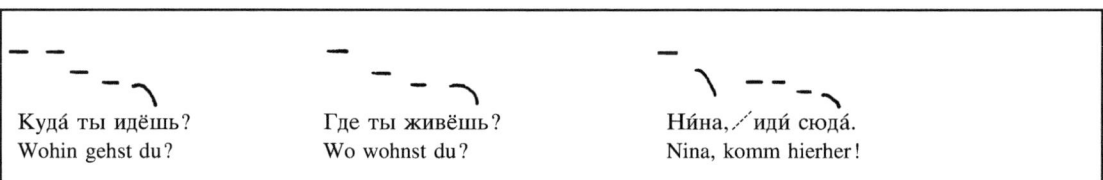

Dieser IT hat ebenfalls eine **Tonsenkung am Satzende**. Er unterscheidet sich vom IT 1 durch die **Verstärkung der Wortbetonung** im Intonationszentrum, dem wichtigsten Wort für den Sprecher. Er wird vor allem in Ergänzungsfragen und Aufforderungssätzen sowie in Anreden am Satzanfang verwendet.

Intonationstyp 3

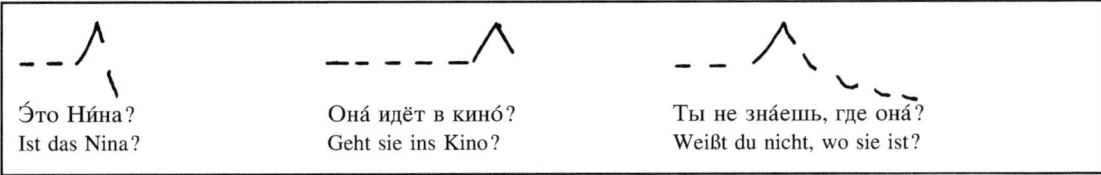

Dieser IT ist vorwiegend in Entscheidungsfragen ↗ § 119 anzutreffen. Er ist durch einen **plötzlichen Tonanstieg** gekennzeichnet. Dieser erfolgt auf der betonten Silbe des Wortes, nach dem gefragt wird. Entsprechend sind verschiedene Antworten auf eine Entscheidungsfrage möglich:

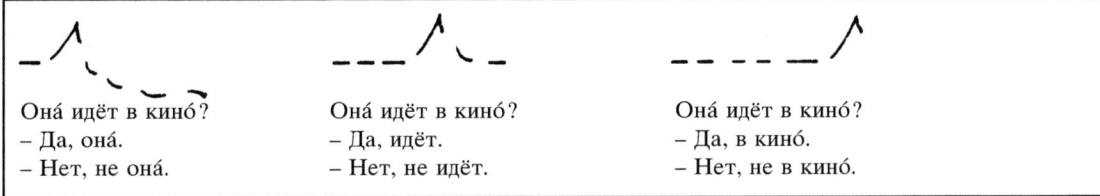

Der IT 3 kann aber auch innerhalb eines Aussagesatzes die Nichtabgeschlossenheit der Äußerung (die Weiterführung des Gedankens) ausdrücken:

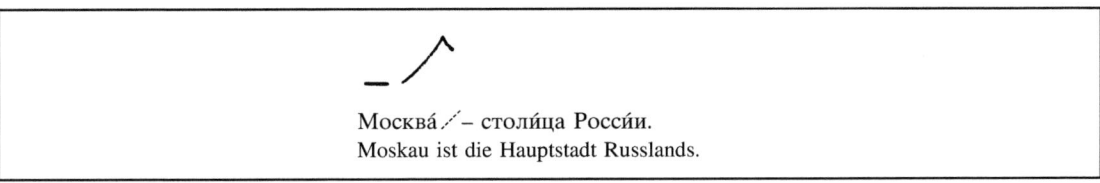

Intonationstyp 4

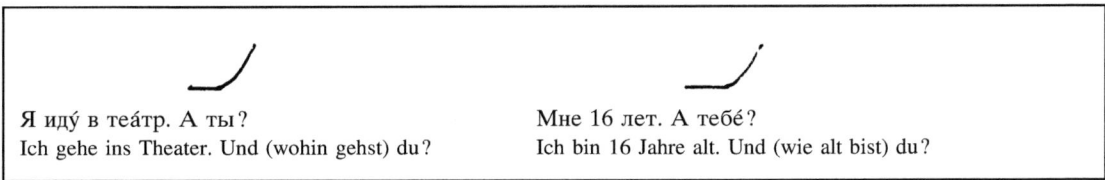

Dieser IT ist durch eine **allmähliche Tonhebung** charakterisiert. Er tritt vor allem in unvollständigen Fragesätzen auf, die mit der Konjunktion „a" beginnen.
Der IT 4 kann ebenfalls zum Ausdruck der Nichtabgeschlossenheit der Äußerung verwendet werden:

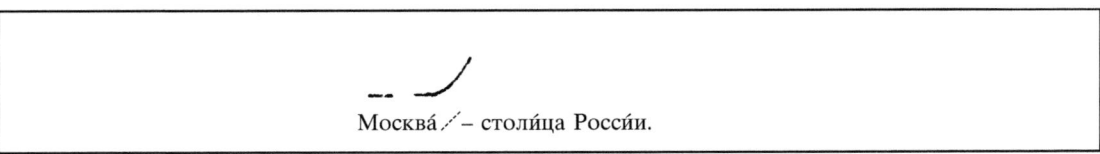

Kapitel 2   Wortbildung

§ 7 Bestandteile des Wortes

1. Wort- und Formenbildung

Viele Wörter lassen sich in kleinere Bestandteile zerlegen:

Präfix(e)	–	**Wurzel**	–	**Suffix(e)**	–	**Endung**	
раз-	–	говар	–	ива	–	ет	(er) unterhält sich
под-	–	готов	–	к	–	а	Vorbereitung
о	–	смотр	–	е – л	–	и	(sie) besichtigten
пре	–	крас	–	н	–	ый	schön, herrlich

Die **Wurzel** (ко́рень) ist der Grundbestandteil des Wortes. Ein und dieselbe Wurzel tritt – oft in Varianten – in allen Wörtern einer Wortfamilie auf, z. B.:

	пис	- ать	schreiben
	пись	- мо	Brief
пере -	пис	- ываться	im Briefwechsel stehen
за -	пись		Aufzeichnung
	пис	- атель	Schriftsteller

Präfixe (пре́фиксы) sind der Wurzel vorangestellt. **Suffixe** (су́ффиксы) werden an die Wurzel angefügt. Beide dienen der Bildung von Wörtern oder der Bildung grammatischer Formen. Deswegen ist zwischen wortbildenden und grammatischen Präfixen bzw. Suffixen zu unterscheiden.
Die **Endung** (оконча́ние) ist der Teil des Wortes, der sich bei der Konjugation, Deklination und Komparation des Wortes verändert. Die Endung drückt stets eine grammatische Beziehung aus:

Де́воч**а** чита́**ла** интере́сн**ую** кни́г**у**. Das Mädchen las ein interessantes Buch.

▽ Auch die Endungslosigkeit eines Wortes hat eine grammatische Bedeutung:

стол_	Tisch	–	mask., Nom./Akk. Sing.
парт_	(der) Bänke	–	fem., Gen. Plur.
писал_	(er) schrieb	–	mask., Sing.

2. Wortstamm

Trennt man von einer Wortform die Endung und die grammatischen Suffixe ab, so erhält man den **Wortstamm**. Er ist Träger der lexikalischen Grundbedeutung und verändert sich nicht bei der Formenbildung:

Deklination			**Konjugation**		**Komparation**	
изве́стн-ый	писа́тель_	Nom. Sing.	прие́д-у	1. Pers. Sing.	интере́сн-ая	Positiv
изве́стн-ого	писа́тел-я	Gen. Sing.	прие́д-ешь	2. Pers. Sing.	интере́сн-ее	Komparativ
изве́стн-ые	писа́тел-и	Nom. Plur.	прие́д-ут	3. Pers. Plur.	интере́сн-ейшая	Superlativ

3. Lautwechsel

Bei der Wort- und Formenbildung kommt es häufig zum **Konsonanten-** und/oder zum **Vokalwechsel**.

a) Konsonantenwechsel

Wechsel	Beispiele			
г → ж д → ж з → ж	кни́га сиде́ть бли́зкий	Buch sitzen nah	→ → →	кни́жный я сижу́ бли́же	Buch- ich sitze näher
д → жд	освободи́ть	befreien	→	освобожде́ние	Befreiung
к → ч т → ч	нау́ка встре́тить	Wissenschaft treffen	→ →	нау́чный встре́ча	wissenschaftlich Treffen
т → щ	посети́ть	besuchen	→	посещу́	ich werde besuchen
с → ш х → ш	носи́ть у́хо	tragen Ohr	→ →	я ношу́ у́ши	ich trage Ohren
ск → щ ст → щ	иска́ть просто́й	suchen einfach	→ →	я ищу́ про́ще	ich suche einfacher
б → бл п → пл в → вл ф → фл м → мл	люби́ть купи́ть гото́вить графи́ть корми́ть	lieben kaufen vorbereiten linieren füttern	→ → → → →	я люблю́ я куплю́ я гото́влю я графлю́ я кормлю́	ich liebe ich werde kaufen ich bereite vor ich liniere ich füttere

b) Vokalwechsel

Wechsel	Beispiele				
о → а	спроси́ть	fragen	→	спра́шивать (uv.)	fragen
е → ё/о	нести́	tragen	→	он нёс/носи́ть (unbest.)	er trug/tragen

c) Vokalausfall und Vokaleinschub

Wechsel	Beispiele				
о → –	рот	Mund	→	рта	Gen. Sing.
– → о	окно́	Fenster	→	о́кон	Gen. Plur.
е → –	день	Tag	→	дня	Gen. Sing.
– → е	ру́чка	Füller	→	ру́чек	Gen. Plur.

§ 8 Präfixe

Präfixe zählen (wie auch die Suffixe) zu den wichtigsten Wortbildungselementen. Durch das Voranstellen von Präfixen ändert sich oft die lexikalische Bedeutung des Ausgangswortes. Deshalb erleichtert die Kenntnis der wichtigsten Präfixe die Erschließung unbekannter Wörter.

1. Präfixe zur Bildung von Substantiven

Präfix	Abgeleitetes Substantiv		Ausgangssubstantiv	
не-	**не**зави́симость	Unabhängigkeit	зави́симость	Abhängigkeit
без- бес-	**без**опа́сность **бес**поря́док	Sicherheit Unordnung	опа́сность поря́док	Gefahr Ordnung
пра-	**пра**ба́бушка	Urgroßmutter	ба́бушка	Großmutter

2. Präfixe zur Bildung von Verben

Präfix	Bedeutung	Abgeleitetes Verb		Ausgangsverb	
в(о)-	1. hinein-, ein- 2. aufmerksam …	**в**ходи́ть **в**смотре́ться	hineingehen, eintreten genau ansehen	ходи́ть смотре́ть	gehen schauen, sehen
вы-	1. hinaus-, aus- 2. aus-, gänzlich	**вы**ходи́ть **вы**пить	hinausgehen austrinken	ходи́ть пить	gehen trinken
до-	1. hin …, bis … 2. fertig, zu Ende	**до**е́хать **до**говори́ть	fahren bis zu … zu Ende sprechen	е́хать говори́ть	fahren sprechen
за-	1. anfangen zu 2. hinter … 3. kurz vorbei- 4. ver-, zu-	**за**крича́ть **за**бежа́ть за … **за**ходи́ть **за**кры́ть	anfangen zu schreien laufen hinter … kurz vorbeikommen zumachen, verdecken	крича́ть бежа́ть ходи́ть крыть	schreien laufen gehen (be)decken
из-	heraus-, aus-, ver-	**из**да́ть **из**меня́ть	herausgeben verändern	дать меня́ть	geben tauschen
на-	1. auf, darauf- 2. sich satt …, sich müde …	**на**де́ть **на**е́сться	aufsetzen sich satt essen	деть есть	stecken essen
над(о)-	dazu-, darauf-, auf-	**над**стро́ить	aufstocken	стро́ить	bauen
о-/об(о)-	1. an-, be- 2. herum-, um- 3. nicht richtig, ver-	**о**смотре́ть **об**ходи́ть **о**слы́шаться	besichtigen herumgehen sich verhören	смотре́ть ходи́ть слы́шать	schauen gehen hören
от(о)-	weg-, ab-, los-	**отъ**е́хать	abfahren	е́хать	fahren
пере-	1. hinüber-, über- 2. um- 3. über-, zu viel 4. ab-	**пере**ходи́ть **пере**стро́ить **пере**плати́ть **пере**писа́ть	überqueren umbauen zu viel bezahlen abschreiben	ходи́ть стро́ить плати́ть писа́ть	gehen bauen bezahlen schreiben
по-	1. los-, anfangen zu 2. ein wenig, eine Zeit lang …	**по**лете́ть **по**сиде́ть	losfliegen eine Zeit lang sitzen	лете́ть сиде́ть	fliegen sitzen
под(о)-	1. unter- 2. heran-, herbei-	**под**писа́ть **под**ходи́ть	unterschreiben herantreten	писа́ть ходи́ть	schreiben gehen

Präfix	Bedeutung	Abgeleitetes Verb		Ausgangsverb	
при-	1. herbei-, an- 2. an- (etwas fest) 3. ein wenig ...	приéхать пришúть приоткры́ть	ankommen annähen ein wenig öffnen	éхать шить откры́ть	fahren nähen öffnen
про-	1. hindurch-, durch- 2. vorbei-, vorüber- 3. durch- (völlig) 4. eine bestimmte Zeit hindurch ... 5. ver-	проходúть проéхать прочитáть проработáть (всю ночь) проигрáть	hindurchgehen vorbeifahren durchlesen durcharbeiten (die ganze Nacht) verlieren	ходúть éхать читáть рабóтать игрáть	gehen fahren lesen arbeiten spielen
раз(о)-/раз-	1. auseinander, zer- 2. ver-, aus-	разбúть раздáть	zerschlagen verteilen	бить дать	schlagen geben
с(о)-	1. zusammen- 2. herab-, herunter- 3. weg-, ab-	состáвить сходúть срéзать	zusammenstellen hinuntergehen abschneiden	стáвить ходúть рéзать	stellen gehen schneiden
у-	weg-, fort-	убрáть	wegräumen	брать	nehmen

§ 9 Suffixe

Die Suffixe sind ein entscheidendes Mittel zur Bildung neuer Wortarten.

1. Suffixe zur Bildung von Substantiven

a) Bezeichnung einer männlichen oder weiblichen Person

Suffix		Abgeleitetes Substantiv		Ausgangswort	
mask.	fem.				
Tätigkeit/Beruf					
-тель	-тельниц/а	учúтель учúтельница	Lehrer Lehrerin	учúть	lehren
-щик	-щиц/а	танцóвщик танцóвщица	Tänzer Tänzerin	танцевáть	tanzen
-чик	-чиц/а	перевóдчик перевóдчица	Übersetzer Übersetzerin	переводúть	übersetzen
-ник	-ниц/а	проводнúк проводнúца	Schaffner Schaffnerin	проводúть	begleiten
-ист	-истк/а	теннисúст теннисúстка	Tennisspieler Tennisspielerin	тéннис	Tennis
-ик	–	истóрик	Historiker	истóрия	Geschichte
-ец	–	боéц/борéц	Kämpfer	бой/борьбá	Kampf

| Suffix | | Abgeleitetes Substantiv | | Ausgangswort | |
mask.	fem.				
Tätigkeit/Beruf					
-(а)тор	–	организа́тор	Organisator	организа́ция	Organisation
–	-к/а	студе́нтка	Studentin	студе́нт	Student
–	-иц/а	певи́ца	Sängerin	певе́ц	Sänger
Herkunft (Staat/Volk/Stadt)					
-ец	-к/а	украи́нец	Ukrainer	Украи́на	Ukraine
		украи́нка	Ukrainerin		
-анин	-анк/а	англича́нин	Engländer	А́нглия	England
		англича́нка	Engländerin		
-янин	-янк/а	россия́нин	Russe	Росси́я	Russland
		россия́нка	Russin		
-анец	-анк/а	америка́нец	Amerikaner	Аме́рика	Amerika
		америка́нка	Amerikanerin		
-янец	-янк/а	италья́нец	Italiener	Ита́лия	Italien
		италья́нка	Italienerin		
Zugehörigkeit zu einer Strömung, Organisation					
-ист	-истк/а	идеали́ст	Idealist	идеали́зм	Idealismus
		идеали́стка	Idealistin		
		тури́ст	Tourist	тури́зм	Tourismus
		тури́стка	Touristin		
Bildung von Vatersnamen					
-ович	-овн/а	Алекса́ндрович	Vatersn. d. Sohnes	Алекса́ндр	Vorn. d. Vaters
		Алекса́ндровна	Vatersn. d. Tochter		
-евич	-евн/а	Андре́евич	Vatersn. d. Sohnes	Андре́й	Vorn. d. Vaters
		Андре́евна	Vatersn. d. Tochter		
-ич	-ичн/а	Ники́тич	Vatersn. d. Sohnes	Ники́та	Vorn. d. Vaters
		Ники́тична	Vatersn. d. Tochter		

b) Bezeichnung von Gebrauchsgegenständen

Suffix	Abgeleitetes Substantiv		Ausgangswort	
-тель	дви́га**тель**	Motor	дви́гать	bewegen
-льник	буди́**льник**	Wecker	буди́ть	wecken
-щ/-чик	переда́**тчик**	Sender	переда́ть	senden
-лк/а	зажига́**лк**а	Feuerzeug	зажига́ть	anzünden

c) Bezeichnung des Einzelnen einer Vielheit

Suffix	Abgeleitetes Substantiv		Ausgangswort	
-ин/а	карто́фел**ин**а	(einzelne) Kartoffel	карто́фель	Kartoffeln
-инк/а	сне́ж**инк**а	Schneeflocke	снег	Schnee

d) Betrachtung von Gegenständen als Gesamtheit von Einzelnen

Suffix	Abgeleitetes Substantiv		Ausgangswort	
-ств/о	изда́тель**ство**	Verlag	изда́тель	Verleger
-еств/о	челове́**чество**	Menschheit	челове́к	Mensch

e) Bezeichnung einer Handlung/eines Zustandes

Suffix	Abgeleitetes Substantiv		Ausgangswort	
-ни/е	жела́**ние**	Wunsch	жела́ть	wünschen
-ени/е	движ**е́ние**	Bewegung	дви́гать	bewegen
-ти/е	разви́**тие**	Entwicklung	разви́ть	entwickeln
-ств/о	знако́м**ство**	Bekanntschaft	знако́мить	bekannt machen
-(о)б/а	про́с**ьба**	Bitte	проси́ть	bitten
-к/а	стро́**йка**	Baustelle	стро́ить	bauen
-аци/я	демонстр**а́ция**	Demonstration	демонстри́ровать	demonstrieren

f) Bezeichnung einer Eigenschaft

Suffix	Abgeleitetes Substantiv		Ausgangswort	
-(н)ость	но́в**ость**	Neuigkeit	но́вый	neu
-от/а	высот**а́**	Höhe	высо́кий	hoch
-ь/е	здоро́в**ье**	Gesundheit	здоро́вый	gesund
-и/е	равнопра́в**ие**	Gleichberechtigung	равнопра́вный	gleichberechtigt

g) Bezeichnung einer (geistigen) Strömung, eines (wissenschaftlichen) Gebietes

Suffix	Abgeleitetes Substantiv		Ausgangswort	
-изм	маркси́зм	Marxismus	Маркс	Marx
-ик/а	эконо́мика	Ökonomie	эконо́м	Ökonom
-и/я	биоло́гия	Biologie	био́лог	Biologe

h) Wiedergabe einer subjektiven Einschätzung

Suffix	Abgeleitetes Substantiv		Ausgangswort	
Ausdruck der Verkleinerung, Zärtlichkeit				
-ик	до́мик	Häuschen	дом	Haus
-ок	дружо́к	(lieber) Freund	друг	Freund
-к/а	кни́жка	kleines Buch, Büchlein	кни́га	Buch
-ичк/а	сестри́чка	Schwesterchen	сестра́	Schwester
-очк/а	па́почка	(lieber) Vati	па́па	Vater
-ечк/а	кни́жечка	(kleines) Buch, Büchlein	кни́га	Buch
-оньк/а	берёзонька	(hübsche) Birke	берёза	Birke
-еньк/а	подру́женька	(liebe) Freundin	подру́га	Freundin
-ушк/а	де́душка	Großväterchen	дед	Großvater
-юшк/а	дя́дюшка	(lieber) Onkel	дя́дя	Onkel
-ышк/о	со́лнышко	(liebe) Sonne	со́лнце	Sonne
Ausdruck der Verachtung, Geringschätzung				
-онк/а	бумажо́нка	Fetzen Papier	бума́га	Papier
-ёнк/а	лошадёнка	Schindmähre	ло́шадь	Pferd
-ишк/о	доми́шко	elendes Häuschen	дом	Haus
Ausdruck der Vergrößerung				
-ин/а	дурачи́на	Riesendummkopf	дура́к	Dummkopf
-ищ/а	ручи́ща	sehr große Hand	рука́	Hand
-ищ/е	доми́ще	riesiges Haus	дом	Haus

2. Suffixe zur Bildung von Adjektiven

Mit Hilfe von Suffixen werden Adjektive meist von Substantiven (seltener von anderen Wortarten) abgeleitet. Abgeleitete Adjektive werden häufig als Bestandteil eines Kompositums übersetzt: зубной врач Zahnarzt.

Suffix	Abgeleitetes Adjektiv		Ausgangswort	
Ausdruck der Beziehung zu einem Gegenstand				
-альн-	музыка́льный	musikalisch, Musik-	му́зыка	Musik
-енн-	госуда́рственный	staatlich, Staat-	госуда́рство	Staat
-ивн-	спорти́вный	sportlich, Sport-	спорт	Sport
-ическ-	полити́ческий	politisch, Polit-	поли́тика	Politik
-льн-	танцева́льный	Tanz-	танцева́ть	tanzen
-н-	шко́льный	Schul-	шко́ла	Schule

Suffix	Abgeleitetes Adjektiv		Ausgangswort	
-ов-	мир**ов**о́й	Welt-	мир	Welt
-овск-	отц**о́вск**ий	väterlich, Vater-	оте́ц	Vater
-(и)онн-	тради**цио́нн**ый	traditionell, Traditions-	тради́ция	Tradition
-ск-	дереве́**нск**ий	dörflich, Dorf-	дере́вня	Dorf
Ausdruck einer Eigenschaft				
-н-	свобо́**дн**ый	frei	свобо́да	Freiheit
-ив-	правд**и́в**ый	wahr	пра́вда	Wahrheit
-чив-	разгово́**рчив**ый	gesprächig	разгово́р	Gespräch
-к-	бли́**зк**ий	nah	близ	nahe bei
-оват-	слаб**ова́т**ый	schwächlich	сла́бый	schwach
-еньк/	молод**е́ньк**ий	jung (abschwächend)	молодо́й	jung
-оньк	ти́**хоньк**ий	leise (abschwächend)	ти́хий	leise

§ 10 Wortzusammensetzungen

Wortzusammensetzungen (Komposita) treten im Russischen nicht so häufig auf wie im Deutschen. Sie dienen vorrangig der Bildung neuer Substantive (seltener der Bildung neuer Adjektive).

1. Zusammensetzungen von Substantiven

Substantive können durch **Zusammenfügung zweier Wortstämme** gebildet werden.

a) Einfache Aneinanderreihung

киножурна́л Kinozeitschrift; радиопереда́ча Radioübertragung

b) Zusammenfügung durch Bindestrich

ваго́н-рестора́н Speisewagen; же́нщина-врач Ärztin

c) Zusammenfügung durch Bindevokal o/e

маши́н**о**строе́ние Maschinenbau; земл**е**де́лие Ackerbau

d) Zusammenfügung von Substantiven mit Zahlwörtern im Genitiv

пятиле́тие 5. Jahrestag; **тре**уго́льник Dreieck

e) Mehrwortverbindungen

Mehrwortverbindungen bestehen aus mehreren selbstständigen Wörtern, die jedoch nur in ihrer Gesamtheit einen Begriff wiedergeben. Ins Deutsche werden sie meist durch Komposita übersetzt:
высо́тное зда́ние Hochhaus; дом культу́ры Kulturhaus; кни́га для чте́ния Lesebuch

f) Abkürzungen

– Zusammensetzungen aus Silben (deklinierbarer Silbentyp)
   aus den Anfangssilben zweier Wörter:
   универма́г (**универ**са́льный **маг**ази́н) Kaufhaus
   aus Anfangssilbe(n) und einem vollständigen Wort:
   Це́нтробанк (**Центр**а́льный **ро**сси́йский **банк**) Zentralbank Russlands

– *Zusammensetzungen aus nitialien (nitialtyp)*
Diese Wörter bestehen aus den Anfangsbuchstaben der Wörter. Sie werden nach ihrem Lautwert ausgesprochen und sind deklinierbar:
вуз [вус] (**в**ы́сшее **у**че́бное **з**аведе́ние) Hochschule
СПИД [спит] (**с**индро́м **п**риобретённого **и**мму́нодефици́та) AIDS

Sie werden nach den Buchstabennamen ausgesprochen und sind nicht deklinierbar:
РФ [эр-эф] (**Р**осси́йская **Ф**едера́ция) Russische Föderation
ЕС [je-эс] (**Е**вропе́йское **С**ообщество) Europäische Gemeinschaft

2. Zusammensetzungen von Adjektiven

Adjektive werden meist mit Zahlwörtern im Genitiv als erstes Glied zusammengesetzt:
дву́хэта́жный zweistöckig; **трёх**ко́мнатный Dreizimmer-; **четырёх**ле́тний vierjährig

Kapitel 3 Verb

Das Verb (глаго́л) nimmt im Satz eine zentrale Stelle ein. Es bezeichnet eine Handlung (Tätigkeit, Vorgang, Zustand).

§ 11 Infinitiv

Der Infinitiv des Verbs (инфинити́в) ist eine nicht veränderbare Verbform, die die Handlung ohne weitere Angaben benennt. Der Infinitiv besteht aus **Infinitivstamm** und **Suffix**:

Infinitivform	Infinitivstamm	Suffix	
говори́ть	говори-	-ть	sprechen
нести́	нес-	-ти	tragen
мочь	мо-	-чь	können

§ 12 Verbstämme

Beim Verb werden zwei Stämme voneinander unterschieden: Infinitivstamm und Präsensstamm. Den **Infinitivstamm** erhält man durch **Abtrennen des Suffixes von der Infinitivform**:

Infinitivform	Infinitivstamm	Suffix	
рабо́тать	работа-	-ть	arbeiten
привезти́	привез-	-ти	liefern
помо́чь	помо-	-чь	helfen

Den **Präsensstamm** erhält man durch **Abtrennen der Endung von der Form der 3. Pers. Plur.**

3. Pers. Plur.	Präsensstamm	Endung der 3. Pers. Plur.	
рабо́тают	работа-	-ют	(sie) arbeiten
привезу́т	привез-	-ут	(sie) werden liefern
говоря́т	говор-	-ят	(sie) sprechen
полу́чат	получ-	-ат	(sie) werden bekommen

Sehr oft gleichen Infinitivstamm und Präsensstamm einander, z. B. bei рабо́тать und привезти́.

Von jedem Stamm werden verschiedene Verbformen gebildet.

Vom **Infinitivstamm** werden gebildet:
Das Präteritum ↗ § 21
Das Partizip Präteritum Aktiv ↗ § 30
Das Partizip Präteritum Passiv ↗ § 32
Adverbialpartizip der Vorzeitigkeit ↗ § 36

Vom **Präsensstamm** werden gebildet:
Die finiten Formen des Verbs ↗ §§ 13, 14, 20, 21, 22
Der Imperativ ↗ § 24
Das Partizip Präsens Aktiv ↗ § 29
Das Partizip Präsens Passiv ↗ § 31
Das Adverbialpartizip der Gleichzeitigkeit ↗ § 35

§ 13–14 Konjugation des Verbs

Das russische Verb kennt nur **zwei konjugierbare Zeitformen**:
– das Präsens unvollendeter Verben,
– das Futur vollendeter Verben.

Es werden zwei Reihen von Konjugationen unterschieden, die nach ihrem **Kennvokal** in den Endungen als **e-Konjugation** oder als **и-Konjugation** bezeichnet werden.

§ 13 e-Konjugation

Die e-Konjugation ist am Vokal **-e** (betont **ё**) in der Endung zu erkennen und hat in der 3. Pers. Plur. die Endung -ют/-ут.

	lesen	befördern	sich beschäftigen
я	читá ю	вез ý	занимá ю сь
ты	читá ешь	вез ёшь	занимá ешь ся
он/она/оно	читá ет	вез ёт	замимá ет ся
мы	читá ем	вез ём	занимá ем ся
вы	читá ете	вез ёте	занимá ете сь
они	читá ют	вез ýт	занимá ют ся

∇ -ю, -ют   stehen nach Vokal, nach -ь und -л im Ausgang des Präsensstammes;
  -у, -ут   stehen nach allen anderen Auslauten des Präsensstammes.

Zur e-Konjugation gehören vor allem:

– **Verben auf -ать/-ять**, die im Infinitiv- und Präsensstamm auf -а-/-я- auslauten:

vergessen	spazieren gehen	beginnen	lösen
забывáть	гуля́ть	начинáть	решáть
забывáю	гуля́ю	начинáю	решáю
забывáешь	гуля́ешь	начинáешь	решáешь
забывáют	гуля́ют	начинáют	решáют

– **Verben auf -овать/-евать.** Im Präsens wird bei diesen Verben **-ова-** des Infinitivs durch **-у-**, **-ева-** durch **-ю-** (nach ц und **Zischlauten** durch **-у-** ↗ § 5) ersetzt. Zu diesen Verben gehören zahlreiche Fremdwörter:

organisieren	fühlen	tanzen	kämpfen
организовáть	чýвствовать	танцевáть	воевáть
организýю	чýвствую	танцýю	воюю
организýешь	чýвствуешь	танцýешь	воюешь
организýют	чýвствуют	танцýют	воюют

- intransitive **Verben auf -еть**, die im Infinitiv- und Präsensstamm auf **-e-** ausgehen. Sie haben häufig die Bedeutung „zu etwas werden":

krank werden	erröten	alt werden	können
заболе́ть	красне́ть	старе́ть	уме́ть
заболе́ю	красне́ю	старе́ю	уме́ю
заболе́ешь	красне́ешь	старе́ешь	уме́ешь
заболе́ют	красне́ют	старе́ют	уме́ют

- **Verben auf -нуть**, bei denen -ну- des Infinitivs im Präsens mit **-н-** wechselt. Sie drücken häufig eine einmalige Handlung aus:

aufspringen	(einmal) hinsehen	erholen	rufen
пры́гнуть	взгляну́ть	отдохну́ть	кри́кнуть
пры́гну	взгляну́	отдохну́	кри́кну
пры́гнешь	взгля́нешь	отдохнёшь	кри́кнешь
пры́гнут	взгля́нут	отдохну́т	кри́кнут

Zur e-Konjugation gehören außerdem Verben, bei denen **einige Formen Unregelmäßigkeiten** aufweisen. Sie werden deshalb oft als unregelmäßige Verben bezeichnet. Dazu zählen:

- Verben auf -ать/-ять, bei denen das Suffix -а-, -я- im Präsens entfällt. Bei diesen Verben tritt in allen Personen häufig Konsonantenwechsel auf: ↗ § 7
  писа́ть schreiben   пишу́, пи́шешь, пи́шут
- Verben auf -авать, bei denen im Präsens das Suffix -ва- fortfällt:
  дава́ть geben   даю́, даёшь, даю́т
- Verben auf -ать/-ять, die im Präsensstamm auf н, м auslauten:
  поня́ть verstehen   пойму́, поймёшь, пойму́т
- Verben auf -сти, -сть, -зти, -зть, die im Präsensstamm auf с, з, д, т oder б auslauten:
  нести́ tragen   несу́, несёшь, несу́т
- einsilbige Verben auf -ить (außer жить und брить) und deren mehrsilbige Ableitungen, bei denen das -и- des Infinitivstammes im Präsens mit -ь- wechselt:
  пить trinken   пью, пьёшь, пьют
- Verben auf -чь, die im Präsensstamm auf г, к auslauten. Sie haben in der 2. und 3. Pers. Sing. und in der 1. und 2. Pers. Plur. den Konsonantenwechsel г → ж, к → ч:
  мочь können   могу́, мо́жешь, мо́гут
- Verben auf -ыть (außer быть und плыть), bei denen das -ы- des Infinitivstammes im Präsens mit -о- wechselt:
  мыть waschen   мо́ю, мо́ешь, мо́ют

Weitere einzelne unregelmäßige Verben sind im **Anhang** aufgeführt: ↗ 2.

§ 14 и-Konjugation

> Verben der **и-Konjugation** sind am Vokal **-и-** in den Personalendungen zu erkennen. Sie haben in der 3. Pers. Plur. die Endung -ят (nach Zischlauten -ат ↗ § 5).
>
> | | sprechen | lösen | sich befinden |
> |---|---|---|---|
> | | говори́ть | реши́ть | находи́ться |
> | я | говор ю́ | реш у́ | нахож у́ сь |
> | ты | говор и́шь | реш и́шь | нахо́д ишь ся |
> | он/она́/оно́ | говор и́т | реш и́т | нахо́д ит ся |
> | мы | говор и́м | реш и́м | нахо́д им ся |
> | вы | говор и́те | реш и́те | нахо́д ите сь |
> | они́ | говор я́т | реш а́т | нахо́д ят ся |

> **Zur и-Konjugation gehören** als Haupttyp die **mehrsilbigen Verben auf -ить**. Bei diesen Verben fällt das Suffix -и- im Präsens aus. Außerdem tritt bei ihnen in der 1. Pers. Sg. Konsonantenwechsel ein, wenn der Präsensstamm auf б, в, з, м, п, с, ст, т, ф auslautet. ↗ § 7
>
> | glauben | bekommen | gehen | lieben |
> |---|---|---|---|
> | ве́рить | получи́ть | ходи́ть | люби́ть |
> | ве́рю | получу́ | хожу́ | люблю́ |
> | ве́ришь | полу́чишь | хо́дишь | лю́бишь |

Zur и-Konjugation gehören weiterhin Verben, bei denen einige Formen Unregelmäßigkeiten aufweisen. Dazu zählen:
– Verben auf -еть, bei denen das Suffix -е- im Präsens ausfällt. Bei diesen Verben tritt in der 1. Pers. Sing. Konsonantenwechsel ein, wenn der Präsensstamm auf б, д, м, п, с, ст, т auslautet:
смотре́ть schauen   смотрю́, смо́тришь, смо́трят; ви́деть sehen   ви́жу, ви́дишь, ви́дят.
– Verben auf Zischlaut + -ать und auf Vokal + -ять, bei denen das Suffix -а-/-я- im Präsens ausfällt:
молча́ть schweigen   молчу́, молчи́шь, молча́т; стоя́ть stehen   стою́, стои́шь, стоя́т.

Weitere einzelne unregelmäßige Verben sind im **Anhang** aufgeführt: ↗ 2.

§§ 15–18 Aspekt

§ 15 Aspektpaare

Im Russischen kann eine Handlung auf **zwei** verschiedene Arten betrachtet werden:
– in ihrem **Verlauf**, ihrer **Dauer** und ihrer **Wiederholung**
oder
– in ihrem **Ergebnis**, ihrer **Einmaligkeit**, als **konkrete Einzelhandlung**.

Man nennt diese beiden Betrachtungsweisen – aus lat. „Anblick, Betrachtung" – **Aspekte** (ви́ды глаго́ла).
Dementsprechend stehen **einem deutschen** Verb meist **zwei russische** Verbformen gegenüber:
– eine **unvollendete** (imperfektive) und
– eine **vollendete** (perfektive).

Die beiden russischen Aspektformen haben ein und dieselbe lexikalische Bedeutung und bilden zusammen ein **Aspektpaar**:

Unvollendetes Verb (глаго́л несоверше́нного ви́да)	Vollendetes Verb (глаго́л соверше́нного ви́да)	
писа́ть	написа́ть	schreiben
повторя́ть	повтори́ть	wiederholen
брать	взять	nehmen

§ 16 Verben des unvollendeten Aspekts

Verben des unvollendeten Aspekts drücken in der Regel aus, dass die Handlung in ihrer **Dauer, als Prozess** betrachtet wird. Zeitliche Begrenzung und Ergebnis werden nicht betrachtet.

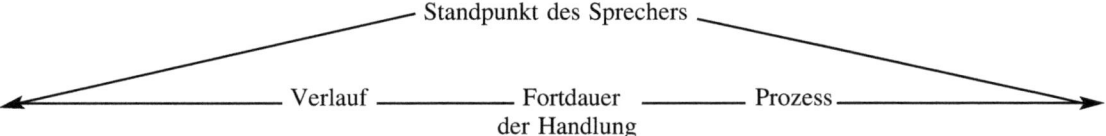

Diese Betrachtung bezieht sich auf alle drei Zeitformen (Präsens, Präteritum, Futur).

Он **пи́шет** рома́н.	Er schreibt an einem Roman.
Он **писа́л** рома́н.	Er schrieb an einem Roman.
Он **бу́дет** писа́ть рома́н.	Er wird an einem Roman schreiben.

Im Satz gibt es häufig **Signalwörter**, die auf diese Betrachtung der Handlung hinweisen:

до́лго	lange
в тече́ние …	im Verlaufe von …
три часа́	drei Stunden (lang)
всё вре́мя	die ganze Zeit (lang)
два го́да	zwei Jahre (lang)
всё ещё	immer noch

Eine weitere wichtige Funktion des unvollendeten Aspekts ist sein Gebrauch zur Wiedergabe **wiederholter und gewohnheitsmäßiger** Handlungen:

Мы всегда́ **бу́дем покупа́ть** Ва́шу газе́ту.	Wir werden Ihre Zeitung immer kaufen.
Они́ регуля́рно **занима́лись** спо́ртом.	Sie trieben regelmäßig Sport.

Auch hier können **Signalwörter** auf diese Betrachtung der Handlung hinweisen:

ча́сто	oft
ре́дко	selten
регуля́рно	regelmäßig
ежедне́вно	täglich
иногда́	manchmal
ка́ждый год	jedes Jahr
постоя́нно	ständig
обы́чно	gewöhnlich

▽ Der **unvollendete Aspekt** steht **immer nach** den sogenannten **Phasenverben**, z. B. начина́ть/нача́ть beginnen, продолжа́ть/продо́лжить fortsetzen, конча́ть/ко́нчить aufhören, sowie nach den Verben помога́ть/помо́чь helfen, учи́ться/научи́ться lernen und остава́ться/оста́ться bleiben:

Он на́чал **писа́ть**.	Er begann zu schreiben.
Она́ ко́нчила **писа́ть**.	Sie hörte auf zu schreiben.
Он научи́лся **пла́вать**.	Er hat schwimmen gelernt.

Auch **gleichzeitig verlaufende Handlungen** werden in der Regel mit unvollendeten Verben ausgedrückt:

Он **сиде́л** за столо́м и **писа́л** рома́н.	Er saß am Tisch und schrieb an einem Roman.
Когда́ он **писа́л** письмо́, его́ жена́ **чита́ла** газе́ту.	Als er den Brief schrieb, las seine Frau die Zeitung.

Schließlich werden unvollendete Verben verwendet, wenn die Handlung als solche konstatiert wird, unabhängig davon, ob ein Abschluss bzw. ein Ergebnis erreicht wurde bzw. erreicht werden wird.

– Ты **писа́ла** письмо́?	– Hast du den Brief geschrieben?
– Да, **писа́ла**.	– Ja, ich habe (ihn) geschrieben.

§ 17   Verben des vollendeten Aspekts

Verben des vollendeten Aspekts drücken in der Regel aus, dass die Handlung als **geschlossenes, zeitlich begrenztes Ganzes** betrachtet wird, das zu einem **Ergebnis** geführt hat bzw. führen wird.

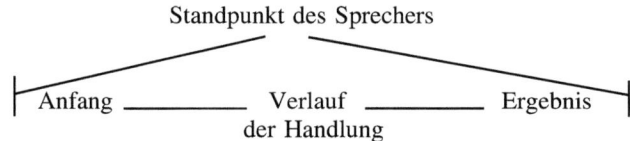

▽ Verben des vollendeten Aspekts haben **keine** Präsensformen. Sie verfügen nur über Präteritum- und Futurformen:

Он **написа́л** рома́н.	Er hat/hatte einen Roman geschrieben.
Он **напи́шет** рома́н.	Er wird einen Roman schreiben.

Im Satz weisen häufig **Signalwörter** auf diese Betrachtung der Handlung hin:

наконе́ц	schließlich
оконча́тельно	endgültig
по́лностью	vollkommen
совсе́м	ganz
че́рез три часа́	in/nach 3 Stunden

Eine weitere wichtige Funktion des vollendeten Aspekts ist sein Gebrauch zum Ausdruck **einmaliger** Handlungen:

Она́ **уви́дела** ребёнка.	Sie erblickte das Kind.
Она́ **уви́дит** ребёнка.	Sie wird das Kind erblicken.

Auch diese Betrachtungsweise wird häufig durch **Signalwörter** angezeigt:

вдруг	plötzlich
сра́зу	sofort
неожи́данно	unerwartet
сейча́с же	gleich
неме́дленно	unverzüglich

▽ Der **vollendete Aspekt** steht **immer nach folgenden vollendeten Verben**:
забы́ть vergessen, опозда́ть zu spät kommen, смочь können, суме́ть fähig sein, успе́ть schaffen (zeitlich), уда́ться gelingen

Мой друг забы́л **принести́ кни́гу**.   Mein Freund hat vergessen, das Buch mitzubringen.
Мне не удало́сь **позвони́ть** в Ирку́тск.   Es gelang mir nicht, in Irkutsk anzurufen.

Meist treten Verben des vollendeten Aspekts auf, wenn die einmalige **Aufeinanderfolge** von Handlungen ausgedrückt wird:

Он сел за стол и **написа́л** письмо́.   Er setzte sich an den Tisch und schrieb einen Brief.
Он ся́дет за стол и **напи́шет** письмо́.   Er wird sich an den Tisch setzen und einen Brief schreiben.

§ 18 Aspektbildung

Vollendete und unvollendete Verben können auf verschiedene Art gebildet sein:

1. Präfigierung

– Eine Reihe **einfacher unvollendeter** Verben bildet ihren **vollendeten Aspektpartner** durch Präfixe unter Beibehaltung der **gleichen Bedeutung**:

unvollendet	vollendet	
писа́ть	**на**писа́ть	schreiben
стро́ить	**по**стро́ить	bauen
де́лать	**с**де́лать	machen

– In vielen Fällen wirken die Präfixe nicht nur aspektbildend, sondern auch **bedeutungsverändernd**. Dann ist aber das präfigierte Verb **nicht** der **Aspektpartner** zum unpräfigierten Verb.

писа́ть	**под**писа́ть	**вы́**писать
schreiben	unterschreiben	ausschreiben
стро́ить	**пере**стро́ить	**при**стро́ить
bauen	umbauen	anbauen
рабо́тать	**про**рабо́тать	**за**рабо́тать
arbeiten	durcharbeiten	verdienen

2. Suffigierung

– Einige **unvollendete Verben** bilden den **gleichbedeutenden vollendeten Aspektpartner** mit Hilfe des Suffixes **-ну-**, wobei mitunter Konsonantenwechsel ↗ § 7 auftritt:

unvollendet	vollendet	
крича́ть	кри́к**ну**ть	schreien
дви́гать	дви́**ну**ть	bewegen
пры́гать	пры́г**ну**ть	springen

- Einige präfigierte **vollendete Verben** bilden ihren **gleichbedeutenden unvollendeten Aspektpartner** mit Hilfe des Suffixes **-ыва-** (nach harten Konsonanten)/**-ива-** (nach weichen Konsonanten, nach Vokal sowie nach г, к, х und Zischlaut). Mitunter wechselt der Wurzelvokal о vor -ыва-/-ива- mit а.

vollendet	unvollendet	
подписа́ть	подпи́с**ыва**ть	unterschreiben
вы́писать	выпи́с**ыва**ть	ausschreiben
перестро́ить	перестра́**ива**ть	umbauen
пристро́ить	пристра́**ива**ть	anbauen
прорабо́тать	прораба́т**ыва**ть	durcharbeiten
зарабо́тать	зараба́т**ыва**ть	verdienen

▽ Die **Betonung** liegt hier stets auf der Silbe **vor -ыва-/-ива-**.

- Die meisten **vollendeten Verben** der и-Konjugation auf -ить bilden ihren **gleichbedeutenden unvollendeten Aspektpartner** mit Hilfe des Suffixes **-я-/-а-**. Dabei kommt es mitunter zum Konsonantenwechsel. ↗ § 7

vollendet	unvollendet	
объясни́ть	объясня́ть	erklären
изучи́ть	изуча́ть	lernen, studieren
реши́ть	реша́ть	lösen
посети́ть	посеща́ть	besuchen
отве́тить	отвеча́ть	antworten

▽ Das Suffix **-я-/-а-** ist in diesen Fällen stets **betont**.

- Einige **vollendete Verben** bilden ihren **gleichbedeutenden unvollendeten Aspektpartner**, indem das Suffix **-ва-** dem vokalisch auslautenden Infinitivstamm angefügt wird.

vollendet	unvollendet	
дать	дава́ть	geben
встать	встава́ть	aufstehen
забы́ть	забыва́ть	vergessen

▽ Das Suffix **-ва-** ist stets **betont**.

3. Unterschiedliche Wurzeln

Einige Aspektpartner weisen **unterschiedliche Wortwurzeln** auf.

unvollendet	vollendet	
говори́ть	сказа́ть	sprechen, sagen
покупа́ть	купи́ть	kaufen
брать	взять	nehmen
ложи́ться	лечь	sich legen
сади́ться	сесть	sich setzen

4. Unpaarige Verben

- Einige Verben gehören **sowohl** dem **unvollendeten** als auch dem **vollendeten** Aspekt an:

организова́ть	organisieren
испо́льзовать	ausnutzen
веле́ть	befehlen

- Eine Reihe von Verben tritt **nur im unvollendeten** Aspekt auf. Solche Verben bezeichnen oft Zustände:

ждать	warten
жить	leben, wohnen
зави́сеть	abhängig sein
зна́чить	bedeuten
лежа́ть	liegen
находи́ться	sich befinden
разгова́ривать	reden
сиде́ть	sitzen
состоя́ть	bestehen
спать	schlafen
сто́ить	kosten

- Einige Verben treten **nur im vollendeten** Aspekt auf. Das sind vor allem solche mit **по-** (im Sinne von „**los-**" und „**ein wenig**") sowie einige mit **за-** (im Sinne von „**anfangen zu**"):

состоя́ться	stattfinden
побежа́ть	loslaufen, losrennen
пойти́	losgehen
погуля́ть	(etwas) spazieren gehen
почита́ть	(ein wenig) lesen
запла́кать	(anfangen zu) weinen
закрича́ть	(anfangen zu) schreien

§§ 19–22 Tempusformen

§ 19 Tempusformen und Aspekt

Das Russische verfügt über drei Tempusformen:
- das Präsens (настоя́щее вре́мя),
- das Präteritum (проше́дшее вре́мя),
- das Futur (бу́дущее вре́мя).

Die Tempusformen stehen in enger Beziehung zum Aspekt. ↗ §§ 15–18

Tempus	Aspekte	
	unvollendetes Verb	**vollendetes** Verb
Präsens	Мы чита́ем газе́ту. Wir lesen die Zeitung.	–
Präteritum	Ка́ждое у́тро мы чита́ли газе́ту. Jeden Morgen lasen wir die Zeitung.	Сего́дня мы уже́ прочита́ли газе́ту. Heute haben wir die Zeitung schon (durch)gelesen.
Futur	Ка́ждое у́тро мы бу́дем чита́ть газе́ту. Jeden Morgen werden wir die Zeitung lesen.	По́сле за́втрака мы прочита́ем газе́ту. Nach dem Frühstück werden wir die Zeitung (durch)lesen.

§ 20 Präsens

Nur unvollendete Verben verfügen über Präsensformen. ↗ § 16. Zur Bildung der Präsensformen ↗ §§ 13, 14.

Mit dem Präsens wird eine Handlung bezeichnet,
- die zum Redezeitpunkt abläuft:
  Он читает книгу.   Er liest ein Buch.

- die in der Vergangenheit begonnen hat und in der Gegenwart weiterläuft:
  Она живёт в Москве.   Sie lebt in Moskau.

- die gewohnheitsmäßig abläuft oder eine Fähigkeit bzw. Eigenschaft kennzeichnet:
  Каждое утро они читают газету.   Jeden Morgen lesen sie eine Zeitung.
  Она говорит по-русски.   Sie spricht russisch.

Während im Deutschen Präsensformen häufig auch zukünftige Handlungen bezeichnen, ist diese Verwendung im Russischen sehr eingeschränkt. In diesen Fällen werden meist Futurformen verwendet:
Morgen rufe ich dich an.   Завтра я тебе **позвоню** (vo).

§ 21 Präteritum

Das Russische besitzt nur eine Vergangenheitsform. Diese entspricht den drei Vergangenheitsformen des Deutschen (Imperfekt, Perfekt, Plusquamperfekt).

1. Bildung der Präteritumformen

Die Präteritumformen werden vom **Infinitivstamm** unvollendeter und vollendeter Verben **gebildet**. Sie verändern sich nicht nach der Person, sondern nach Genus und Numerus.

- Lautet der Infinitivstamm auf einen **Vokal** aus, so werden **-л** (für das Maskulinum), **-ла** (für das Femininum), **-ло** (für das Neutrum) und **-ли** (für den Plural aller drei Geschlechter) angefügt.

Infinitiv	Infinitivstamm	Maskulinum я, ты, он	Femininum я, ты, она	Neutrum оно	Plural мы, вы, они
лежать liegen	лежа-	лежал	лежала	лежало	лежали
иметь haben	име-	имел	имела	имело	имели
стоять stehen	стоя-	стоял	стояла	стояло	стояли

- Lautet der Infinitiv auf einen **Konsonanten** aus, so entfällt bei vielen Verben das **-л** der maskulinen Präteritumform. Bei Feminina, Neutra und im Plural bleibt es jedoch erhalten:

Infinitiv	Infinitivstamm	Maskulinum я, ты, он	Femininum я, ты, она	Neutrum оно	Plural мы, вы, они
нести tragen	нес-	нёс	несла	несло	несли
везти fahren	вез-	вёз	везла	везло	везли

- Einige Verben auf **-нуть** verlieren das **-ну-** im Präteritum und das **-л** in der maskulinen Präteritumform:
  достигнуть erreichen   достиг, достигла, достигло, достигли;
  привыкнуть sich gewöhnen   привык, привыкла, привыкло, привыкли;
  погибнуть umkommen   погиб, погибла, погибло, погибли.

Einige Verben bilden unregelmäßige Präteritumformen, z. B.:

Infinitiv		Maskulinum я, ты, он	Femininum я, ты, она	Neutrum оно	Plural мы, вы, они
вести́	führen	вёл	вела́	вело́	вели́
класть	legen	клал	кла́ла	кла́ло	кла́ли
мочь	können	мог	могла́	могло́	могли́
расти́	wachsen	рос	росла́	росло́	росли́
идти́	gehen	шёл	шла	шло	шли
сесть	sich setzen	сел	се́ла	се́ло	се́ли
умере́ть	sterben	у́мер	умерла́	у́мерло	у́мерли

2. Gebrauch der Präteritumformen

Die Präteritumformen bezeichnen grundsätzlich Handlungen, die **vor dem Redezeitpunkt** abgelaufen sind.
Die Präteritumformen unvollendeter und vollendeter Verben werden entsprechend den Grundregeln des Aspektgebrauchs verwendet. ↗ §§ 16, 17
Besonders zu beachten ist der **Aspektgebrauch** bei den **folgenden Verben**:
открыва́ть/откры́ть öffnen, закрыва́ть/закры́ть schließen, брать/взять nehmen, дава́ть/дать geben, встава́ть/встать aufstehen, ложи́ться/лечь sich legen, сади́ться/сесть sich setzen.
Das Präteritum des unvollendeten Verbs bezeichnet hier eine **vergangene, zeitlich begrenzte** Handlung, deren **Ergebnis** jedoch zum Redezeitpunkt **nicht mehr andauert**:

Он брал кни́гу в библиоте́ке.	Er hatte das Buch aus der Bibliothek ausgeliehen (es ist wieder dort).
Я открыва́л окно́.	Ich hatte das Fenster geöffnet (jetzt ist es wieder geschlossen).

Im Unterschied dazu bezeichnet das Präteritum des vollendeten Verbs eine **vergangene, zeitlich begrenzte** Handlung, deren **Ergebnis** zum Redezeitpunkt **noch vorhanden** ist:

Он взял кни́гу в библиоте́ке.	Er hat das Buch aus der Bibliothek (und hat es noch).
Я откры́л окно́.	Ich habe das Fenster geöffnet (es ist noch offen).

Zu beachten ist weiterhin, dass bei der **Verneinung** häufig das **unvollendete** Verb gebraucht wird:

Вы спроси́ли её?	Нет, я её не спра́шивала.
Haben Sie sie gefragt?	Nein, ich habe sie nicht gefragt.
Он написа́л письмо́?	Нет, он не писа́л его́.
Hat er den Brief geschrieben?	Nein, er hat ihn nicht geschrieben.

§ 22 Futur

1. Bildung der Futurformen

Das Russische besitzt **zwei** Futurformen: eine **zusammengesetzte** und eine **einfache**.

Die **zusammengesetzte Futurform** wird wie folgt gebildet:
Futurformen von быть + Infinitiv des unvollendeten Verbs

я	бу́ду		ich werde	
ты	бу́дешь	чита́ть	du wirst	lesen
он, она́	бу́дет	писа́ть	er, sie wird	schreiben
мы	бу́дем	звони́ть	wir werden	anrufen
вы	бу́дете		ihr werdet	
они́	бу́дут		sie werden	

Das **einfache Futur** wird gebildet, indem die **vollendeten** Verben entsprechend den Regeln der **e**- oder **и**-Konjugation konjugiert werden:

я	прочита́ю	напишу́	позвоню́	ich werde	
ты	прочита́ешь	напи́шешь	позвони́шь	du wirst	lesen
он, она́	прочита́ет	напи́шет	позвони́т	er, sie wird	schreiben
мы	прочита́ем	напи́шем	позвони́м	wir werden	anrufen
вы	прочита́ете	напи́шете	позвони́те	ihr werdet	
они́	прочита́ют	напи́шут	позвоня́т	sie werden	

2. Gebrauch der Futurformen

Mit dem Futur wird eine Handlung bezeichnet, die **nach dem Redezeitpunkt** realisiert wird. Die beiden Futurformen unterscheiden sich lediglich durch die unterschiedliche Betrachtung der Handlungen bei beiden Aspekten voneinander. ↗ § 15, 16, 17

zusammengesetztes Futur unvollendete Verben	einfaches Futur vollendete Verben
• **Verlauf, Dauer** der Handlung	• **Ergebnis** der Handlung
Я три часа́ **бу́ду писа́ть**. Ich werde drei Stunden (lang) schreiben.	За́втра я, наконе́ц, **напишу́** письмо́. Morgen werde ich den Brief endlich schreiben.
• **Wiederholung** der Handlung	• **Einmaligkeit** der Handlung
Из Москвы́ я ча́сто **бу́ду звони́ть** домо́й. Aus Moskau werde ich oft zu Hause anrufen.	Ве́чером я **позвоню́** домо́й. Am Abend werde ich zu Hause anrufen.
• **gleichzeitig verlaufende** Handlungen	• **zeitliche Aufeinanderfolge** von einmaligen Handlungen
Мы **бу́дем лежа́ть** на пля́же и **отдыха́ть**. Wir werden am Strand liegen und uns erholen.	Когда́ мы **прие́дем** в Москву́, мы **позвони́м** тебе́. Wenn wir in Moskau angekommen sind, werden wir dich anrufen.

▽ Zukünftiges Geschehen wird im Russischen **konsequenter als im Deutschen durch das Futur** ausgedrückt:

Он сейча́с **придёт**.   Er kommt gleich.
За́втра мы **пойдём** в теа́тр.   Morgen gehen wir ins Theater.

§ 23 Rektion der Verben

Unter Rektion des Verbs (управле́ние глаго́ла) versteht man die Art der syntaktischen Verbindung, bei der sich dem Verb Substantive mit oder ohne Präposition unterordnen. ↗ §§ 88–90, 101–105
Ihrer Rektion nach verhalten sich die Verben sehr unterschiedlich:

– Verben können mit oder ohne Objekt verwendet werden, z. B.

| Он рабо́тает. | Er arbeitet. |
| Он рабо́тает маляро́м. | Er arbeitet als Maler. |

– Verben können ein oder mehrere Objekte mit oder ohne Präposition regieren, z. B.

| Де́вочка отвеча́ет ему́. | Das Mädchen antwortet ihm. |
| Де́вочка отвеча́ет ему́ на вопро́сы. | Das Mädchen antwortet ihm auf Fragen. |

– Verben können ein Akkusativobjekt ohne Präposition, ein sogenanntes direktes Objekt, regieren, z. B.

| Они́ купи́ли пода́рок. | Sie kauften ein Geschenk. |

Die letztgenannten Verben nennt man **transitiv**, alle anderen **intransitiv**.

In vielen Fällen stimmt die Rektion des russischen Verbs mit der des entsprechenden deutschen Verbs überein. Oft gibt es aber erhebliche Unterschiede. ↗ Anhang 1.

§ 24 Imperativ

1. Bildung des Imperativs

Der Imperativ der 2. Person wird vom Präsensstamm gebildet. ↗ § 12 An die Stelle der Endung der 3. Pers. Plur. -ют/-ут bzw. -ят/-ат wird bei der Singularform **-й**, **-и**, **-ь** gesetzt. Die Pluralform wird durch Anfügen von **-те** an die Singularform gebildet.

-й steht, wenn der Präsensstamm auf einen Vokal auslautet:

Infinitiv		Präsensstamm	Imperativ Sing.		Imperativ Plur.	
чита́ть	lesen	чита-	чита́й	lies	чита́йте	lest
рисова́ть	zeichnen	рису-	рису́й	zeichne	рису́йте	zeichnet
петь	singen	по-	пой	singe	по́йте	singt

-и steht, wenn der Präsensstamm auf **einen Konsonanten** ausgeht und die 1. Pers. Singular **endbetont** ist oder wenn der Präsensstamm auf **mehrere Konsonanten** ausgeht:

Infinitiv		Präsensstamm	1. Person Singular	Imperativ Sing.		Imperativ Plur.	
говори́ть	sprechen	говор-	говорю́	говори́	sprich	говори́те	sprecht
писа́ть	schreiben	пиш-	пишу́	пиши́	schreib	пиши́те	schreibt
ко́нчить	beenden	конч-	ко́нчу	ко́нчи	beende	ко́нчите	beendet

-ь steht, wenn der Präsensstamm auf **einen Konsonanten ausgeht** und die 1. Pers. Plur. **nicht endbetont** ist:

Infinitiv	Präsensstamm	1. Person Singular	Imperativ Sing.	Imperativ Plur.
встать aufstehen	встан-	встану	встань steh auf!	встаньте steht auf!
готовить vorbereiten	готов-	готовлю	готовь bereite vor!	готовьте bereitet vor!

▽ Zu beachten sind folgende **Abweichungen von den Grundregeln**:

– Vollendete Verben mit dem Präfix **вы-** (das in allen Formen betont ist) bilden ihren Imperativ vom **Grundverb**:

вы́учить – **учи́ть** – учу́ – вы́учи – вы́учите
lernen   lerne   lernt

– die **unvollendeten Verben** auf **-авать** behalten im Imperativ das im Präsens sonst ausfallende **-ва-**:

встава́ть – встава́й – встава́йте
aufstehen   steh auf   steht auf

– die **einsilbigen Verben auf -ить** (außer жить) und deren Ableitungen bilden den Imperativ auf **-ей**:

пить – пей – пе́йте
trinken   trinke   trinkt

– unregelmäßige Bildungen sind ferner:

дать	дай	да́йте	geben
есть	ешь	е́шьте	essen
лечь	ляг	ля́гте	sich legen
е́хать	поезжа́й	поезжа́йте	fahren

▽ Im Unterschied zum Deutschen steht nach Aufforderungssätzen im Russischen in der Regel **kein** Ausrufezeichen, sondern ein Punkt. Das Ausrufezeichen steht **nur** dann, wenn die Aufforderung mit **besonderem Nachdruck** geäußert wird:

Прочита́йте текст.   Lest den Text!
Отве́тьте на вопро́сы.   Beantwortet die Fragen!
Говори́.   Sprich!
Молчи́те.   Schweigt!

2. Gebrauch des Imperativs

Für die Verwendung der unvollendeten bzw. vollendeten Imperativformen gelten die Grundlagen des Aspektgebrauchs. ↗ § 15, 16, 17
Darüber hinaus sind folgende Bedeutungsunterschiede zwischen unvollendeten und vollendeten Imperativformen zu beachten:

Der unvollendete Imperativ bezeichnet häufig	Der vollendete Imperativ bezeichnet häufig
• eine **unerwünschte** Handlung Не открыва́йте дверь. Macht die Tür nicht auf!	• eine **erwünschte** (einmalige) Handlung Откро́йте дверь. Macht die Tür auf!
• ein **Verbot** Не открыва́йте дверь. Lasst die Tür geschlossen!	• eine **Warnung** Не откро́йте дверь. Macht ja nicht die Tür auf!

3. Besondere Imperativformen

Außer dem unter 1. und 2. besprochenen Imperativ der 2. Person gibt es weitere sprachliche Mittel, einen Wunsch, eine Aufforderung, eine Anregung auszudrücken:

– Der **Imperativ der gemeinsamen Handlung** bezeichnet eine Aufforderung, in die sich der Sprecher einschließt. Er wird durch die **1. Pers. Plur.** des vollendeten (seltener des unvollendeten) Aspekts ausgedrückt. Ergeht die Aufforderung an mehrere Personen, wird mitunter **-те** angefügt:

Пойдём(те) в кино!	Gehen wir ins Kino!
Споём(те)!	Lasst uns singen!
Начнём!	Fangen wir an!

Umgangssprachlich wird der Imperativ der gemeinsamen Handlung mitunter auch durch **давай/давайте** verstärkt. In dieser Bedeutung kann давай/давайте auch mit dem unvollendeten Infinitiv verbunden werden:

Давай пойдём купаться!	Na los, gehen wir baden!
Давайте играть в карты!	Kommt, spielen wir Karten!

– Der sogenannte **Imperativ der 3. Person** bezeichnet eine vermittelte Aufforderung. Er wird durch **пусть** (umgangssprachlich пускай) in Verbindung mit der 3. Person Singular oder Plural des vollendeten Aspekts (seltener des unvollendeten Aspekts) ausgedrückt:

Пусть она сдаст экзамен!	Soll sie die Prüfung ablegen!
Пускай они приедут!	Sollen sie doch kommen! Lass(t) sie doch kommen!

§ 25 Konjunktiv

Der Konjunktiv wird **gebildet**, indem man der **Präteritumform des Verbs** die Partikel **бы** (selten **б**) hinzufügt.

Кто **бы** это **подумал**!	Wer hätte das gedacht!
Я **бы пошла** в кино, но у меня нет времени.	Ich würde ins Kino gehen, aber ich habe keine Zeit.
Я этого не **сделал бы**.	Ich würde das nicht tun./Ich hätte das nicht getan.

Die Konjunktivform kann je nach Kontext die Bedeutung

des **Präteritums**,	Была бы **вчера** хорошая погода!
	Wäre doch **gestern** schönes Wetter gewesen!
des **Präsens** oder	Была бы **сегодня** хорошая погода!
	Wäre doch **heute** schönes Wetter!
des **Futurs** haben:	Была бы **завтра** хорошая погода!
	Würde doch **morgen** schönes Wetter sein!

Die Partikel **бы** steht im allgemeinen nach dem Verb. Sie kann aber auch einem anderen Wort unmittelbar folgen, wenn dieses **hervorgehoben** werden soll:

Я этого не **сказал** бы!	Ich hätte das nicht **gesagt**!
Я бы этого не сказал!	**Ich** hätte das nicht gesagt!
Этого бы я не сказал!	**Das** hätte ich nicht gesagt!

▽ Auf die Konjunktionen **если, только** und **хотя** sowie auf **Fragepronomen** und **Frageadverbien** folgt бы meist **unmittelbar**. Die Partikel бы verschmilzt mit der Konjunktion **что** zu **чтобы**. ↗ § 91

Он э́то сде́лал бы, **е́сли бы** ему́ да́ли возмо́жность.
Er hätte das getan, wenn man ihm die Möglichkeit gegeben hätte.
Когда́ бы вы смогли́ прийти́?
Wann könnten Sie kommen?
Я пришёл, **что́бы** ты мне рассказа́л об э́том.
Ich bin gekommen, damit du mir davon erzählst.

In vielen Fällen stimmt der **Gebrauch** des Konjunktivs im Russischen und im Deutschen überein. Zum weiteren Gebrauch des Konjunktivs in der indirekten Rede ↗ § 122, in Nebensätzen ↗ § 130.

§ 26 Verben auf -ся

1. Formenbildung

Die Verben auf -ся bilden ihre Formen wie üblich. Dabei steht am Ende der Wortform nach **Konsonanten** jeweils das Suffix **-ся**. Nach **Vokalen** steht **-сь** (außer bei den Aktivpartizipien ↗ §§ 29, 30).

Infinitiv	смея́ться/посмея́ться (vo.)	lachen
Präsens	смею́сь, смеёшься, смеётся, смеёмся, смеётесь, смею́тся	
Präteritum	смея́лся, смея́лась, смея́лось, смея́лись	
	посмея́лся, посмея́лась, посмея́лось, посмея́лись	
Futur	бу́ду смея́ться, бу́дешь смея́ться, бу́дет смея́ться, бу́дем смея́ться, бу́дете смея́ться, бу́дут смея́ться	
	посмею́сь, посмеёшься, посмеётся, посмеёмся, посмеётесь, посмею́тся	
Imperativ	сме́йся, сме́йтесь; посме́йся, посме́йтесь	
Konjunktiv	смея́лся бы, смея́лась бы, смея́лось бы, смея́лись бы	
	посмея́лся бы, посмея́лась бы, посмея́лось бы, посмея́лись бы	
Part. Präs. Akt.	смею́щийся, смею́щаяся, смею́щееся, смею́щиеся	
Part. Prät. Akt.	смея́вшийся, смея́вшаяся, смея́вшееся, смея́вшиеся	
	посмея́вшийся, посмея́вшаяся, посмея́вшееся, посмея́вшиеся	
Adverbialpart.	смея́сь; посмея́вшись	

2. Hauptbedeutungen des Suffixes -ся

Das Suffix **-ся** verleiht verschiedenen Verben eine unterschiedliche Bedeutung:

reflexive Bedeutung	Мать мо́ет ребёнка. Die Mutter wäscht das Kind.	Ребёнок мо́ет**ся**. Das Kind wäscht **sich**.
passive Bedeutung	Учени́к чита́ет кни́гу. Der Schüler liest das Buch.	Кни́га чита́ет**ся**. Das Buch **wird gelesen**.
intransitive Bedeutung	Учи́тель начина́ет уро́к. Der Lehrer beginnt die Stunde.	Уро́к начина́ет**ся**. Die Stunde **beginnt**.

▽ Einige Verben sind **nur im Russischen**, nicht im Deutschen, reflexiv:

смея́ться	lachen
явля́ться	sein
наде́яться	hoffen

▽ Einige Verben sind **nur im Deutschen**, nicht im Russischen, reflexiv:

отдыха́ть	**sich** erholen
опа́здывать	**sich** verspäten
разгова́ривать	**sich** unterhalten

▽ Verben auf -ся kommen häufig in unpersönlichen Konstruktionen vor ↗ § 113, 114, 125:

Ей ка́жется, что ...	Es scheint ihr, dass ...
Мне хо́чется ...	Ich möchte ...
Мне хоте́лось бы ...	Ich würde gern ...

§ 27 Passiv

– Das Passiv kann von **unvollendeten transitiven Verben** ↗ § 23 mit Hilfe des Suffixes -ся/-сь gebildet werden. Wird der Urheber der Handlung genannt, so steht dieser im Instrumental:

uv. trans. Verb	Tempus	Aktiv	Passiv
чита́ть lesen	Präsens	Учени́к чита́ет кни́гу. Der Schüler liest das Buch.	Кни́га чита́ется ученико́м. Das Buch wird von einem Schüler gelesen.
реша́ть lösen		Ни́на реша́ет зада́чу. Nina löst eine Aufgabe.	Зада́ча реша́ется Ни́ной. Die Aufgabe wird von Nina gelöst.
стро́ить bauen		Го́род стро́ит шко́лу. Die Stadt baut eine Schule.	Шко́ла стро́ится го́родом. Die Schule wird von der Stadt gebaut.
чита́ть lesen	Präteritum	Учени́к чита́л кни́гу. Der Schüler las das Buch.	Кни́га чита́лась ученико́м. Das Buch wurde von einem Schüler gelesen.
реша́ть lösen		Ни́на реша́ла зада́чу. Nina löste eine Aufgabe.	Зада́ча реша́лась Ни́ной. Die Aufgabe wurde von Nina gelöst.
стро́ить bauen		Го́род стро́ил шко́лу. Die Stadt baute eine Schule.	Шко́ла стро́илась го́родом. Die Schule wurde von der Stadt gebaut.
чита́ть lesen	Futur	Учени́к бу́дет чита́ть кни́гу. Der Schüler wird das Buch lesen.	Кни́га бу́дет чита́ться ученико́м. Das Buch wird von einem Schüler gelesen werden.
реша́ть lösen		Ни́на бу́дет реша́ть зада́чу. Nina wird die Aufgabe lösen.	Зада́ча бу́дет реша́ться Ни́ной. Die Aufgabe wird von Nina gelöst werden.
стро́ить bauen		Го́род бу́дет стро́ить шко́лу. Die Stadt wird eine Schule bauen.	Шко́ла бу́дет стро́иться го́родом. Die Schule wird von der Stadt gebaut werden.

▽ Diese Bildung des Passivs ist nur zulässig, wenn das Akkusativobjekt im Aktivsatz **unbelebt** ist.

– Das Passiv **vollendeter transitiver Verben** wird durch die **Kurzform** des **Partizips Präteritum Passiv** ↗ § 32 in Verbindung mit den Tempusformen von **быть** gebildet. Wird der Urheber genannt, so steht dieser im Instrumental:

vo. trans. Verb	Tempus	Aktiv	Passiv
прочитáть lesen решúть lösen пострóить bauen	Präsens		
прочитáть lesen решúть lösen пострóить bauen	Präteritum	Ученúк прочитáл кнúгу. Der Schüler hat das Buch gelesen. Нúна решúла задáчу. Nina hat die Aufgabe gelöst. Гóрод пострóил шкóлу. Die Stadt hat eine Schule gebaut.	Кнúга былá прочúтана ученикóм. Das Buch wurde von einem Schüler gelesen. Задáча былá решенá Нúной. Die Aufgabe wurde von Nina gelöst. Шкóла былá пострóена гóродом. Die Schule wurde von der Stadt gebaut.
прочитáть lesen решúть lösen пострóить bauen	Futur	Ученúк прочитáет кнúгу. Der Schüler wird das Buch lesen. Нúна решúт задáчу. Nina wird die Aufgabe lösen. Гóрод пострóит шкóлу. Die Stadt wird eine Schule bauen.	Кнúга бýдет прочúтана ученикóм. Das Buch wird von einem Schüler gelesen werden. Задáча бýдет решенá Нúной. Die Aufgabe wird von Nina gelöst werden. Шкóла бýдет пострóена гóродом. Die Schule wird von der Stadt gebaut werden.

▽ Neben der im Passiv wiedergegebenen Handlung können die Kurzformen des Partizips Präteritum Passiv in Verbindung mit den Tempusformen von быть auch den Zustand ausdrücken, der durch die Passivhandlung herbeigeführt worden ist/werden wird. In diesem Fall handelt es sich um ein sogenanntes **Zustandspassiv**.

Дверь (былá) откры́та весь вéчер.
Die Tür ist (war) den ganzen Abend geöffnet.
Дверь бýдет откры́та весь вéчер.
Die Tür wird den ganzen Abend geöffnet sein.

§§ 28–32 Partizipien

§ 28 Charakter der Partizipien und ihr Formenbestand

Partizipien (прича́стия) sind **Verbformen**, die auch Merkmale von **Adjektiven** besitzen:

```
                    ─ Das Partizip besitzt ─
            wie Verben                      wie Adjektive
```

Aktiv und Passiv Präsens und Präteritum unvollendete und vollendete Formen eine Rektion	Genus-, Numerus- und Kasusformen Lang- und Kurzformen

Im Russischen gibt es **vier** Partizipien:

	Aktiv	**Passiv**
Präsens	чита́ющий (студе́нт) der lesende (Student)	чита́емый (журна́л) (die Zeitschrift), die gelesen wird
Präteritum	чита́вший (студе́нт) (der Student), der las прочита́вший (студе́нт) (der Student), der gelesen hat/hatte	– прочи́танный (журна́л) (die Zeitschrift), die gelesen wurde/worden ist/ worden war

§ 29 Partizip Präsens Aktiv

1. Bildung des Partizips Präsens Aktiv

Das **Partizip Präsens Aktiv** wird nur von **unvollendeten Verben** gebildet. Es wird vom Präsensstamm ↗ § 12 abgeleitet. Bei Verben der e-Konjugation ↗ § 13 werden an den Präsensstamm das Suffix **-ющ-** (-ущ-) und die Adjektivendung angefügt. Bei Verben der и-Konjugation ↗ § 14 werden das Suffix **-ящ-** (-ащ-) und die Adjektivendung an den Präsensstamm angefügt:

Infinitiv	Präsensstamm	Suffix	Adjektivendung	Partizip Präsens Aktiv
чита́ть lesen нести́ tragen	чита- нес-	-ющ- -ущ-	-ий, -ая, -ее, -ие -ий, -ая, -ее, -ие	чита́ющий, -ая, -ее, -ие несу́щий, -ая, -ее, -ие
носи́ть tragen лежа́ть liegen	нос- леж-	-ящ- -ащ-	-ий, -ая, -ее, -ие -ий, -ая, -ее, -ие	нося́щий, -ая, -ее, -ие лежа́щий, -ая, -ее, -ие

▽ Das von **Verben auf -ся** gebildete Partizip Präsens Aktiv lautet stets (auch nach Vokal) auf **-ся** aus:

занима́ться –   занима́ющийся
sich beschäftigen   занима́ющаяся
                  занима́ющееся
                  занима́ющиеся

2. Gebrauch und Übersetzung des Partizips Präsens Aktiv

Das Partizip Präsens Aktiv wird wie ein **Adjektiv**, das auf einen **Zischlaut** ↗ § 53 endet, dekliniert. Es wird im Satz als **Attribut** verwendet und richtet sich in Genus, Numerus und Kasus nach dem **Substantiv**, dessen Attribut es ist:

Мы смотрéли на кричáщего мáльчика.	Wir schauten auf den schreienden Jungen.
Вдруг он увúдел читáющую дéвушку.	Plötzlich erblickte er das lesende Mädchen.

Das Partizip kann auch durch ein Objekt oder eine Adverbialbestimmung **erweitert** sein:

Мы смотрéли на кричáщего на ýлице мáльчика.	Wir schauten auf den draußen schreienden Jungen.
Вдруг он увúдел читáющую газéту дéвушку.	Plötzlich erblickte er das zeitungslesende Mädchen.
	Plötzlich erblickte er das Mädchen, das eine Zeitung las.

Das erweiterte partizipiale Attribut – auch als **Partizipialkonstruktion** bezeichnet – kann dem Substantiv auch nachgestellt sein. In diesem Fall wird es durch Komma(s) abgetrennt und meist durch einen **Relativsatz** übersetzt:

Мы смотрéли на мáльчика, кричáщего на ýлице.	Wir schauten auf den Jungen, der draußen schrie.
Вдруг он увúдел дéвушку, читáющую газéту.	Plötzlich erblickte er das Mädchen, das eine Zeitung las.

Das Partizip Präsens Aktiv drückt meist eine Nebenhandlung aus, die **gleichzeitig** mit der Haupthandlung verläuft. Das ist unabhängig davon, ob die Haupthandlung in der Vergangenheit, in der Gegenwart oder in der Zukunft stattfindet:

Все смотрéли на кричáщего мáльчика. (мáльчик кричáл)	Alle schauten auf den schreienden Jungen.
Все смóтрят на кричáщего мáльчика. (мáльчик кричúт)	Alle schauen auf den schreienden Jungen.
Все бýдут смотрéть на кричáщего мáльчика. (мáльчик бýдет кричáть)	Alle werden auf den schreienden Jungen schauen.

Der Gebrauch des **Partizips Präsens Aktiv** gehört der **Schriftsprache** an. In der **gesprochenen Sprache** verwendet man stattdessen meist **Relativsätze mit котóрый**:

Все смотрéли на мáльчика, котóрый кричáл на ýлице.	Alle schauten auf den Jungen, der draußen schrie.
Вдруг он увúдел дéвушку, котóрая читáла газéту.	Plötzlich erblickte er das Mädchen, das die Zeitung las.

Einige Partizipien Präsens Aktiv sind zu **Adjektiven** oder **Substantiven** geworden, die auch in der gesprochenen Sprache häufig gebraucht werden:

слéдующий	folgender
бýдущий	zukünftiger
настоящий	gegenwärtiger
бýдущее	Zukunft
настоящее	Gegenwart
учáщийся	Schüler, Student
слýжащий	Angestellter

§ 30 Partizip Präteritum Aktiv

1. Bildung des Partizips Präteritum Aktiv

Das Partizip Präteritum Aktiv wird vom Infinitivstamm ↗ § 12 unvollendeter und vollendeter Verben gebildet.
Man geht zweckmäßig von der **maskulinen Singularform des Präteritums** aus.
– Lautet sie auf **-л** aus, so wird dieses durch das Suffix **-вш- + Adjektivendung** ersetzt.

– Lautet sie auf einen anderen Konsonanten aus, so werden an diesen das Suffix **-ш-** + **Adjektivendung** angefügt:

Infinitiv		mask. Prät.form	Suffix	Adjektivendungen	Partizip Prät. Aktiv
читáть	lesen	читáл	-вш-	-ий, -ая, -ее, -ие	читáв**ший**, -ая, -ее, -ие
встрéтить	treffen	встрéтил	-вш-	-ий, -ая, -ее, -ие	встрéтив**ший**, -ая, -ее, -ие
нести́	tragen	нёс	-ш-	-ий, -ая, -ее, -ие	нёс**ший**, -ая, -ее, -ие
помóчь	helfen	помóг	-ш-	-ий, -ая, -ее, -ие	помóг**ший**, -ая, -ее, -ие

▽ Bei **Verben auf -ся** hat das Partizip Präteritum Aktiv **immer**, auch nach Vokal, das Suffix **-ся**.

занимáться   занимáлся   занимáвший**ся**
sich beschäftigen   занимáвша**яся**
                                                    занимáвше**еся**
                                                      занимáвши**еся**

2. Gebrauch und Übersetzung des Partizips Präteritum Aktiv

Das Partizip Präteritum Aktiv existiert nur in der Langform. Diese wird wie ein Adjektiv mit einem Zischlaut als Stammauslaut ↗ § 53 dekliniert.
Sie wird im Satz als **Attribut** gebraucht und stimmt mit dem **Bezugssubstantiv** in Genus, Numerus und Kasus überein.
Das Partizip kann, z. B. durch eine Adverbialbestimmung, **erweitert** sein. Das erweiterte partizipiale Attribut – auch als **Partizipialkonstruktion** bezeichnet – kann dem Substantiv auch **nachgestellt** werden.
Die **Partizipialkonstruktion** wird durch Komma(s) abgetrennt und im Deutschen meist durch einen **Relativsatz** wiedergegeben:

С Тáн**ей**, óчень регуля́рно посещáв**шей** трениро́вку, я познакóмился тóлько вчерá.
Tanja, die sehr regelmäßig zum Training geht, habe ich erst gestern kennen gelernt.

§ 31 Partizip Präsens Passiv

1. Bildung des Partizips Präsens Passiv

Das Partizip Präsens Passiv wird nur von **unvollendeten transitiven Verben** ↗ § 23 gebildet. Es wird vom Präsensstamm ↗ § 12 abgeleitet. Bei Verben der **e**-Konjugation ↗ § 13 werden an den Präsensstamm das Suffix **-ем-** und die Adjektivendung angefügt. Bei Verben der **и**-Konjugation ↗ § 14 werden das Suffix **-им-** und die Adjektivendung an den Präsensstamm angefügt:

Infinitiv		Präsensstamm	Suffix	Adjektivendung	Partizip Präsens Aktiv
читáть	lesen	читá-	-ем-	-ый, -ая, -ое, -ые	читá**емый**, -ая, -ое, -ые
публиковáть	veröffentlichen	публику-	-ем-	-ый, -ая, -ое, -ые	публику́**емый**, -ая, -ое, -ые
носи́ть	tragen	нос-	-им-	-ый, -ая, -ое, -ые	носи́**мый**, -ая, -ое, -ые
стрóить	bauen	стрó-	-им-	-ый, -ая, -ое, -ые	стрó**имый**, -ая, -ое, -ые

▽ Die **Verben auf -авать** behalten bei der Bildung des Partizips Präsens Passiv das im Präsens ausfallende Suffix **-ва-**.

| продава́ть | verkaufen | продава́емый |
| узнава́ть | erkennen | узнава́емый |

▽ Neben der Langform verfügt dieses Partizip auch über eine **Kurzform**, die auf -м, -ма, -мо, -мы endet:

| чита́ем | чита́ема | чита́емо | чита́емы |
| нос́им | нос́има | нос́имо | нос́имы |

2. Gebrauch und Übersetzung des Partizips Präsens Passiv

Das Partizip Präsens Passiv wird wie ein **Adjektiv** mit **hartem Stammauslaut** dekliniert. ↗ § 53
Die **Langform** des Partizips wird im Satz als **Attribut** verwendet. Sie richtet sich in Genus, Numerus und Kasus nach dem **Substantiv**, dessen Attribut sie ist:

Она́ получа́ет издава́емую в Москве́ газе́ту.   Sie bekommt die in Moskau veröffentlichte Zeitung.

Das Partizip kann auch durch ein Objekt oder eine Adverbialbestimmung **erweitert** sein.
Das erweiterte partizipiale Attribut – auch als **Partizipialkonstruktion** bezeichnet – kann dem Substantiv auch nachgestellt sein. In diesem Fall wird es durch Komma(s) abgetrennt und meist durch einen **Relativsatz** übersetzt:

Она́ получа́ет газе́ту, издава́емую в Москве́.   Sie bekommt die Zeitung, die in Moskau veröffentlicht wird.

Wird der **Urheber** der Handlung genannt, steht dieser im **Instrumental**:

Все вопро́сы, обсужда́емые **а́вторами** кни́ги,   Alle Fragen, die von den Buchautoren erörtert werden,
о́чень важны́.   sind sehr wichtig.

Die **Kurzform** des Partizips Präsens Passiv wird **prädikativ** verwendet. Sie ist selbst in der Schriftsprache äußerst selten. An ihrer Stelle werden in der Bedeutung des Passivs transitive Verben + -ся verwendet, z. B. Газе́та издаётся. Die Zeitung wird veröffentlicht. ↗ § 27

§ 32   Partizip Präteritum Passiv

1. Bildung des Partizips Präteritum Passiv

Das Partizip Präteritum Passiv wird von **vollendeten transitiven Verben** ↗ § 23 gebildet. Es werden drei Bildungsarten unterschieden:

– **Bildung mit dem Suffix -нн-**
   vom Infinitivstamm der Verben auf **-овать** und den meisten Verben auf **-ать**, **-ять** und **-еть**:

Infinitiv		Infinitiv-stamm	Part. Prät. Pass. Langform	Part. Prät. Pass. Kurzform
организова́ть	organisieren	организова-	организо́ванный, -ая, -ое, -ые	организо́ван, -а, -о, -ы
прочита́ть	lesen	прочита-	прочи́танный, -ая, -ое, -ые	прочи́тан, -а, -о, -ы
осмотре́ть	besichtigen	осмотре-	осмо́тренный, -ая, -ое, -ые	осмо́трен, -а, -о, -ы

- **Bildung mit dem Suffix -енн-/(betont) -ённ-**
  von der 1. Pers. Sing. des vollendeten Futurs mehrsilbiger Verben auf **-ить** sowie der Verben auf **-зти, -сти, -зть, -сть, -чь**:

Infinitiv	1. Pers. Sing.	Part. Prät. Pass. Langform	Part. Prät. Pass. Kurzform
пригото́вить kochen	пригото́влю	пригото́вленный, -ая, -ое, -ые	пригото́влен, -а, -о, -ы
посети́ть besuchen	посещу́	посещённый, -ая, -ое, -ые	посещён, -а́, -о́, -ы́
привезти́ mitbringen	привезу́	привезённый, -ая, -ое, -ые	привезён, -а́, -о́, -ы́

- **Bildung mit dem Suffix -т-**
  vom Infinitivstamm der Verben auf **-ыть, -уть, -оть, -ереть** und der einsilbigen Verben auf **-еть, -ить** sowie bei Verben mit Präsensstamm auf н, м ↗ § 13:

Infinitiv	Infinitivstamm	Part. Prät. Pass. Langform	Part. Prät. Pass. Kurzform
откры́ть öffnen	откры-	откры́тый, -ая, -ое, -ые	откры́т, -а, -о, -ы
дости́гнуть erreichen	достигну-	дости́гнутый, -ая, -ое, -ые	дости́гнут, -а, -о, -ы
разби́ть zerschlagen	разби-	разби́тый, -ая, -ое, -ые	разби́т, -а, -о, -ы
нача́ть beginnen	нача-	на́чатый, -ая, -ое, -ые	на́чат, -а, -о, -ы

2. Gebrauch des Partizips Präteritum Passiv

Das Partizip Präteritum Passiv ist das gebräuchlichste russische Partizip. Während die **Langform** meist nur in der **Schriftsprache** auftritt, wird die **Kurzform** auch in der **Umgangssprache** verwendet.

Die **Langform** des Partizips Präteritum Passiv wird wie ein **Adjektiv** mit hartem Stammauslaut **dekliniert** ↗ § 53. Sie wird im Satz als **Attribut** gebraucht und stimmt in Genus, Numerus und Kasus mit dem **Substantiv** überein, dessen Attribut sie ist.
Das Wort, das den Urheber der Handlung bezeichnet, steht im Instrumental.
Das Partizip kann, z. B. durch eine Adverbialbestimmung, **erweitert** sein.
Das erweiterte partizipiale Attribut – auch **Partizipialkonstruktion** genannt – kann auch dem Substantiv **nachgestellt** werden. In diesem Fall wird es durch Komma(s) abgetrennt und meist durch einen **Relativsatz** ins Deutsche **übersetzt**:

Ку́пленные на́ми в Москве́ пода́рки всем понра́вились.	Die von uns in Moskau gekauften Geschenke gefielen allen.
Пода́рки, ку́пленные на́ми в Москве́, всем понра́вились.	Die Geschenke, die wir in Moskau gekauft hatten, gefielen allen.

Die **Kurzform** des Partizips Präteritum Passiv wird wie die Kurzform des Adjektivs ↗ § 57 als **Prädikat** verwendet. Sie wird mit den Tempusformen von **быть** verbunden und dient zum Ausdruck des Passivs.
↗ § 27:

Э́тот журна́л прочи́тан на́ми.	Diese Zeitschrift ist von uns gelesen worden.
Э́тот журна́л был прочи́тан на́ми.	Diese Zeitschrift war von uns gelesen worden.
Э́тот журна́л бу́дет прочи́тан на́ми.	Diese Zeitschrift wird von uns gelesen worden sein.

§ 33 Übersicht zu Bildung und Gebrauch der Partizipien

	Aktiv	Passiv
Präsens	**Partizip Präsens Aktiv** von unvollendeten Verben Suffixe: -ющ-/-ущ-; -ящ-/-ащ- als Langform → Attribut	**Partizip Präsens Passiv** von unvollendeten transitiven Verben Suffixe: -ем-; -им- als Langform → Attribut als Kurzform → Prädikat
	читáющие ученики́ . . . учи́тель, стоя́щий у окнá, . . .	террито́рия, занимáемая го́родом, . . . дом, стро́имый роди́телями, . . .
Präteritum	**Partizip Präteritum Aktiv** von unvollendeten und vollendeten Verben Suffix: -вш-; -ш- als Langform → Attribut	**Partizip Präteritum Passiv** von vollendeten transitiven Verben Suffix: -нн-; -енн-, -ённ-; -т- als Langform → Attribut als Kurzform → Prädikat
	спортсмéн, заня́вший пéрвое мéсто, . . . до́чка, помо́гшая отцу́, . . .	прочи́танные кни́ги . . . постро́енная дéдушкой дáча . . . забы́тые тéксты пéсен . . .

§§ 34–36 Adverbialpartizipien

§ 34 Charakter und Formenbestand der Adverbialpartizipien

Adverbialpartizipien (деепричáстия) sind **Verbformen**, die auch Merkmale von **Adverbien** haben.

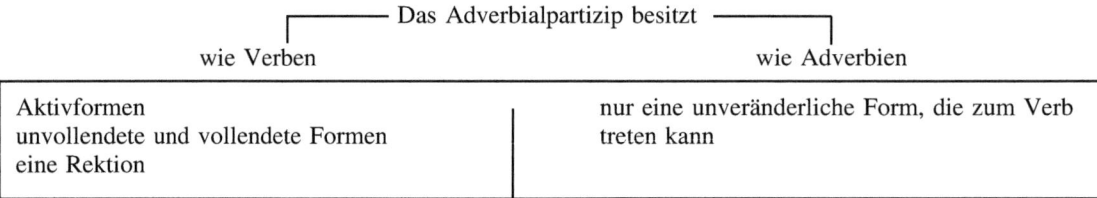

wie Verben	wie Adverbien
Aktivformen unvollendete und vollendete Formen eine Rektion	nur eine unveränderliche Form, die zum Verb treten kann

Adverbialpartizipien bezeichnen eine zusätzliche Handlung, durch die die Haupthandlung in der Art einer Adverbialbestimmung näher erläutert wird. Beide Handlungen werden vom gleichen Subjekt ausgeführt.

Es gibt im Russischen 2 Adverbialpartizipien:

– das Adverbialpartizip der **Gleichzeitigkeit**
  читáя – открывáя – покупáя   *etwa:* lesend – öffnend – einkaufend
– das Adverbialpartizip der **Vorzeitigkeit**
  прочитáв – откры́в – купи́в   *etwa:* gelesen habend – geöffnet habend – eingekauft habend

§ 35 Adverbialpartizip der Gleichzeitigkeit

1. Bildung des Adverbialpartizips der Gleichzeitigkeit

Das Adverbialpartizip der Gleichzeitigkeit wird vom **Präsensstamm** ↗ § 12 unvollendeter Verben gebildet, an den das Suffix **-я-** (nach Zischlauten **-а-**) angefügt wird. Das Suffix -ся bei reflexiven Verben wird zu -сь:

Infinitiv		Präsensstamm	Suffix	Adverbialpartizip
чита́ть	lesen	чита-	-я-	чита́я
слы́шать	hören	слыш-	-а-	слы́ша
нести́	tragen	нес-	-я-	неся́
ложи́ться	sich legen	лож-	-а-	ложа́сь
занима́ться	sich beschäftigen	занима-	-я-	занима́ясь

▽ Die Verben auf **-авать** bilden das Adverbialpartizip unter Beibehaltung des sonst im Präsens entfallenden **-ва-**:

дава́ть давая́
geben
узнава́ть узнава́я
erfahren

Das **Adverbialpartizip von быть** lautet **бу́дучи**.

2. Gebrauch und Übersetzung des Adverbialpartizips der Gleichzeitigkeit

Das Adverbialpartizip der Gleichzeitigkeit tritt fast ausschließlich in der Schriftsprache auf. Es wird als **Adverbialbestimmung** gebraucht und kann seinen Platz im Satz relativ frei einnehmen:

Сто́я у окна́, он прочита́л текст телегра́ммы.   Am Fenster stehend las er den Telegrammtext.
Он прочита́л текст телегра́ммы, сто́я у окна́.   Er las den Telegrammtext, am Fenster stehend.

Das Adverbialpartizip der Gleichzeitigkeit ist meist durch eine Adverbialbestimmung oder ein Objekt erweitert. Das erweiterte Adverbialpartizip – als **Partizipialkonstruktion** bezeichnet – wird stets durch Komma(s) abgetrennt.
Das Adverbialpartizip der Gleichzeitigkeit hat einen **relativen** Zeitwert. Es kennzeichnet eine zusätzliche Handlung, die **gleichzeitig** mit der Haupthandlung verläuft, unabhängig davon, ob sich die Haupthandlung in der Vergangenheit, Gegenwart oder Zukunft vollzieht:

Она́ люби́ла чита́ть лёжа.   Sie las gern im Liegen.
Она́ лю́бит чита́ть лёжа.   Sie liest gern im Liegen.
Она́ бу́дет люби́ть чита́ть лёжа.   Sie wird gern im Liegen lesen.

Das Adverbialpartizip der Gleichzeitigkeit lässt sich in der Regel in **verschiedener Weise übersetzen**:

Гуля́я по па́рку, я отдыха́л.

- **als 2. Prädikat**
  Ich ging im Park spazieren und erholte mich.
- **als Nebensatz (Adverbialsatz), z. B.**
  als Temporalsatz
  Als ich im Park spazieren ging, erholte ich mich.
  Während ich im Park spazieren ging, erholte ich mich.
  als Modalsatz
  Indem ich spazieren ging, erholte ich mich.
  als Konditionalsatz
  Wenn ich im Park spazieren ging, erholte ich mich.
- **als Partizip**
  Im Park spazieren gehend, erholte ich mich.
- **als präpositionale Fügung mit Substantiv**
  Beim Spazierengehen im Park erholte ich mich.
  Durch das Spazierengehen im Park erholte ich mich.

▽ Dem durch **не verneinten** Adverbialpartizip der Gleichzeitigkeit entspricht im Deutschen die Konstruktion „**ohne zu**" + **Infinitiv**.

Он уе́хал, не говоря́ ни сло́ва.
Er fuhr weg, ohne ein Wort zu sagen.

§ 36 Adverbialpartizip der Vorzeitigkeit

1. Bildung des Adverbialpartizips der Vorzeitigkeit

Das Adverbialpartizip der Vorzeitigkeit wird vom Infinitivstamm ↗ § 12 vollendeter Verben gebildet. Man geht zweckmäßig von der **maskulinen Singularform des Präteritums** aus.
– Lautet sie auf **-л** aus, so wird dieses durch das Suffix **-в-** (selten **-вши-**) ersetzt.
– Lautet sie auf einen anderen Konsonanten aus, so wird an diesen das Suffix **-ши-** angefügt:

Infinitiv		mask. Prät.form	Suffix	Adverbialpart. der Vorzeitigkeit
сде́лать	tun	сде́лал	-в(ши)-	сде́лав(ши)
поня́ть	verstehen	по́нял	-в(ши)-	поня́в(ши)
привезти́	mitbringen	привёз	-ши-	привёзши
поги́бнуть	umkommen	поги́б	-ши-	поги́бши

▽ Bei den Verben auf **-ся** lautet das Adverbialpartizip der Vorzeitigkeit auf **-вшись** aus:

| верну́ться | zurückkehren | верну́вшись |
| оде́ться | sich anziehen | оде́вшись |

Die Zusammensetzungen von **-идти** bilden das Adverbialpartizip der Vorzeitigkeit mit **-шедши**, z. B. войти́ → воше́дши, вы́йти → вы́шедши.
Einige vollendete Verben haben **neben** den Formen auf **-в-/-ши-** auch Adverbialpartizipien auf **-я-/-а-**, z. B.

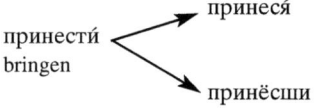

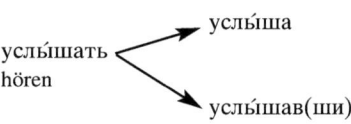

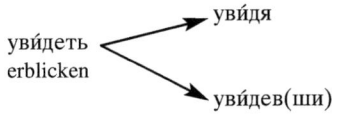
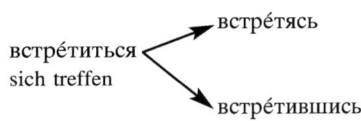

2. Gebrauch und Übersetzung des Adverbialpartizips der Vorzeitigkeit

Der Gebrauch des Adverbialpartizips der Vorzeitigkeit gehört ebenfalls der Schriftsprache an. Wie das Adverbialpartizip der Gleichzeitigkeit wird es als **Adverbialbestimmung** verwendet.
Das Adverbialpartizip der Vorzeitigkeit bezeichnet in der Regel eine zusätzliche Handlung, die der Haupthandlung des Satzes vorangegangen ist, gleichgültig in welchem Tempus letztere gefasst ist:

Прочита́в газе́ту, я писа́ла письмо́.	Nachdem ich die Zeitung gelesen hatte, schrieb ich einen Brief.
Прочита́в газе́ту, я пишу́ письмо́.	Ich habe die Zeitung gelesen und schreibe (jetzt) einen Brief.
Прочита́в газе́ту, я бу́ду писа́ть письмо́.	Sobald ich die Zeitung gelesen habe, werde ich einen Brief schreiben.

Das Adverbialpartizip der Vorzeitigkeit ist häufig erweitert, bildet eine Partizipialkonstruktion. Diese wird stets durch Komma(s) abgetrennt.
Das Adverbialpartizip der Vorzeitigkeit lässt sich unterschiedlich übersetzen:

Реши́в зада́чу, мы пошли́ домо́й.

- **als 2. Prädikat**
  Wir lösten die Aufgabe und gingen (dann) nach Hause.
- **als Nebensatz (Adverbialsatz)** z. B.
  Temporalsatz
  Nachdem wir die Aufgabe gelöst hatten, gingen wir nach Hause.
  Kausalsatz
  Weil wir die Aufgabe gelöst hatten, gingen wir nach Hause.
- **als präpositionale Fügung mit Substantiv (Partizip)**
  Nach dem Lösen der Aufgabe gingen wir nach Hause.
  Nach gelöster Aufgabe gingen wir nach Hause.

▽ Dem durch **не** verneinten Adverbialpartizip der Vorzeitigkeit entspricht im Deutschen die Konstruktion „**ohne** + Part. II + **zu** haben/sein":

Мы не вы́едем в Но́вгород, не заказа́в но́мер в гости́нице.
Wir werden nicht nach Nowgorod (ab)fahren, ohne ein Hotelzimmer bestellt zu haben.

§ 37–38 Verben der Fortbewegung

Im Russischen gibt es eine Gruppe sehr gebräuchlicher Verben, die eine Fortbewegung bezeichnen und die in ihrem Formenbestand Besonderheiten aufweisen. Diese Verben der Fortbewegung (глаго́лы движе́ния) können ohne und mit Präfix auftreten.

§ 37 Unpräfigierte Verben der Fortbewegung

1. Formenbestand der unpräfigierten Verben der Fortbewegung

Die **unpräfigierten** Verben der Fortbewegung sind **immer unvollendet**. Sie treten **paarweise** auf. Man spricht deshalb auch von paarigen Verben der Fortbewegung. Das eine Verb des Paares wird als **bestimmtes**, das andere als **unbestimmtes** Verb bezeichnet. Es existieren 14 solcher Paare. Die wichtigsten sind:

bestimmt	unbestimmt	
бежа́ть (бегу́, бежи́шь, бегу́т)	**бе́гать** (бе́гаю, бе́гаешь, бе́гают)	laufen, rennen
везти́ (везу́, везёшь, везу́т; вёз, везла́, везли́)	**вози́ть** (вожу́, во́зишь, во́зят)	transportieren
вести́ (веду́, ведёшь, веду́т; вёл, вела́, вели́)	**води́ть** (вожу́, во́дишь, во́дят)	führen
е́хать (е́ду, е́дешь, е́дут)	**е́здить** (е́зжу, е́здишь, е́здят)	fahren
идти́ (иду́, идёшь, иду́т; шёл, шла, шли)	**ходи́ть** (хожу́, хо́дишь, хо́дят)	gehen
лете́ть (лечу́, лети́шь, летя́т)	**лета́ть** (лета́ю, лета́ешь, лета́ют)	fliegen
нести́ (несу́, несёшь, несу́т; нёс, несла́, несли́)	**носи́ть** (ношу́, но́сишь, но́сят)	tragen
плыть (плыву́, плывёшь, плыву́т)	**пла́вать** (пла́ваю, пла́ваешь, пла́вают)	schwimmen

▽ „**Bringen**" kann im Russischen auf unterschiedliche Art und Weise ausgedrückt werden:

Ма́ма **ведёт/во́дит** сы́на в шко́лу (за́ руку).
Die Mutter bringt den Sohn in die Schule (an der Hand).

Ма́ма **везёт/во́зит** сы́на в я́сли (в коля́ске).
Die Mutter bringt den Sohn in die Krippe (im Kinderwagen).

Ма́ма **несёт/но́сит** сы́на в я́сли (на рука́х).
Die Mutter bringt/trägt den Sohn in die Krippe (auf dem Arm).

Ма́ма с сы́ном **е́дут/е́здят** (трамва́ем) в де́тский сад.
Die Mutter bringt den Sohn in den Kindergarten (mit der Straßenbahn).

2. Gebrauch der paarigen Verben der Fortbewegung

Bestimmtes Verb

Das bestimmte Verb wird verwendet, wenn eine **konkrete**, zum **Sprechzeitpunkt andauernde** und in **eine bestimmte Richtung** verlaufende Fortbewegung bezeichnet werden soll:

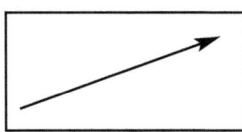

Я иду́ на трениро́вку.
Мари́на шла в магази́н.

Ich gehe (jetzt gerade, ich bin auf dem Wege) zum Training.
Marina ging (sie war auf dem Wege) in ein Geschäft.

Es gibt eine Reihe **fester Wendungen**, die nur mit dem **bestimmten** (unvollendeten) Verb der Fortbewegung stehen. In diesen Fällen wird идти in übertragener Bedeutung verwendet:

нести службу	Dienst tun	нести ответственность	Verantwortung tragen
вести беседу	ein Gespräch führen	вести дневник	Tagebuch führen
вести себя	sich benehmen	идёт дождь, снег ...	es regnet, schneit ...
идут занятия, уроки	der Unterricht läuft	ей это идёт	ihr steht das
Как идут дела?	Wie geht es?	ему везёт	er hat Glück
время летит	die Zeit vergeht wie im Fluge	годы летят	die Jahre verfliegen

Unbestimmtes Verb
Das Verb wird verwendet, wenn eine Fortbewegung bezeichnet werden soll, die **nicht in eine bestimmte Richtung**, sondern **kreuz und quer** erfolgt:

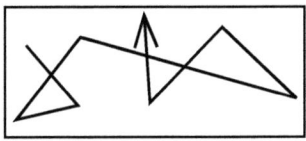

Марина ходит со своей подругой по парку.   Marina geht mit ihrer Freundin (kreuz und quer) durch den Park.

Отец ходил по комнате.   Der Vater ging im Zimmer auf und ab.

Das **unbestimmte** Verb wird auch verwendet, wenn eine Fortbewegung bezeichnet werden soll, die **wiederholt** und **hin und zurück** erfolgt:

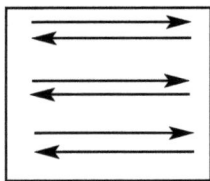

Я часто хожу пешком на тренировку.   Ich gehe oft zu Fuß zum Training (hin und zurück).

Отец каждый день ездил на машине на работу.   Der Vater fuhr jeden Tag mit dem Auto zur Arbeit (hin und zurück).

Das **unbestimmte** Verb wird ferner verwendet, wenn eine **einmalige** Fortbewegung bezeichnet werden soll, die **hin und zurück** erfolgt. In diesen Fällen tritt das unbestimmte Verb nur im **Präteritum** auf. Es kann durch die Präteritumform von быть ersetzt werden:

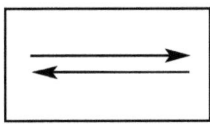

Вчера она ходила в кино.   Gestern ist sie ins Kino gegangen.
(= была в кино)   (= im Kino gewesen)
В январе Борис Петрович ездил   Im Januar ist Boris Petrowitsch auf Dienstreise
в командировку.   gefahren.
(= был в командировке)   (= gewesen)

Unbestimmte Verben können auch verwendet werden, wenn eine **Fähigkeit** (Eigenschaft) zur Fortbewegung bezeichnet werden soll:

Вéрочка ужé хóдит.	Verotschka kann schon laufen.
А Алёша ещё не хóдит, емý тóлько год.	Aber Aljoscha kann noch nicht laufen, er ist erst ein Jahr alt.
Áня ужé хóдит в шкóлу.	Anja geht schon zur Schule.

Es gibt eine Reihe **fester Wendungen** mit dem **unbestimmten** (unvollendeten) Verb der Fortbewegung:

носи́ть и́мя	einen Namen tragen	носи́ть фами́лию	einen Familiennamen tragen
носи́ть плáтье, óбувь	ein Kleid, Schuhe tragen	носи́ть очки́	eine Brille tragen
води́ть (егó) зá нос	(ihn) an der Nase herumführen	води́ть маши́ну	Auto fahren

§ 38 Präfigierte Verben der Fortbewegung

Werden die Verben der Fortbewegung präfigiert, verlieren sie ihren besonderen Charakter als bestimmtes und unbestimmtes Verb. Sie werden zu normalen Aspektpaaren. Dabei wird das bestimmte Verb durch Präfigierung vollendet und das unbestimmte Verb unvollendet, z. B.

paarige Verben der Fortbewegung	vollendetes Verb	unvollendetes Verb	
бежáть/бéгать	убежáть	убегáть	fortlaufen
	вбежáть	вбегáть	hineinlaufen
	подбежáть	подбегáть	heranlaufen
везти́/вози́ть	ввезти́	ввози́ть	einführen
	вы́везти	вывози́ть	ausführen
	привезти́	привози́ть	mitbringen
вести́/води́ть	перевести́	переводи́ть	übersetzen
	произвести́	производи́ть	erzeugen
идти́/ходи́ть	уйти́	уходи́ть	fortgehen
	прийти́	приходи́ть	kommen
	найти́	находи́ть	finden
летéть/летáть	улетéть	улетáть	fortfliegen
	прилетéть	прилетáть	ankommen
	отлетéть	отлетáть	abfliegen
нести́/носи́ть	принести́	приноси́ть	bringen
	отнести́	относи́ть	fortbringen
	вы́нести	выноси́ть	hinaustragen

▽ Zu den vollendeten Verben mit **-ехать** und **-плыть** werden die unvollendeten Partner mit **-езжать** und **-плывать** gebildet:

paarige Verben der Fortbewegung	vollendetes Verb	unvollendetes Verb	
éхать/éздить	уéхать	уезжáть	wegfahren
	въéхать	въезжáть	hineinfahren
	переéхать	переезжáть	hinüberfahren
плыть/плáвать	проплы́ть	проплывáть	durchschwimmen
	переплы́ть	переплывáть	hinüberschwimmen

Es ist besonders wichtig, sich bei den Verben der Fortbewegung die Bedeutung der Präfixe **в- (во-)**, **вы-**, **при-**, **у-** einzuprägen:

в- (во-)	вы-	при-	у-
bezeichnet die Bewegung von außen nach innen	bezeichnet die Bewegung von innen nach außen	bezeichnet das Erreichen des Zieles der Bewegung	bezeichnet das Entfernen vom Ort, das Nichtvorhandensein

In Verbindung mit den genannten **präfigierten Verben der Fortbewegung** werden folgende **Präpositionen** gebraucht:

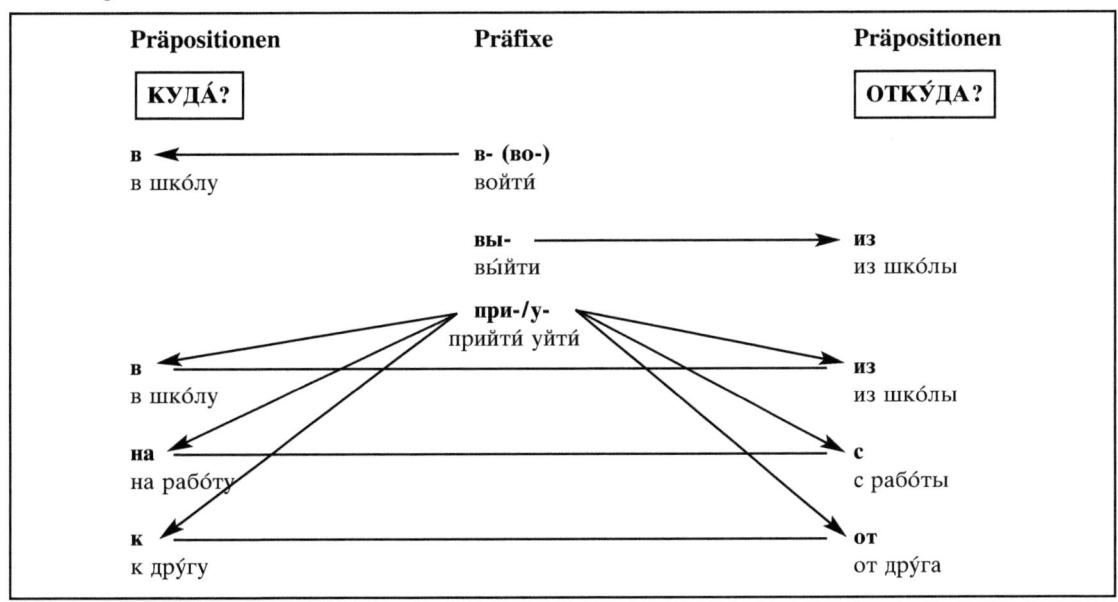

▽ Durch Präfigierung mit **по-** ergeben sich beim bestimmten und unbestimmten Verb keine Aspektpaare. Beide **präfigierten** Verben sind **vollendet**.
Die von den **bestimmten** Formen mit **по-** gebildeten vollendeten Verben heben den **Beginn der Handlung** hervor:

пойти́   losgehen   поéхать   losfahren   полетéть   losfliegen

Die von den **unbestimmten** Formen mit **по-** gebildeten vollendeten Verben heben die zeitliche Begrenzung der Handlung auf eine **kurze Dauer** hervor:

походи́ть   eine Weile umhergehen   побéгать   eine Weile umherlaufen

Kapitel 4   Substantiv

§ 39   Einteilung der Substantive

Das **Substantiv** (и́мя существи́тельное) bezeichnet **Gegenstände** im weitesten Sinne. Dementsprechend sind folgende Substantive zu unterscheiden:

Gattungsnamen:	ма́льчик Junge	соба́ка Hund	лес Wald
Eigennamen:	Серге́й Sergej	Татья́на Tatjana	Москва́ Moskau
belebte und **unbelebte** Substantive:	челове́к Mensch кни́га Buch	оте́ц Vater дом Haus	ко́шка Katze ро́за Rose
konkrete und **abstrakte** Substantive:	каранда́ш Bleistift дру́жба Freundschaft	стол Tisch мир Frieden	окно́ Fenster разви́тие Entwicklung
Stoffnamen:	са́хар Zucker	молоко́ Milch	сталь Stahl
Sammelnamen:	посу́да Geschirr	бельё Wäsche	ме́бель Möbel

Die Bedeutung dieser Substantive kann sich überschneiden. So kann z. B. das Wort **соба́ка** sowohl den **Gattungsnamen** als auch den **konkreten** und **belebten** Substantiven zugeordnet werden.

§ 40   Genus der Substantive

Das Russische verfügt wie das Deutsche über drei Genera:

maskulin   (мужско́й род),
feminin   (же́нский род),
neutral   (сре́дний род).

Jedes Substantiv, das über eine Singularform verfügt, gehört einem dieser Genera an. Im Unterschied zum Deutschen hat das Russische weder einen bestimmten noch einen unbestimmten Artikel, der das Genus anzeigt. Das grammatische Geschlecht eines Substantivs erkennt man an der **Endung des Nominativ Singular**.

Maskulina (maskuline Substantive) sind immer **endungslos**. Sie lauten im Nom. Sing. auf einen **harten** oder **weichen** Konsonanten aus:

Stammauslaut: Endung:	harter Konsonant –		weicher Konsonant –	
Beispiele:	автобус_ учени́к_	Autobus Schüler	учи́тель_ день_	Lehrer Tag
			музе́й_ ключ_	Museum Schlüssel

Neutra (neutrale Substantive) enden im Nom. Sing. auf **-o, -e, -ë**:

Stammauslaut: Endung:	harter Konsonant -o		weicher Konsonant -e		-ë	
Beispiele:	óзеро	See	мópe	Meer	бельё	Wäsche
	окнó	Fenster	расписáние	Plan	ружьё	Gewehr

Feminina (feminine Substantive) enden auf **-a** bzw. **-я** oder sind **endungslos** und lauten auf einen weichen Konsonanten aus:

Stammauslaut: Endung:	harter Konsonant -a		weicher Konsonant -я		–	
Beispiele:	кáрта	Karte	недéля	Woche	тетрáдь_	Heft
	библиотéка	Bibliothek	истóрия	Geschichte	дверь_	Tür

1. Grammatisches und natürliches Geschlecht

Einige **Feminina** mit der Endung **-a (-я)** können **männliche Personen** bezeichnen, z. B. дéдушка, пáпа, Сáша, Волóдя, Вóва. In der Kongruenz mit anderen Satzgliedern dominiert ihr **natürliches** Geschlecht.

Мой пáпа рабóтал в бюрó.   Mein Vati arbeitete im Büro.
Моемý дéдушке 80 лет.   Mein Opa ist 80 Jahre alt.

Einige Substantive können sowohl männliche als auch weibliche Personen bezeichnen, z. B. врач, дирéктор, коллéга. Der Kontext macht in diesen Fällen das Geschlecht deutlich:

Врач пришлá к больнóму.   Die **Ärztin** kam zu dem Kranken.
Врач пришёл к больнóму.   Der **Arzt** kam zu dem Kranken.
Нúна Петрóвна ещё молодóй дирéктор. Nina Petrowna ist eine noch junge **Direktorin**.
Пётр Петрóвич ещё молодóй дирéктор. Pjotr Petrowitsch ist ein noch junger **Direktor**.
Э́то наш коллéга.   Das ist unser **Kollege**.
Э́то нáша коллéга.   Das ist unsere **Kollegin**.

2. Genus undeklinierbarer Substantive

Undeklinierbare Substantive sind meist **Fremdwörter** und **Neutra** ↗ § 50, z. B.:

пальтó	Mantel	бюрó	Büro	метрó	U-Bahn	интервью́	Interview
кинó	Kino	таксú	Taxi	жюрú	Jury	меню́	Speisekarte
рáдио	Radio	купé	Abteil	шóу	Show	кафé	Café

Seltener gehören sie zu den **Maskulina**, z. B. кóфе Kaffee, кенгурý Känguru oder zu den **Feminina**, z. B. лéди Lady.

Das Genus **undeklinierbarer Abkürzungen** wird durch deren **Grundwort** bestimmt ↗ § 50:

РФ – Росси́йская **Федера́ция**	RF (Russische Föderation)
РФ приняла́ э́ти предложе́ния.	Die RF nahm diese Vorschläge an.
СНГ – **Соду́жество** Незави́симых Госуда́рств	GUS (Gemeinschaft Unabhängiger Staaten)
СНГ при́няло э́ти предложе́ния.	Die GUS nahm diese Vorschläge an.

§ 41 Numerus der Substantive

Wie im Deutschen wird auch im Russischen zwischen **Singular** (еди́нственное число́) und **Plural** (мно́жественное число́) unterschieden.

Die meisten Substantive besitzen **Singular- und Pluralformen**:

Singular		Plural	
стол	Tisch	столы́	Tische
дом	Haus	дома́	Häuser
окно́	Fenster	о́кна	Fenster
по́ле	Feld	поля́	Felder
карти́на	Bild	карти́ны	Bilder
подру́га	Freundin	подру́ги	Freundinnen

Einige Substantive treten **nur im Singular** auf. Diese Wörter heißen **Singularia tantum** (Einzahlwörter). Dazu zählen z. B.

Stoffnamen		Sammelnamen		Abstrakta		Monatsnamen		Himmelsrichtungen	
карто́фель	Kartoffel	посу́да	Geschirr	здоро́вье	Gesundheit	янва́рь	Januar	се́вер	Norden
сала́т	Salat	бельё	Wäsche	доброта́	Güte	март	März	юг	Süden
капу́ста	Kohl	ме́бель	Möbel	ску́ка	Langeweile	ию́нь	Juni	за́пад	Westen
молоко́	Milch	молодёжь	Jugend	весёлость	Fröhlichkeit	октя́брь	Oktober	восто́к	Osten

Тётя купи́ла на ры́нке **карто́фель** и **лук**.   Die Tante kaufte auf dem Markt **Kartoffeln** und **Zwiebeln**.

Вчера́ мы купи́ли краси́вую **ме́бель**.   Gestern kauften wir hübsche **Möbel**.

Einige Substantive werden **nur im Plural** gebraucht. Diese Wörter heißen **Pluralia tantum** (Mehrzahlwörter). Hierzu gehören z. B.

Als Paar betrachtete Dinge		Zeitabschnitte		Stoffmengen		Eigennamen	
очки́	Brille	су́тки	24 Stunden	проду́кты	Lebensmittel	А́льпы	Alpen
но́жницы	Schere	кани́кулы	Ferien	консе́рвы	Konserven	Карпа́ты	Karpaten
брю́ки	Hose	бу́дни	Werk-, Alltag	дрова́	Holz	Афи́ны	Athen
весы́	Waage			де́ньги	Geld		

Мне подари́ли **чёрные брю́ки**.   Ich bekam **eine** schwarze **Hose** geschenkt.
Мы провели́ **зи́мние кани́кулы** в гора́х.   Wir verbrachten die Winterferien in den Bergen.

Besonders aufmerksam muss man bei der Verwendung solcher Pluralia tantum wie часы́, духи́, вы́боры sein.
Neben ihnen existieren gleichlautende Substantive mit Singularformen, die jedoch eine andere Bedeutung haben:

час Stunde, Uhr (Zeit)   часы́ Uhr (Chronometer)
Сейча́с 5 часо́в.   Es ist jetzt 5 Uhr.
Мои́ часы́ стоя́т.   Meine Uhr steht.
дух Geist   духи́ Parfüm
дух вре́мени   Zeitgeist
францу́зские духи́   französisches Parfüm

§ 42 Belebtheit – Unbelebtheit

Im Russischen unterscheidet man **belebte** und **unbelebte Substantive**.
Zu den **belebten Substantiven** gehören **Personen-** und **Tierbezeichnungen**, z. B.

отец Vater   дочь Tochter   соба́ка Hund   ло́шадь Pferd   живо́тное Lebewesen

Die anderen Substantive (einschließlich der Pflanzenbezeichnungen) gelten als **unbelebt**.

Die Unterscheidung zwischen belebt und unbelebt ist für die Bildung **maskuliner Akkusativformen** von Bedeutung.
Bei **belebten Maskulina** ist der **Akkusativ Singular** gleich dem **Genitiv Singular**:

Kasus	Singular			
	belebt		unbelebt	
	hart	weich	hart	weich
Nominativ	учени́к_ Schüler	учи́тель_ Lehrer	го́род_ Stadt	музе́й_ Museum
Genitiv	ученика́	учи́теля	го́рода	музе́я
Akkusativ	ученика́	учи́теля	го́род	музе́й

Я ви́жу ученика́ и учи́теля.
Ich sehe den Schüler und den Lehrer.

Я ви́жу го́род и музе́й.
Ich sehe die Stadt und das Museum.

Im **Plural** ist der **Akkusativ** aller **belebten** Substantive gleich dem **Genitiv**:

Kasus	Plural			
	belebt			
	maskulin		feminin	
	hart	weich	hart	weich
Nominativ	профессора́ Professoren	учителя́ Lehrer	учени́цы Schülerinnen	тёти Tanten
Genitiv	профессоро́в	учителе́й	учени́ц_	тётей
Akkusativ	профессоро́в	учителе́й	учени́ц_	тётей

Я ви́жу профессоро́в, учителе́й, учени́ц, тётей.
Ich sehe die Professoren, Lehrer, Schülerinnen, Tanten.

Der **Akkusativ Plural aller unbelebten Substantive** ist stets gleich dem **Nominativ Plural**.

Kasus	Plural					
	unbelebt					
	maskulin		neutral		feminin	
	hart	weich	hart	weich	hart	weich
Nom. Akk.	города́ Städte города́	музе́и Museen музе́и	о́кна Fenster о́кна	моря́ Meere моря́	ла́мпы Lampen ла́мпы	статьи́ Artikel статьи́

Он ви́дел города́ и моря́.
Она́ прочита́ла все статьи́.

Er hatte Städte und Meere gesehen.
Sie hat alle Artikel durchgelesen.

▽ Einige Sammelnamen sind **grammatisch unbelebt**, z. B.:

Учи́тельница води́ла **класс** на вы́ставку.
Die Lehrerin führte die Klasse in die Ausstellung.

▽ **Bezeichnungen von Personen** gelten auch dann als **grammatisch belebt**, wenn diese bereits verstorben sind, z. B.:

Я о́чень люблю́ **Пу́шкина**.
Ich liebe Puschkin sehr.

§§ 43–50 Deklination der Substantive

§ 43 Deklinationstypen

Unter **Deklination** (склоне́ние) versteht man die **Veränderung** der Substantive nach **Kasus** und **Numerus**.
Mit Ausnahme einiger Wörter lassen sich die russischen Substantive im **Singular drei Deklinationstypen** zuordnen:

I. Deklination:	**endungslose Maskulina** auf harten oder weichen Konsonanten (-ь, -й) und **Neutra** auf -o, -e, -ё	стол_ день_ музе́й_ окно́ мо́ре ружьё	Tisch Tag Museum Fenster Meer Gewehr
II. Deklination:	(vorwiegend) **Feminina** auf -a und -я	ка́рта неде́ля	Karte Woche
III. Deklination:	**endungslose Feminina** auf -ь (и-Deklination)	дверь_ тетра́дь_	Tür Heft

Im **Plural** fallen diese drei Grundtypen zusammen.

§ 44 I. Deklination – Maskulina

Singular				
Stamm-auslaut	harter Konsonant (außer ж, ш)	weiche Konsonanten (außer ч, щ) -ь	й	Zischlaute
Nom.	стол_ Tisch	словáрь_ Wörterbuch	музéй_ Museum	этáж_ Etage
Gen.	столá	словаря́	музéя	этажá
Dat.	столý	словарю́	музéю	этажý
Akk.	стол_	словáрь_	музéй_	этáж_
Instr.	столóм	словарём	музéем	этажóм
Präp.	(о) столé	(о) словарé	(о) музéе	(об) этажé

Plural				
Nom.	столы́	словари́	музéи	этажи́
Gen.	столóв	словарéй	музéев	этажéй
Dat.	столáм	словаря́м	музéям	этажáм
Akk.	столы́	словари́	музéи	этажи́
Instr.	столáми	словаря́ми	музéями	этажáми
Präp.	(о) столáх	(о) словаря́х	(о) музéях	(об) этажáх

Es gelten die Schreibregeln ↗ § 5:

Nach **г, к, х** und **Zischlauten** schreibe **и** (nicht ы):

    фи́зик   Physiker   фи́зики
    этáж   Etage   этажи́

Nach **Zischlauten** und **ц** schreibe **betont о**, **unbetont е**:

    этáж   Etage   этажóм (Instr. Sing.)
    товáрищ   Kamerad   товáрищем (Instr. Sing.)
    дворéц   Palast   дворцóв (Gen. Plur.)
    мéсяц   Monat   мéсяцев (Gen. Plur.)

Nach **weichen Konsonanten** schreibe **betont ё**, **unbetont е**:

    словáрь   Wörterbuch   словарём (Instr. Sing.)
    учи́тель   Lehrer   учи́телем (Instr. Sing.)

Besonderheiten in der I. Deklination – Maskulina

1. Akkusativ = Genitiv

Der **Akkusativ belebter** Substantive ist **gleich** dem **Genitiv** ↗ § 42:

Я встрéтил учи́теля/учителéй.   Ich traf den Lehrer/die Lehrer.

2. Betonungswechsel

Bei zahlreichen Maskulina tritt ein **Betonungswechsel** auf.
Während im **Nominativ Singular** der **Stamm** betont wird, liegt die Betonung bei den **anderen Kasus** auf der **Endung**, z. B.:

этáж Etage – этажá, этажý, этáж, этажóм, (об) этажé

Einige Substantive sind im **Singular stammbetont**, im **Plural** jedoch **endbetont**:

гóрод Stadt – городá, городóв, городáм, городá, городáми, (о) городáх

3. Flüchtiges -o- (-e-)

Bei einigen Maskulina **fällt** beim Deklinieren ab Genitiv Singular der Vokal **-o-** oder **-e- (-ë-)** im Stammauslaut **aus** ↗ § 7. Bei unbelebten Substantiven bleibt er nur im Akkusativ Singular erhalten, z. B.

дворéц	Palast	дворцá, дворцý, дворéц, дворцóм, (о) дворцé
		дворцы́, дворцóв, дворцáм, дворцы́, дворцáми, (о) дворцáх
конéц	Ende	концá, концý, конéц, концóм, (о) концé
		концы́, концóв, концáм, концы́, концáми, (о) концáх
отéц	Vater	отцá, отцý, отцá, отцóм, (об) отцé
		отцы́, отцóв, отцáм, отцóв, отцáми, (об) отцáх
день	Tag	дня, дню, день, днём, (о) днé
		дни, дней, дням, дни, дня́ми, (о) дня́х
костёр	Lagerfeuer	кострá, кострý, костёр, кострóм, (о) кострé
		костры́, кострóв, кострáм, костры́, кострáми, (о) кострáх
подáрок	Geschenk	подáрка, подáрку, подáрок, подáрком, (о) подáрке
		подáрки, подáрков, подáркам, подáрки, подáрками, (о) подáрках
кружóк	Zirkel	кружкá, кружкý, кружóк, кружкóм, (о) кружкé
		кружки́, кружкóв, кружкáм, кружки́, кружкáми, (о) кружкáх

4. Genitiv Singular auf -y (-ю)

Einige unbelebte Maskulina haben im Genitiv Singular neben der regulären Endung **-a (-я)** die Endung **-y (-ю)**. Sie bezeichnen häufig den **Teil einer Stoffmenge (eine bestimmte Menge, ein Maß oder Gewicht)**, z. B.:

сáхар	Zucker	килó сáхару	ein Kilo Zucker
сыр	Käse	100 грамм сы́ру	100 g Käse
чай	Tee	стакáн чáю	ein Glas Tee
табáк	Tabak	пáчка табакý	ein Päckchen Tabak
снег	Schnee	мнóго снéгу	viel Schnee
нарóд	Leute	мáло нарóду	wenig Leute

Купи́ на ýжин сы́ру и сáхару.
Принеси́те, пожáлуйста, стакáн чáю.

Kauf zum Abendessen (etwas) Käse und Zucker!
Bringen Sie bitte ein Glas Tee!

▽ Auch nach den Präpositionen **без, из, от, с** kann die Endung **-y (-ю)** auftreten, z. B.

и́з лесу	aus dem Walde
и́з дому	aus dem Haus

5. Präpositiv Singular auf -y (-ю)

Einige unbelebte Maskulina haben im Präpositiv Singular nach den Präpositionen **в** (in/im) und **на** (auf/an, am) die **betonte Endung -y (-ю)**. Dabei handelt es sich oft um **Ortsangaben**, z. B.

бе́рег	Ufer	на берегу́
лес	Wald	в лесу́
сад	Garten	в саду́
порт	Hafen	в порту́
Крым	Krim	в Крыму́
год	Jahr	в году́
мост	Brücke	на мосту́
шкаф	Schrank	в/на шкафу́
угол	Ecke	в углу́
пол	Fußboden	на полу́
Дон	Don	на Дону́

Мы весь день гуля́ли в лесу́. Wir gingen den ganzen Tag lang im Wald spazieren.
Она́ родила́сь в 1955 году́. Sie wurde im Jahre 1955 geboren.

Werden diese Substantive mit **anderen Präpositionen** gebraucht, so haben sie die reguläre Endung des Präp. Sing. **-e**:

Мы говори́м о ле́с**е**. Wir sprechen über den Wald.
Мы говори́м о са́д**е**. Wir sprechen vom Garten.

6. Nominativ Plural auf -a (-я)

Einige Maskulina haben im **Nominativ Plural** die betonte Endung **-a (-я)** und nicht die reguläre Endung -ы (-и), z. B.:

Nom. Sing.		**Nom. Plur.**
а́дрес	Adresse	адреса́
бе́рег	Ufer	берега́
ве́чер	Abend	вечера́
го́род	Stadt	города́
учи́тель	Lehrer	учителя́
дом	Haus	дома́
лес	Wald	леса́
глаз	Auge	глаза́
по́езд	Zug	поезда́

Напиши́ мне их адреса́. Schreibe mir ihre Adressen auf!
Поезда́ хо́дят ка́ждый час. Die Züge fahren jede Stunde.

▽ Einige Maskulina haben im Nom. Plur. **Doppelformen mit unterschiedlicher Bedeutung**, z. B.:

лист —	листы́	Papierblätter
	ли́стья	Pflanzenblätter
цвет —	цветы́	Blumen
	цвета́	Farben

7. Endungsloser Genitiv Plural

Einige Maskulina sind im Genitiv Plural **endungslos**, z. B.:

Nom. Sing.		Nom. Plur.	Gen. Plur.
глаз	Auge	глаза́	глаз_
раз	Mal	разы́	раз_
(кило)гра́мм	(Kilo)Gramm	(кило)гра́ммы	(кило)гра́мм_
солда́т	Soldat	солда́ты	солда́т_
челове́к	Mensch	(лю́ди)	(пять) челове́к nur nach Numeralien, sonst: люде́й

Мы говори́ли об э́том мно́го раз.   Wir sprachen mehrmals darüber.

8. Stammveränderung im Plural

Einige Maskulina mit dem Suffix **-янин (-анин)** bilden den Plural **ohne -ин**:

Nom. Sing.	граждани́н Bürger	крестья́нин Bauer	англича́нин Engländer
Nom. Plur.	гра́ждане	крестья́не	англича́не
Gen. Plur.	гра́ждан_	крестья́н_	англича́н_
Dat. Plur.	гра́жданам	крестья́нам	англича́нам
Akk. Plur.	гра́ждан_	крестья́н_	англича́н_
Instr. Plur.	гра́жданами	крестья́нами	англича́нами
Präp. Plur.	(о) гра́жданах	(о) крестья́нах	(об) англича́нах

▽ Bei **господи́н** und **хозя́ин** tritt eine **ähnliche Stammveränderung** auf:

Nom. Sing.	господи́н Herr	хозя́ин Hausherr
Nom. Plur.	господа́	хозя́ева
Gen. Plur.	госпо́д_	хозя́ев_
Dat. Plur.	господа́м	хозя́евам
Akk. Plur.	госпо́д_	хозя́ев_
Instr. Plur.	господа́ми	хозя́евами
Präp. Plur.	о господа́х	о хозя́евах

Einzelne Maskulina, deren Stamm im Singular auf einen harten Konsonanten auslautet, haben im Plural eine **Stammerweiterung**. Sie enden im Nominativ Plural auf **-ья**.

Nom. Sing.	брат Bruder	стул Stuhl	друг Freund	сын Sohn
Nom. Plur.	бра́тья	сту́лья	друзья́	сыновья́
Gen. Plur.	бра́тьев	сту́льев	друзе́й	сынове́й
Dat. Plur.	бра́тьям	сту́льям	друзья́м	сыновья́м
Akk. Plur.	бра́тьев	сту́лья	друзе́й	сынове́й
Instr. Plur.	бра́тьями	сту́льями	друзья́ми	сыновья́ми
Präp. Plur.	(о) бра́тьях	(о) сту́льях	(о) друзья́х	(о) сыновья́х

Bei einigen Maskulina – vorwiegend bei Bezeichnungen für junge Lebewesen – wird im Plural das stammauslautende Suffix des Singulars **-онок (-ёнок)** durch **-ат (-ят)** ersetzt:

Nom. Sing.	ребёнок Kind	котёнок Kätzchen	телёнок Kalb	поросёнок Ferkel
Nom. Plur.	ребя́та	котя́та	теля́та	порося́та
Gen. Plur.	ребя́т_	котя́т_	теля́т_	порося́т_
Dat. Plur.	ребя́там	котя́там	теля́там	порося́там
Akk. Plur.	ребя́т_	котя́т_	теля́т_	порося́т_
Instr. Plur.	ребя́тами	котя́тами	теля́тами	порося́тами
Präp. Plur.	(о) ребя́тах	(о) котя́тах	(о) теля́тах	(о) порося́тах

9. Deklination von путь

Das maskuline Substantiv **путь** Weg stellt eine Sonderform der Deklination dar, die speziell eingeprägt werden muss:

	Singular	Plural
Nom.	путь_	пути́
Gen.	пути́	путе́й
Dat.	пути́	путя́м
Akk.	путь_	пути́
Instr.	путём	путя́ми
Präp.	(о) пути́	(о) путя́х

На обра́тном **пути́** я встре́тила моего́ дру́га.   Auf dem Rückweg traf ich meinen Freund.

§ 45 I. Deklination – Neutra

Stammauslaut	Singular		
	harter Konsonant und ч, щ	weiche Konsonanten	
	-о	-е	-ие
Nominativ	сло́во Wort	мо́ре Meer	зда́ние Gebäude
Genitiv	сло́ва	мо́ря	зда́ния
Dativ	сло́ву	мо́рю	зда́нию
Akkusativ	сло́во	мо́ре	зда́ние
Instrumental	сло́вом	мо́рем	зда́нием
Präpositiv	(о) сло́ве	(о) мо́ре	(о) зда́нии
	Plural		
Nominativ	слова́	моря́	зда́ния
Genitiv	слов_	море́й	зда́ний_
Dativ	слова́м	моря́м	зда́ниям
Akkusativ	слова́	моря́	зда́ния
Instrumental	слова́ми	моря́ми	зда́ниями
Präpositiv	(о) слова́х	(о) моря́х	(о) зда́ниях

Es gelten die Schreibregeln ↗ § 5:

Nach **Zischlauten** und **ц** schreibe betont **o**, unbetont **e**:	яйцо́	Ei	яйцо́м	(Instr. Sing.)
	учи́лище	Fachschule	учи́лищем	(Instr. Sing.)
Nach **weichem Konsonant** schreibe betont **ё**, unbetont **e**:	бельё	Wäsche	бельём	(Instr. Sing.)
	мо́ре	Meer	мо́рем	(Instr. Sing.)

Besonderheiten in der I. Deklination – Neutra

1. Neutra auf -ие

Neutra auf -ие haben im **Präpositiv Singular** die Endung **-и**. Im **Genitiv Plural** lauten sie auf **-ий** aus:

Nom. Sing.		Präp. Sing.	Gen. Plur.
зда́н**ие**	Gebäude	в зда́нии	мно́го зда́н**ий**
мне́н**ие**	Meinung	о мне́нии	мно́го мне́н**ий**

2. Betonungswechsel

Einige (zweisilbige) Neutra wechseln die Betonung.
Im **Singular stammbetonte** Neutra können im **Plural endbetont** sein:

Singular	Plural
ме́сто	места́
ме́ста	мест
ме́сту	места́м
ме́сто	места́
ме́стом	места́ми
(о) ме́сте	(о) места́х

Einige (zweisilbige) Neutra können im **Singular endbetont**, im **Plural stammbetont** sein, z. B.:

Singular	Plural
письмо́ Brief	пи́сьма
письма́	пи́сем
письму́	пи́сьмам
письмо́	пи́сьма
письмо́м	пи́сьмами
(о) письме́	(о) пи́сьмах

3. Nominativ Plural auf -и

Im Nominativ/Akkusativ Plural haben einzelne Neutra (mit festem Akzent) die Endung **-и**:

Nom. Singular	Nom./Akk. Plural
я́блоко Apfel	я́блоки
коле́но Knie	коле́ни
око́шко Schalter	око́шки

4. Flüchtiges -o- und -e- im Genitiv Plural

Lautet der Stamm eines Neutrums auf **zwei Konsonanten** aus, so wird im endungslosen **Genitiv Plural** häufig ein **-o-** oder **-e-** zwischen diese Konsonanten **eingeschoben** ↗ § 7:

Nom. Sing.	окно́ Fenster	кре́сло Sessel	письмо́ Brief	число́ Zahl
Nom. Plur. Gen. Plur.	о́кна о́кон	кре́сла кре́сел	пи́сьма пи́сем	чи́сла чи́сел

5. Abweichender Genitiv Plural

In der Regel ist der Genitiv Plural der Neutra endungslos. Einige Neutra weichen jedoch von dieser regulären Endung ab:

Nom. Sing.	о́блако Wolke	очко́ Punkt	пла́тье Kleid	де́рево Baum	мо́ре Meer	по́ле Feld
Nom. Plur. Gen. Plur.	облака́ облако́в	очки́ очко́в	пла́тья пла́тьев	дере́вья дере́вьев	моря́ море́й	поля́ поле́й

▽ Das Neutrum **яйцо́** Ei bildet einen besonderen Gen. Plur.:

Nom. Sing.	Nom. Plur.	Gen. Plur.
яйцо́	я́йца	яи́ц

6. Stammveränderungen im Plural

Der Stamm einzelner Neutra (mit Stammauslaut auf harten Konsonanten) wird im Plural erweitert. Im **Nominativ Plural** lauten sie auf unbetontes **-ья**, im **Genitiv Plural** auf **-ьев** aus:

| де́рево | Baum | дере́вья, | дере́вьев, | дере́вьям, | дере́вья, | дере́вьями, | о дере́вьях |
| крыло́ | Flügel | кры́лья, | кры́льев, | кры́льям, | кры́лья, | кры́льями, | о кры́льях |

▽ Folgende Neutra müssen wegen ihrer **abweichenden Pluralbildung** speziell eingeprägt werden:

Nom. Sing.	у́хо Ohr	не́бо Himmel	чу́до Wunder	су́дно Schiff
Nom. Plur.	у́ши	небеса́	чудеса́	суда́
Gen. Plur.	уше́й	небе́с	чуде́с	судо́в
Dat. Plur.	уша́м	небеса́м	чудеса́м	суда́м
Akk. Plur.	у́ши	небеса́	чудеса́	суда́
Instr. Plur.	уша́ми	небеса́ми	чудеса́ми	суда́ми
Präp. Plur.	(об) уша́х	(о) небеса́х	(о) чудеса́х	(о) суда́х

7. Neutra auf -мя

Eine Sonderform der Deklination stellen Neutra des Typs **вре́мя** Zeit dar:

Singular	Plural
вре́мя	времена́
вре́мени	времён
вре́мени	времена́м
вре́мя	времена́
вре́менем	времена́ми
(о) вре́мени	(о) времена́х

В свобо́дное вре́мя я мно́го чита́ю. — In der Freizeit lese ich viel.
Со вре́менем ситуа́ция измени́лась. — Mit der Zeit veränderte sich die Situation.

▽ Im Russischen gibt es noch 9 weitere Neutra, die wie вре́мя dekliniert werden. Die gebräuchlichsten sind:

| и́мя | Name | зна́мя | Fahne, Banner |
| пла́мя | Flamme | се́мя | Samen |

§ 46 II. Deklination – Feminina auf -a (-я)

Stammauslaut	Singular		
	harter Konsonant und ч, щ	weiche Konsonanten	
	-а	-я	-ия
Nominativ	ка́рта Karte	неде́ля Woche	ли́ния Linie
Genitiv	ка́рты	неде́ли	ли́нии
Dativ	ка́рте	неде́ле	ли́нии
Akkusativ	ка́рту	неде́лю	ли́нию
Instrumental	ка́ртой	неде́лей	ли́нией
Präpositiv	(о) ка́рте	(о) неде́ле	(о) ли́нии
	Plural		
Nominativ	ка́рты	неде́ли	ли́нии
Genitiv	карт_	неде́ль_	ли́ний_
Dativ	ка́ртам	неде́лям	ли́ниям
Akkusativ	ка́рты	неде́ли	ли́нии
Instrumental	ка́ртами	неде́лями	ли́ниями
Präpositiv	(о) ка́ртах	(о) неде́лях	(о) ли́ниях

Es gelten die Schreibregeln ↗ § 5:

Nach г, к, х und Zischlauten schreibe и, nicht ы:

| кни́га | Buch | кни́ги | Gen. Sing./Nom. Plur. |
| ра́туша | Rathaus | ра́туши | Gen. Sing./Nom. Plur. |

Nach Zischlauten und ц schreibe betont о, unbetont е:

| свеча́ | Kerze | свечо́й | Instr. Sing. |
| гости́ница | Hotel | гости́ницей | Instr. Sing. |

Nach weichen Konsonanten schreibe betont ё, unbetont е:

| семья́ | Familie | семьёй | Instr. Sing. |
| дере́вня | Dorf | дере́вней | Instr. Sing. |

Besonderheiten in der II. Deklination

1. Feminina auf -ия

Feminina auf -ия haben im **Dativ** und im **Präpositiv Singular** die Endung **-и**. Im **Genitiv Plural** lauten sie auf **-ий** aus:

Nom. Sing.		Dat. Sing.	Präp. Sing.	Gen. Plur.
ли́ния	Linie	по ли́нии	о ли́нии	мно́го ли́ний
публика́ция	Publikation	по публика́ции	о публика́ции	мно́го публика́ций

2. Maskulina auf -a (-я)

Zum II. Deklinationstyp gehören auch einige **maskuline Substantive auf -a (-я)**, z. B. мужчи́на Mann, де́душка Großvater, па́па Vati, дя́дя Onkel sowie eine Reihe von Koseformen männlicher Vornamen wie Воло́дя, Са́ша, Ми́ша, Во́ва ↗ § 40:

Singular	Plural
мужчи́на Mann	мужчи́ны
мужчи́ны	мужчи́н_
мужчи́не	мужчи́нам
мужчи́ну	мужчи́н_
мужчи́ной	мужчи́нами
(о) мужчи́не	(о) мужчи́нах

Auch Substantive zweierlei Geschlechts ↗ § 40 auf **-a (-я)** verändern sich nach dem II. Deklinationstyp, z. B. колле́га Kollege, Kollegin.

3. Akkusativ = Genitiv

Der Akkusativ Plural **belebter** Substantive auf **-a (-я)** ist gleich dem Genitiv Plural ↗ § 42:

Я ви́жу же́нщин,	де́вочек,	учени́ц,	подру́г,	мужчи́н.
Ich sehe (die) Frauen,	Mädchen,	Schülerinnen,	Freundinnen,	Männer.

4. Betonungswechsel

Einige (zweisilbige) Feminina wechseln die Betonung.
Im **Singular endbetonte** Feminina können im **Plural stammbetont** sein:

Singular	Plural
страна́ Land	стра́ны
страны́	стран
стране́	стра́нам
страну́	стра́ны
страно́й	стра́нами
(о) стране́	(о) стра́нах

Einige endbetonte Feminina **ziehen** im **Akkusativ Singular** sowie im **Nominativ (Akkusativ) Plural** die **Betonung zurück**:

Singular	Plural
горá Berg	гóры
горы́	гор
горé	горáм
гóру	гóры
горóй	горáми
(о) горé	(о) горáх

5. Flüchtiges -o- und -e-

Lautet der Stamm eines Femininums auf **zwei Konsonanten** aus, so wird im endungslosen **Genitiv Plural** häufig ein **-o-** oder **-e-** zwischen diese Konsonanten **eingeschoben**:

Nom. Sing.	мáрка Mark	скáзка Märchen	блýзка Bluse	бáшня Turm	пéсня Lied	дéвушка Mädchen
Nom. Plur. Gen. Plur.	мáрки мáрок	скáзки скáзок	блýзки блýзок	бáшни бáшен	пéсни пéсен	дéвушки дéвушек

▽ Abweichungen im **Gen. Plur.** sind bei folgenden häufig gebrauchten Wörtern zu finden:

Nom. Sing.		Gen. Plur.
дерéвня	Dorf	деревéнь
земля́	Land	земéль
сестрá	Schwester	сестёр
семья́	Familie	семéй
статья́	Artikel	статéй

§ 47 III. Deklination – Feminina auf -ь (и-Deklination)

Stammauslaut	Singular	Plural
	weiche Konsonanten (-ь) und -ж, -ш	
Nominativ	дверь_ Tür	двéри
Genitiv	двéри	дверéй
Dativ	двéри	дверя́м
Akkusativ	дверь_	двéри
Instrumental	двéрью	дверя́ми
Präpositiv	(о) двéри	(о) дверя́х

Es gilt die Schreibregel ↗ § 5:
Nach Zischlaut schreibe **-a**, nicht **-я**: ночь – ночáм (Nacht – Dat. Plur.)

Besonderheiten in der III. Deklination

1. Zahlwörter auf -ь

Nach diesem Deklinationstyp werden die **Kardinalzahlwörter 5–20, 30, 50, 60, 70, 80** dekliniert.
↗ §§ 66, 68

2. Betonungswechsel

Einige Feminina auf **-ь**, die im **Singular** und im **Nominativ (Akkusativ) Plural stammbetont** sind, können **ab Genitiv Plural endbetont** sein:

Singular	Plural
пло́щадь Platz	пло́щади
пло́щади	площаде́й
пло́щади	площадя́м
пло́щадь	пло́щади
пло́щадью	площадя́ми
(о) пло́щади	(о) площадя́х

Фестива́ль проводи́лся на всех площадя́х го́рода.   Die Festspiele fanden auf allen Plätzen der Stadt statt.

3. Stammerweiterung

Bei den Feminina **мать** Mutter und **дочь** Tochter erfolgt in allen Kasus, mit Ausnahme des Nominativ/Akkusativ Singular, eine Stammerweiterung:

	Singular	Plural
Nominativ	мать Mutter	ма́тери
Genitiv	ма́тери	матере́й
Dativ	ма́тери	матеря́м
Akkusativ	мать	матере́й
Instrumental	ма́терью	матеря́ми
Präpositiv	(о) ма́тери	(о) матеря́х

Он до́лго говори́л с мое́й ма́терью.   Er sprach lange mit meiner Mutter.

4. Instrumental Plural auf -ьми

Einige Feminina auf **-ь** enden im Instrumental Plural auf **-ьми**:

Nominativ Singular	Nominativ Plural	Instrumental Plural
ло́шадь Pferd	ло́шади	лошадьми́ (auch лошадя́ми)
дверь Tür	две́ри	дверьми́ (auch дверя́ми)
дочь Tochter	до́чери	дочерьми́
	лю́ди Menschen	людьми́
	де́ти Kinder	детьми́

Оте́ц о́чень горди́лся дочерьми́.   Der Vater war sehr stolz auf die Töchter.

5. Flüchtiges -o-

Bei einzelnen Feminina auf **-ь** entfällt im **Genitiv, Dativ** und **Präpositiv Singular** der Vokal **-o**:

	Singular	
Nominativ	любо́вь Liebe	ложь Lüge
Genitiv	любви́	лжи
Dativ	любви́	лжи
Akkusativ	любо́вь	ложь
Instrumental	любо́вью	ло́жью
Präpositiv	(о) любви́	(о) лжи

Она́ люби́ла расска́зывать о свое́й пе́рвой любви́.   Sie erzählte gern von ihrer ersten Liebe.

§ 48   Russische Namen

Ein vollständiger russischer Name besteht aus drei Teilen:

Vorname (и́мя)	**Vatersname** (о́тчество)	**Familienname** (фами́лия)
Пётр	Петро́вич	Петро́в
О́льга	Петро́вна	Петро́ва

Die **Vornamen** werden im offiziellen Sprachgebrauch in ihrer vollen Form genannt. Im Alltag gibt es viele Koseformen der Vornamen:

Ири́на → И́ра   Екатери́на → Ка́тя   Вячесла́в → Сла́ва   Ива́н → Ва́ня

Durch das Einfügen von Verkleinerungssuffixen ↗ § 9 lassen sich weitere, meist emotional gefärbte Koseformen bilden:

Вале́рий → Вале́ра, Вале́рик, Вале́рочка   Еле́на → Ле́на, Ле́ночка, Алёна, Алёнушка

Der **Vatersname** wird vom Vornamen des Vaters abgeleitet. An diesen fügt man **-ович/-евич** (bei Söhnen) und **-овна/-евна** (bei Töchtern) ↗ § 9. Lautet der Vorname des Vaters auf einen harten Konsonanten aus, steht -ович bzw. -овна; nach weichen Konsonanten steht -евич bzw. -евна:

Vorname des Vaters	Vatersname des Sohnes	Vatersname der Tochter
Пётр	Петро́**вич**	Петро́**вна**
Алекса́ндр	Алекса́ндр**ович**	Алекса́ндр**овна**
Па́вел	Па́вл**ович**	Па́вл**овна**
Андре́й	Андре́**евич**	Андре́**евна**
Григо́рий	Григо́рь**евич**	Григо́рь**евна**

Mit dem **Vor- und Vatersnamen** und der Höflichkeitsform mit **„вы"** wendet man sich an Erwachsene und häufig an Vorgesetzte. Die Vor- und Vatersnamen werden nach den Regeln der I. bzw. II. Deklination verändert:

Бори́с Никола́евич, бу́дьте добры́, переда́йте э́то письмо́ Алекса́ндр**у** Петро́вич**у**.
Boris Nikolajewitsch, seien Sie so gut und geben Sie diesen Brief Alexander Petrowitsch.
Ни́на Никола́евна, бу́дьте добры́, переда́йте э́то письмо́ О́льг**е** Петро́вн**е**.
Nina Nikolajewna, seien Sie so gut und übergeben Sie diesen Brief Olga Petrowna.

Die **Familiennamen** besitzen eine

männliche Form	(Петро́в)
weibliche Form	(Петро́ва)
Pluralform	(Петро́вы):

Петро́вы – э́то Бори́с Алекса́ндрович Петро́в и Ни́на Никола́евна Петро́ва.
Die Petrows – das sind Boris Alexandrowitsch Petrow und Nina Nikolajewna Petrowa.

§ 49 Deklination der Familiennamen

Kasus	Singular		Plural
	maskulin	feminin	
Nominativ	Петро́в_	Петро́ва	Петро́вы
Genitiv	Петро́ва	Петро́вой	Петро́вых
Dativ	Петро́ву	Петро́вой	Петро́вым
Akkusativ	Петро́ва	Петро́ву	Петро́вых
Instrumental	Петро́вым	Петро́вой	Петро́выми
Präpositiv	(о) Петро́ве	(о) Петро́вой	(о) Петро́вых

Besonderheiten in der Deklination der Familiennamen

1. Instrumental Singular

Die **männlichen** Familiennamen werden wie Substantive der **I. Deklination** dekliniert. Abweichend davon tritt im **Instrumental Singular** statt der Endung **-ом** die Adjektivendung **-ым** auf:

Я ви́дел Петро́ва.   Ich habe Petrow gesehen.
Я до́лго разгова́ривала с Петро́в**ым**.   Ich habe mich lange mit Petrow unterhalten.

2. Nominativ und Akkusativ Singular

Die **weiblichen** Familiennamen werden wie **Adjektive** dekliniert ↗ § 53, 54. Abweichend davon tritt im **Nominativ und Akkusativ Singular** statt -ая die Endung **-а**, statt -ую die Endung **-у** auf:

Переда́йте э́то письмо́ Петро́в**ой**.   Geben Sie diesen Brief Frau Petrowa (der Petrowa).
Вчера́ я ви́дела Петро́в**у** в го́роде.   Gestern habe ich Frau Petrowa (die Petrowa) in der Stadt gesehen.

3. Pluralformen

Die **Pluralformen** der Familiennamen haben **Adjektivendungen**. Abweichend davon hat der **Nominativ Plural** statt -ые die Endung **-ы**:

На воскресе́нье я пригласи́ла Петро́вых.	Für Sonntag habe ich die Petrows eingeladen.
Петро́вы прие́дут.	Die Petrows werden kommen.

4. Weibliche Familiennamen auf Konsonant

Einige weibliche Familiennamen haben **keine weibliche Form**. Sie lauten nicht auf -a, sondern auf einen Konsonanten aus:

В суббо́ту мы с Мари́ей Попо́вич ходи́ли в теа́тр.   Am Sonnabend war ich mit Maria Popowitsch im Theater.

Zu dieser Gruppe der Familiennamen gehören auch nichtrussische Namen wie Шмидт, Бенц, Шульц:

Я говори́ла с Мари́ей Шмидт.   Ich sprach mit Maria Schmidt.

§ 50 Undeklinierbare Substantive

Einige Substantive werden im Russischen nicht dekliniert. Dazu zählen:

1. Fremdwörter und Lehnwörter, die auf einen Vokal auslauten:

кака́о	Kakao;	ра́дио	Radio;	пальто́	Mantel;	кино́	Kino:	ко́фе	Kaffee;
бюро́	Büro;	меню́	Speisekarte;	интервью́	Interview;	жюри́	Jury;	шо́у	Show;
купе́	Abteil;	метро́	U-Bahn;	такси́	Taxi;	депо́	Depot;	фо́то	Foto

Он вы́пил ча́шку чёрного ко́фе.   Er trank eine Tasse schwarzen Kaffee.

2. Nichtrussische Eigennamen, die auf einen Vokal auslauten:

Шевче́нко	Schewtschenko;	Гёте	Goethe;	Ге́йне	Heine;	Золя́	Zola;
Ве́рди	Verdi;	Гюго́	Hugo;	Баку́	Baku;	Со́чи	Sotschi;
Суху́ми	Suchumi;	О́сло	Oslo;	Хе́льсинки	Helsinki		

Я с больши́м интере́сом прочита́ла все произведе́ния Золя́.
Ich habe mit großem Interesse alle Werke von Zola gelesen.

3. Eigennamen von weiblichen Personen, die auf Konsonanten auslauten:

Она́ хорошо́ зна́ла А́нну Мю́ллер.   Sie kannte Anna Müller gut.

4. Abkürzungen (Buchstaben- oder Silbenabkürzungen) ↗ § 40:

ФРГ (Федерати́вная Респу́блика Герма́ния)   Bundesrepublik Deutschland
Росси́йские бизнесме́ны не раз е́здили в ФРГ.   Die russischen Geschäftsleute sind mehrmals in der Bundesrepublik Deutschland gewesen.

Kapitel 5   Adjektiv

§ 51   Einteilung der Adjektive

Das Adjektiv (и́мя прилага́тельное) bezeichnet ein **Merkmal**, eine **Eigenschaft**.
Nach ihrer Bedeutung werden zwei Hauptgruppen von Adjektiven unterschieden:

1. Qualitative Adjektive (auch als Qualitätsadjektive bezeichnet).
Sie drücken eine unmittelbare, steigerungsfähige Eigenschaft aus. Eine derartige Eigenschaft kann in mehr oder minder starkem Maße auftreten und lässt einen Vergleich zu.

но́вый дом	das **neue** Haus
интере́сная статья́	der **interessante** Artikel
большо́е окно́	das **große** Fenster

Einem russischen qualitativen Adjektiv entspricht im Deutschen meist auch ein Adjektiv.

2. Relative Adjektive (auch als Beziehungsadjektive bezeichnet).
Sie drücken eine Eigenschaft durch den Bezug auf einen anderen Begriff, von dem sie abgeleitet sind, aus. Derartige Beziehungsadjektive sind nicht steigerungsfähig:

де́рево	Holz	→	деревя́нный	Holz-, hölzern	деревя́нный дом	**Holz**haus
кни́га	Buch	→	кни́жная	Buch-, Bücher-	кни́жная по́лка	**Bücher**regal
ка́мень	Stein	→	ка́менный	Stein-, steinern	ка́менный у́голь	**Stein**kohle

Einem russischen relativen Adjektiv entspricht im Deutschen häufig der erste Teil eines zusammengesetzten Substantivs.

Zu den relativen Adjektiven zählen auch die **Possessiv- und Gattungsadjektive.** ↗ §§ 55, 56

Nur **qualitative** Adjektive können
  gesteigert werden. ↗ §§ 58–60
  Kurzformen bilden. ↗ § 57
  Adverbien auf -о/-е ↗ § 86 bilden.

§§ 52–56 Deklination der Adjektive

§ 52 Deklinationstypen

Die Langformen der Adjektive ↗ § 57 unterscheiden im **Singular drei Genera**. Im **Plural** haben sie eine **gemeinsame** Endung.

Genus	Singular		Plural
maskulin	но́в**ый** дом зи́мн**ий** ве́чер	das neue Haus Winterabend	но́в**ые** дома́ зи́мн**ие** вечера́
feminin	но́в**ая** шко́ла зи́мн**яя** ю́бка	die neue Schule Winterrock	но́в**ые** шко́лы зи́мн**ие** ю́бки
neutral	но́в**ое** зда́ние зи́мн**ее** пла́тье	das neue Gebäude Winterkleid	но́в**ые** зда́ния зи́мн**ие** пла́тья

Die Langform bezieht sich gewöhnlich auf ein **Substantiv**, mit dem sie in **Genus, Numerus** und **Kasus** übereinstimmt:

Мне нра́вится совреме́нн**ая** му́зыка.	Mir gefällt moderne Musik.
На столе́ лежа́т но́в**ые** кни́ги.	Auf dem Tisch liegen die neuen Bücher.
Э́тот опро́с_ о́чень интере́сн**ый**.	Diese Umfrage ist sehr interessant.

Im **Singular** stimmen die **maskuline** und **neutrale** Form außer im Nominativ/Akkusativ in ihrer **Deklination überein**. Die **feminine** Form verfügt im Singular über eine **eigene Deklination**.
Im **Plural** gibt es für **alle drei Genera** die **gleiche Deklination**.

Bezieht sich das Adjektiv auf ein **belebtes** Substantiv ↗ § 42, so ist der **maskuline Akkusativ Singular** und der **Akkusativ Plural aller drei Geschlechter** dem **Genitiv** gleich.

Вчера́ я встре́тила ста́р**ого** дру́га.	Gestern traf ich einen alten Freund.
Вчера́ я встре́тила ста́р**ых** друзе́й.	Gestern traf ich alte Freunde.

Bezieht sich das Adjektiv auf ein **unbelebtes** Substantiv ↗ § 42, so ist der **maskuline Akkusativ Singular** und der **Akkusativ Plural aller drei Geschlechter** dem **Nominativ** gleich.

В кио́ске мы купи́ли но́в**ый** журна́л.	Am Kiosk kauften wir eine neue Zeitschrift.
В кио́ске мы купи́ли но́в**ые** журна́лы.	Am Kiosk kauften wir neue Zeitschriften.

Bei der Deklination werden nach dem Stammauslaut unterschieden:

Adjektive mit **hartem Stammauslaut**

но́вый дире́ктор	der neue Direktor
молодо́й инжене́р	der junge Ingenieur

Adjektive mit **weichem Stammauslaut**

ле́тний день	der Sommertag
ра́ннее у́тро	der frühe Morgen

§ 53 Adjektive mit hartem Stammauslaut

Kasus	stammbetont			Plural
	Singular			
	maskulin	neutral	feminin	
Nom.	но́вый	но́вое	но́вая	но́вые
Gen.	но́вого[1]		но́вой	но́вых
Dat.	но́вому		но́вой	но́вым
Akk.	но́вый/но́вого[1]	но́вое	но́вую	но́вые/но́вых
Instr.	но́вым		но́вой	но́выми
Präp.	(о) но́вом		(о) но́вой	(о) но́вых
	endbetont			
Nom.	родно́й	родно́е	родна́я	родны́е
Gen.	родно́го[1]		родно́й	родны́х
Dat.	родно́му		родно́й	родны́м
Akk.	родно́й/родно́го[1]	родно́е	родну́ю	родны́е/родны́х
Instr.	родны́м		родно́й	родны́ми
Präp.	(о) родно́м		(о) родно́й	(о) родны́х

[1] Im Gen./Akk. Sing. wird das **г** in der Endung -ого wie [в] gesprochen.

▽ Nach **г, к, х,** und **Zischlaut** schreibe **-и,** nicht **-ы** ↗ § 5:

высо́кий	hoch	высо́ким	Instr. Sing.
большо́й	groß	больши́м	Instr. Sing.

Nach dieser Deklination verändern sich auch:

– die **Ordinalzahlwörter** ↗ § 73:

в пя́т**ый** день	am fünften Tag
на двадца́т**ом** этаже́	in der 20. Etage

– **Substantive** mit hartem Stammauslaut, die **Adjektivendungen** haben, z. B.

Она́ купи́ла две по́рции моро́жен**ого**.	Sie kaufte zwei Portionen Eis.

– die **Partizipien Präsens und Präteritum Passiv** ↗ §§ 31, 32:

Он не согла́сен с организу́ем**ыми** мероприя́тиями.	Er ist nicht mit den Veranstaltungen einverstanden, die organisiert werden.
Я показа́ла ей напи́санн**ое** письмо́.	Ich zeigte ihr den geschriebenen Brief.

§ 54 Adjektive mit weichem Stammauslaut

Kasus	Singular			Plural
	maskulin	neutral	feminin	
Nom.	ле́тний	ле́тнее	ле́тняя	ле́тние
Gen.	ле́тнего[1]		ле́тней	ле́тних
Dat.	ле́тнему		ле́тней	ле́тним
Akk.	ле́тний/ле́тнего[1]	ле́тнее	ле́тнюю	ле́тние/ле́тних
Instr.	ле́тним		ле́тней	ле́тними
Präp.	(о) ле́тнем		(о) ле́тней	(о) ле́тних

[1] Im Gen./Akk. Sing. wird das **г** in der Endung -его wie [в] gesprochen.

▽ Nach **Zischlaut** schreibe **-a**, nicht -я und **-y**, nicht -ю, ↗ § 5:

горя́чая вода́ heißes Wasser
горя́чую во́ду (Akk. Sing.)

Die folgenden Adjektive mit weichem Stammauslaut werden häufig gebraucht. Es handelt sich meist um Orts- bzw. Zeitangaben:

Zeitangaben

ра́нний	früh	ра́ннее у́тро	der frühe Morgen
по́здний	spät	по́зднее реше́ние	der späte Entschluss
у́тренний	Morgen-	у́тренняя гимна́стика	Morgengymnastik
вече́рний	Abend-	вече́рнее пла́тье	Abendkleid
зи́мний	Winter-	зи́мний спорт	Wintersport
ле́тний	Sommer-	ле́тние кани́кулы	Sommerferien
вчера́шний	gestrig	вчера́шняя встре́ча	das gestrige Treffen
сле́дующий	nächster	сле́дующий день	der nächste Tag
после́дний	letzter	после́дний раз	das letzte Mal
сего́дняшний	heutig	сего́дняшний день	der heutige Tag

Ortsangaben

вне́шний	äußerer	вне́шнее впечатле́ние	der äußere Eindruck
вну́тренний	innerer	вну́тренний конфли́кт	der innere Konflikt
да́льний	fern	Да́льний Восто́к	Ferner Osten
бли́жний	nah	бли́жний дом	das nahe Haus
пере́дний	vorderer	пере́дний план	Vordergrund
за́дний	hinterer	за́дний план	Hintergrund
ве́рхний	oberer	ве́рхний эта́ж	die obere Etage
сре́дний	mittlerer	сре́дняя шко́ла	Mittelschule
ни́жний	unterer	ни́жнее бельё	Unterwäsche
дома́шний	Haus-	дома́шнее живо́тное	Haustier

Nach der Deklination der Adjektive mit weichem Stammauslaut verändern sich auch:

– **stamm**betonte Adjektive mit **Zischlaut** als **Stammauslaut**, z. B.

| хоро́ший | gut | с хоро́шим дру́гом | mit einem guten Freund |
| сле́дующий | nächster | сле́дующие дни | die nächsten Tage |

– **Substantive** mit weichem Stammauslaut, die **Adjektivendungen** haben, z. B.

| рабо́чий | der Arbeiter | молодо́й рабо́чий | der junge Arbeiter |
| рабо́чие | die Arbeiter | но́вые рабо́чие | die neuen Arbeiter |

– die **Partizipien Präsens** und **Präteritum Aktiv** ↗ §§ 29, 30

| Он разгова́ривал с игра́ющим ребёнком. | Er unterhielt sich mit dem spielenden Kind. |
| Ма́льчик, написа́вший письмо́, уе́хал. | Der Junge, der den Brief geschrieben hat, ist weggefahren. |

§ 55 Possessivadjektive

Possessivadjektive gehören zu den **relativen** Adjektiven ↗ § 51. Sie verweisen auf die **Beziehung** zu einer **bestimmten Person**.
Meist sind sie von Personennamen oder -bezeichnungen abgeleitet und enthalten die Suffixe **-ов-/-ев-, -ин-/-ын-**.
Die **Endung** der Possessivadjektive richtet sich nach **Genus, Numerus und Kasus** des **Substantivs**, auf das sie sich beziehen.

оте́ц	→	отцо́во пальто́	der Mantel des Vaters (Vaters Mantel)
Та́ня	→	Та́нин_ друг_	Tanjas Freund
сестра́	→	се́стрина ю́бка	der Rock der Schwester
ма́ма	→	ма́мины кни́ги	die Bücher der Mutter (Mutters Bücher)

Die Possessivadjektive mit -ин-/-ын- werden wie folgt **dekliniert**:

Kasus	Singular			Plural
	maskulin	neutral	feminin	
Nom.	ма́мин_	ма́мино	ма́мина	ма́мины
Gen.	ма́миного[1]		ма́миной	ма́миных
Dat.	ма́миному		ма́миной	ма́миным
Akk.	ма́мин_/ма́миного[1]	ма́мино	ма́мину	ма́мины/ма́миных
Instr.	ма́миным		ма́миной	ма́миными
Präp.	(о) ма́мином		(о) ма́миной	(о) ма́миных

[1] Im Gen./Akk. Sing. wird das **г** in der Endung -ого wie [в] gesprochen.

Она́ наде́ла **ма́мино** пла́тье.
Я уже́ говори́ла с **се́стриными** подру́гами.

Sie hatte Mutters Kleid angezogen.
Ich habe schon mit den Freundinnen der Schwester gesprochen.

Die Possessivadjektive auf **-ин-/-ын-** werden vor allem in der Umgangssprache verwendet. Sie beziehen sich meist auf Eigennamen (oft Koseformen) und Verwandtschaftsbezeichnungen.

| Ко́ля | → | **Ко́лин** брат | Koljas Bruder |
| де́душка | → | **де́душкин** дом | Großvaters Haus |

Die Possessivadjektive auf **-ов-/-ев-** werden wie Familiennamen ↗ § 49 dekliniert. Sie werden vor allem in der Sprache der Wissenschaft verwendet. Sie drücken oft den Bezug zu einem Wissenschaftler oder zu einer historischen Persönlichkeit aus, z. B.

| Рентге́н | → | **рентге́новы** лучи́ | Röntgenstrahlen |

Sie sind auch in geographischen Benennungen anzutreffen, wenn diese auf die Namen von Entdeckern verweisen, z. B.

| Бе́ринг | → | **Бе́рингово** мо́ре | Beringsee |

§ 56 Gattungsadjektive

Gattungsadjektive kennzeichnen den Bezug auf eine bestimmte **Gattung/Art von Lebewesen**. Oftmals werden sie in übertragener Bedeutung verwendet. Sie haben die Endungen **-ий, -ья, -ье** und **-ьи**:

соба́ка	Hund	→	**соба́чий** хо́лод	Hundekälte
лиса́	Fuchs	→	**ли́сья** шу́ба	Fuchspelz
коро́ва	Kuh	→	**коро́вье** молоко́	Kuhmilch
пти́ца	Vogel	→	**пти́чьи** пе́рья	Vogelfedern

Die Gattungsadjektive werden wie folgt **dekliniert**:

Kasus	Singular			Plural
	maskulin	**neutral**	**feminin**	
Nom.	ли́сий	ли́сье	ли́сья	ли́сьи
Gen.	ли́сьего¹		ли́сьей	ли́сьих
Dat.	ли́сьему		ли́сьей	ли́сьим
Akk.	ли́сий/ли́сьего¹	ли́сье	ли́сью	ли́сьи/ли́сьих
Instr.	ли́сьим		ли́сьей	ли́сьими
Präp.	(о) ли́сьем		(о) ли́сьей	(о) ли́сьих

¹ Im Gen./Akk. Sing. wird das **г** in der Endung -ьего wie [в] gesprochen.

§ 57 Kurz- und Langformen der Adjektive

Die **qualitativen** Adjektive haben neben den (deklinierbaren) Langformen auch **Kurzformen**. Diese werden **nicht dekliniert** und richten sich in **Genus und Numerus** nach dem **Subjekt** des Satzes.

1. Bildung der Kurzformen

Kurzformen werden von **qualitativen** Adjektiven mit **hartem Stammauslaut** abgeleitet. Der **Stamm** dieser Adjektive entspricht der **endungslosen maskulinen Kurzform**. Die **feminine Kurzform** hat die Endung **-a**, die **neutrale Kurzform** die Endung **-o**. **Kurzformen im Plural** enden auf **-ы/-и**:

Langform: нов/ый

Kurzformen			
Singular			Plural
maskulin	feminin	neutral	
нов_	нова́	но́во	новы́

Ebenso:

ста́р/ый	alt	стар_	стара́	ста́ро	стары́
мо́лод/о́й	jung	мо́лод_	молода́	мо́лодо	мо́лоды
высо́к/ий	hoch	высо́к_	высока́	высо́ко	высоки́
хоро́ш/ий	gut	хоро́ш_	хороша́	хорошо́	хороши́
ти́х/ий	leise	тих_	тиха́	ти́хо	тихи́

▽ Lautet der **Adjektivstamm** auf **zwei Konsonanten** aus, so wird bei den **maskulinen Kurzformen** meist ein **-o-** (vor к) oder ein **-e-/-ё-** (vor н) **eingeschoben**:

-о-

коро́ткий	kurz	ко́роток
ни́зкий	niedrig	ни́зок
у́зкий	eng	у́зок
бли́зкий	nah	бли́зок
гро́мкий	laut	гро́мок

-е-/-ё-

больно́й	krank	бо́лен
ва́жный	wichtig	ва́жен
бе́дный	arm	бе́ден
тру́дный	schwer	тру́ден
у́мный	klug	умён

Aber: bei einigen (leicht aussprechbaren) Adjektiven findet trotz Konsonantenhäufung am Stammauslaut **kein** Vokaleinschub statt, z. B.

до́брый	gut	добр
бы́стрый	schnell	быстр
просто́й	einfach	прост

2. Betonung der Kurzformen

Bei **zweisilbigen** maskulinen Kurzformen **ohne Vokaleinschub** und **mehr als zweisilbigen** maskulinen Kurzformen liegt die Betonung auf der **gleichen Silbe des Stammes** (wie bei den Langformen):

гото́вый	fertig	гото́в	гото́ва	гото́во	гото́вы
краси́вый	schön	краси́в	краси́ва	краси́во	краси́вы
прия́тный	angenehm	прия́тен	прия́тна	прия́тно	прия́тны
знамени́тый	berühmt	знамени́т	знамени́та	знамени́то	знамени́ты

Aber:
Einige Adjektive weichen von dieser Regel ab, z. B.

хоро́ший schön	хоро́ш	хороша́	хорошо́	хороши́
высо́кий hoch	высо́к	высока́	высоко́	высоки́
тяжёлый schwer	тяжёл	тяжела́	тяжело́	тяжелы́

Bei **einsilbigen** maskulinen Kurzformen, **zweisilbigen mit Vokaleinschub** und einigen **mehrsilbigen** maskulinen Kurzformen (mit der Lautfolge **-оро-/-оло-**) **wechselt die Betonung** innerhalb der drei Genera:

Nur die **feminine Kurzform** ist **endbetont**:

плохо́й	schlecht	плох	плоха́	пло́хо	пло́хи
бы́стрый	schnell	быстр	быстра́	бы́стро	бы́стры
чи́стый	sauber	чист	чиста́	чи́сто	чи́сты
молодо́й	jung	мо́лод	молода́	мо́лодо	мо́лоды

Nur die **maskuline Kurzform** ist **stammbetont**:

| больно́й | krank | бо́лен | больна́ | больно́ | больны́ |
| тёмный | dunkel | тёмен | темна́ | темно́ | темны́ |

Stamm- und **Endbetonung** ist möglich:

| ста́рый | alt | стар | стара́ | ста́ро | ста́ры́ |
| до́брый | gut | добр | добра́ | добро́ | до́бры́ |

3. Gebrauch der Langformen

Die Langformen der Adjektive werden im Satz gewöhnlich als **Attribut** verwendet. Sie stehen in der Regel **vor** dem **Beziehungswort** und stimmen mit ihm in **Genus, Kasus** und **Numerus** überein:

Раз в неде́лю он хо́дит в пла́вательный бассе́йн.	Einmal pro Woche geht er ins Schwimmbad.
Мы встре́тились в но́вой дискоте́ке.	Wir trafen uns in der neuen Diskothek.
Я ча́сто е́зжу на Балти́йское мо́ре.	Ich fahre oft an die Ostsee.
Покажи́ мне ста́рые часы́.	Zeig mir die alte Uhr!

▽ Bezeichnen mehrere Attribute **verschiedene Arten** einer Erscheinung, so steht das betreffende **Substantiv** im Unterschied zum Deutschen im **Plural**:

Он у́чит неме́цкий и ру́сский **языки́.**
Er lernt die deutsche und russische **Sprache.**

Die Langformen der Adjektive können im Satz auch als (nominaler) **Teil** eines zusammengesetzten **Prädikats** auftreten. Sie werden in Verbindung mit den Formen von **быть** (die im Präsens entfallen) oder einigen wenigen anderen Verben gebraucht. Sie stimmen mit dem **Satzsubjekt** in **Genus** und **Numerus** überein:

maskulin	Го́род краси́**вый**.	Die Stadt ist schön.
	Го́род был краси́**вый**.	Die Stadt war schön.
	Го́род бу́дет краси́**вый**.	Die Stadt wird schön sein.
feminin	Пого́д**а** прекра́с**ная**.	Das Wetter ist ausgezeichnet.
	Пого́д**а** была́ прекра́с**ная**.	Das Wetter war ausgezeichnet.
	Пого́д**а** бу́дет прекра́с**ная**.	Das Wetter wird ausgezeichnet sein.
neutral	Путеше́ствие интере́сное.	Die Reise ist interessant.
	Путеше́ствие бы́ло интере́сное.	Die Reise war interessant.
	Путеше́ствие бу́дет интере́сное.	Die Reise wird interessant sein.
Plural	Ученики́ весёлые.	Die Schüler sind fröhlich.
	Ученики́ бы́ли весёлые.	Die Schüler waren fröhlich.
	Ученики́ бу́дут весёлые.	Die Schüler werden fröhlich sein.

Wenn Langformen als Prädikate auftreten, kommen nur **zwei Kasusformen**, der **Nominativ** und der **Instrumental**, vor. ↗ § 106

Beim **Wegfall** von **быть** steht das Adjektiv **stets** im **Nominativ**:

Зда́ние о́чень краси́**вое**. Das Gebäude ist sehr schön.

Nach **быть** wird das Adjektiv im **Nominativ** oder (häufiger) im **Instrumental** gebraucht:

День был тёплый/тёплым. Der Tag war warm.

Nach Verben wie **становиться/стать** werden, **оказываться/оказаться** sich erweisen und anderen steht das Adjektiv **stets** im **Instrumental**:

Зада́ча оказа́лась тру́дной. Die Aufgabe erwies sich als schwierig.

4. Gebrauch der Kurzformen

Die Kurzformen der Adjektive werden im Satz **ausschließlich** als **Prädikatsnomen** verwendet. Sie stimmen mit dem **Satzsubjekt** in **Genus** und **Numerus** überein. Sie werden in Verbindung mit den Formen von **быть**, die im Präsens entfallen, gebraucht:

maskulin	Го́род краси́в.	Die Stadt ist schön.
	Го́род был краси́в.	Die Stadt war schön.
	Го́род бу́дет краси́в.	Die Stadt wird schön sein.
feminin	Пого́д**а** прекра́с**на**.	Das Wetter ist ausgezeichnet.
	Пого́д**а** была́ прекра́с**на**.	Das Wetter war ausgezeichnet.
	Пого́д**а** бу́дет прекра́с**на**.	Das Wetter wird ausgezeichnet sein.
neutral	Путеше́ствие интере́сно.	Die Reise ist interessant.
	Путеше́ствие бы́ло интере́сно.	Die Reise war interessant.
	Путеше́ствие бу́дет интере́сно.	Die Reise wird interessant sein.
Plural	Ученики́ ве́селы.	Die Schüler sind fröhlich.
	Ученики́ бы́ли ве́селы.	Die Schüler waren fröhlich.
	Ученики́ бу́дут ве́селы.	Die Schüler werden fröhlich sein.

5. Prädikativ gebrauchte Lang- und Kurzformen im Vergleich

Meist werden Lang- und Kurzformen als Prädikatsnomen **ohne Bedeutungsunterschied** verwendet.

Nur bei wenigen Adjektiven haben die **Langformen** eine **andere lexikalische Bedeutung** als die **Kurzformen**:

Langform		Kurzform	
Са́ша о́чень **живо́й**.	Sascha ist sehr lebhaft. (Er ist voller Energie.)	Ра́неный **жив**.	Der Verwundete lebt. (Er ist noch nicht gestorben.)
Она́ **хоро́шая**.	Sie ist gut. (Sie hat einen guten Charakter.)	Она́ **хороша́**.	Sie ist hübsch. (Sie sieht gut aus.)

Kurzformen können im Unterschied zu Langformen eine **zeitlich begrenzte** Eigenschaft bezeichnen:

Наш учи́тель **больно́й**.	Unser Lehrer ist krank. (Er leidet an einer chronischen Krankheit.)	Наш учи́тель **бо́лен**.	Unser Lehrer ist krank. (Er ist zur Zeit krank.)
Он о́чень **внима́тельный**.	Er ist sehr aufmerksam. (Das zeichnet seinen Charakter aus.)	Но вчера́ он был совсе́м не **внима́телен** ко мне.	Aber gestern war er überhaupt nicht aufmerksam zu mir (nur für eine bestimmte Zeit nicht).
Э́тот го́род о́чень **краси́вый**.	Diese Stadt ist sehr schön (zu jeder Zeit).	Ле́том он особенно **краси́в**.	Im Sommer ist sie besonders schön (nur während des Sommers).

Kurzformen müssen verwendet werden,
— wenn es in **prädikativer Funktion keine Langformen** gibt, z. B.

froh sein	рад	ра́да	ра́до	ра́ды
einverstanden sein	согла́сен	согла́сна	согла́сно	согла́сны
ähnlich sein	похо́ж	похо́жа	похо́же	похо́жи
müssen/sollen	до́лжен	должна́	должно́	должны́
Recht haben	прав	права́	пра́во	пра́вы
brauchen/nötig	ну́жен	нужна́	ну́жно	нужны́
bereit sein	гото́в	гото́ва	гото́во	гото́вы

Все бы́ли о́чень **ра́ды** его́ прие́зду.	Alle waren sehr froh über seine Ankunft.
Я совсе́м не **согла́сен** с тобо́й.	Ich bin mit dir überhaupt nicht einverstanden.
Он о́чень **похо́ж** на отца́.	Er ist dem Vater sehr ähnlich.
Нам **нужны́** де́ньги.	Wir brauchen Geld.
Вы соверше́нно **пра́вы**.	Sie haben vollkommen Recht.

- wenn das **Übermaß einer Eigenschaft** (im Deutschen „zu") ausgedrückt werden soll, z. B.

Ле́тний костю́м ему́ **вели́к**.	Der Sommeranzug ist ihm zu groß.
Вода́ в о́зере **холодна́** для купа́ния.	Das Wasser im See ist zu kalt zum Baden.
Вече́рнее пла́тье ей **у́зко**.	Das Abendkleid ist ihr zu eng.
Но́вые сапоги́ ему́ **малы́**.	Die neuen Stiefel sind ihm zu klein.

∇ Die Adjektive **большо́й** und **ма́ленький** können keine Kurzform bilden. Sie nutzen die Kurzform von великий bzw. малый:

большо́й	groß	вели́кий	bedeutend
↘			↙
вели́к	велика́	велико́	велики́

ма́ленький	klein	ма́лый	klein
↘			↙
мал	мала́	мало́	малы́

- wenn von ihnen ein **weiteres Satzglied** (Objekt oder Adverbialbestimmung) **abhängt**. Hierzu zählen auch viele Adjektive, die als **Prädikat nur Kurzformen** besitzen, z. B.

Росси́я **бога́та не́фтью**.	Russland ist reich an Erdöl.
Го́род **интере́сен** свое́й **исто́рией**.	Die Stadt ist durch ihre Geschichte interessant.
Она́ **гото́ва помо́чь** мне.	Sie ist bereit, mir zu helfen.
Я тебе́ **благода́рна** за сове́т.	Ich bin dir dankbar für den Rat.

- wenn **это, всё/все** oder **вы** (als Höflichkeitsform) als **Subjekt** auftreten, z. B.

Э́то соверше́нно **пра́вильно**.	Das ist vollkommen richtig.
Всё **я́сно**?	Ist alles klar?
Вы **согла́сны**?	Sind Sie einverstanden?

§§ 58–60 Komparation der Adjektive

§ 58 Steigerungsformen

Die meisten Lang- und Kurzformen der qualitativen Adjektive können **Steigerungsformen** (сте́пени сравне́ния) bilden. Wie im Deutschen werden **drei Steigerungsstufen** unterschieden:

1. **Positiv** (Grundstufe),
2. **Komparativ** (Mehrstufe),
3. **Superlativ** (Meiststufe).

Außerdem werden **zusammengesetzte Steigerungsformen** (bestehend aus zwei Wörtern) und **einfache Steigerungsformen** (aus einem Wort bestehend) unterschieden.

Steigerungsstufe	Langform	Kurzform
1. Positiv		
mask.	ва́жный wichtig	ва́жен
femin.	ва́жная	важна́
neutr.	ва́жное	ва́жно
Plur.	ва́жные	важны́
2. Komparativ		
zusammengesetzte Formen		
mask.	бо́лее/ме́нее ва́жный	бо́лее/ме́нее ва́жен
femin.	бо́лее/ме́нее ва́жная	бо́лее/ме́нее важна́
neutr.	бо́лее/ме́нее ва́жное	бо́лее/ме́нее ва́жно
Plur.	бо́лее/ме́нее ва́жные	бо́лее/ме́нее важны́
einfache Formen	–	важне́е (важне́й)
3. Superlativ		
zusammengesetzte Formen		
mask.	са́мый ва́жный	важне́е всех/всего́
femin.	са́мая ва́жная	
neutr.	са́мое ва́жное	
Plur.	са́мые ва́жные	
einfache Formen		
mask.	важне́йший	–
femin.	важне́йшая	
neutr.	важне́йшее	
Plur.	важне́йшие	

§ 59 Bildung und Gebrauch des Komparativs

1. Bildung der zusammengesetzten Komparativformen

Die **zusammengesetzte Form des Komparativs** wird durch Vorsetzen des Adverbs **бо́лее** vor den Positiv des Adjektivs gebildet:

(unveränderliches)   **бо́лее**   **+**   **Positiv des Adjektivs**

bо́лее   интере́сный   фильм

Langform		Kurzform	
бо́лее интере́сный фильм	der interessantere Film	Фильм бо́лее интере́сен.	Der Film ist interessanter.
бо́лее ва́жная те́ма	das wichtigere Thema	Те́ма бо́лее важна́.	Das Thema ist wichtiger.
бо́лее актуа́льное изве́стие	die aktuellere Nachricht	Изве́стие бо́лее актуа́льно.	Die Nachricht ist aktueller.
бо́лее убеди́тельные аргуме́нты	die überzeugenderen Argumente	Аргуме́нты бо́лее убеди́тельны.	Die Argumente sind überzeugender.

▽ Um ein **geringeres Maß** einer Eigenschaft auszudrücken, wird anstelle von **бо́лее** das Adverb **ме́нее** verwendet, z. B.

Э́то **ме́нее** ва́жная те́ма.
Das ist ein weniger (nicht so) wichtiges Thema.

Э́та те́ма **ме́нее** важна́.
Dieses Thema ist weniger wichtig.

2. Gebrauch der zusammengesetzten Komparativformen

Als **Attribut** werden in der Regel zusammengesetzte Komparativformen gebraucht, z. B.

Э́то **бо́лее** изве́стный музе́й.
Тепе́рь я занима́юсь **бо́лее** интере́сной те́мой.
Он ей купи́л **бо́лее** краси́вое пла́тье.
На́до поду́мать о **бо́лее** ва́жных вопро́сах.

Das ist ein berühmteres Museum.
Jetzt beschäftige ich mich mit einem interessanteren Thema.
Er hat ihr ein schöneres Kleid gekauft.
Man muss an wichtigere Fragen denken.

Die zusammengesetzten Komparativformen können jedoch im Satz auch als **Prädikat** auftreten, z. B.

Э́тот музе́й **бо́лее изве́стный/изве́стен**.
Э́та те́ма **бо́лее интере́сная/интере́сна**.
Э́то пла́тье **бо́лее краси́вое/краси́во**.
Э́ти вопро́сы **бо́лее ва́жные/важны́**.

Dieses Museum ist berühmter.
Dieses Thema ist interessanter.
Dieses Kleid ist schöner.
Diese Fragen sind wichtiger.

3. Bildung der einfachen Komparativformen

Die einfache Form des Komparativs wird durch Anfügen des Suffixes **-ее** an den Adjektivstamm gebildet:

Adjektivstamm + Suffix -ее (umgangssprachlich -ей)

известн-   -ее   (-ей)

Музе́й изве́стн**ее** (изве́стн**ей**).
Те́ма интере́сн**ее** (интере́сн**ей**).
Пла́тье краси́в**ее** (краси́в**ей**).
Вопро́сы важн**е́е** (важн**е́й**).

Das Museum ist berühmter.
Das Thema ist interessanter.
Das Kleid ist schöner.
Die Fragen sind wichtiger.

▽ Die mit **-ее** gebildeten Komparativformen sind **unveränderlich**.

Die einfachen Komparativformen auf **-ee/-ей** werden wie die **femininen Kurzformen** der Adjektive ↗ § 57 betont:

интере́сный interessant — интере́сна интере́снее
но́вый   neu   — нова́   нове́е

Unregelmäßige Komparativformen

Einige **einfache** Komparativformen werden **unregelmäßig** gebildet. In diesen Fällen wird an den Adjektivstamm das Suffix **-e** oder **-ше** angefügt:

больш/о́й	groß	бо́ль/**ше**
ти́х/ий	leise	ти́ш/**е**
ста́р/ый	alt	ста́р/**ше**
ра́нн/ий	früh	ра́нь/**ше**

In diesen Formen tritt häufig ein **Konsonantenwechsel** auf ↗ § 7:

Wechsel	Positiv		einfacher Komparativ	
г ↘ д → ж з ↗	дорого́й стро́гий молодо́й по́здний ре́дкий ни́зкий у́зкий	teuer streng jung spät selten niedrig eng	доро́же стро́же моло́же по́зже ре́же ни́же у́же	 (к fällt aus) (к fällt aus) (к fällt aus)

к ↘
    ч
т →
х ↘
    ш
с ↗
	лёгкий
	гро́мкий
	бога́тый
	коро́ткий
	ти́хий
	высо́кий
		leicht
		laut
		reich
		kurz
		leise
		hoch
			ле́гче
			гро́мче
			бога́че
			коро́че
			ти́ше
			вы́ше
				
				(к fällt aus)
				
				(ок fällt aus)

ст → щ	чи́стый просто́й	sauber einfach	чи́ще про́ще	

▽ Besonders einzuprägen sind Komparativformen mit **verschiedenen Stämmen**:

хоро́ший	gut	лу́чше	besser
плохо́й	schlecht	ху́же	schlechter
ма́ленький	klein	ме́ньше	kleiner
вели́кий	groß	бо́льше	größer

4. Gebrauch der einfachen Komparativformen

Die einfachen Komparativformen werden in der Regel als **Prädikat** gebraucht, z. B.

Эта кварти́ра намно́го удо́бн**ее** на́шей кварти́ры.	Diese Wohnung ist viel bequemer als unsere.
Моя́ сестра́ на три го́да ста́р**ше** меня́.	Meine Schwester ist drei Jahre älter als ich.
Он не **лу́чше** други́х.	Er ist nicht besser als die anderen.

▽ Nur sehr selten werden einfache Komparativformen **attributiv** verwendet:

Я не встреча́л челове́ка **умне́е** его́.
Ich habe noch keinen klügeren Menschen als ihn getroffen.

5. Ausdruck des Vergleichs mit „als"

Das deutsche **„als"** wird im Russischen wie folgt ausgedrückt:

– Bei **zusammengesetzten Komparativformen** steht

чем + Nominativ des Vergleichswortes

Ни́на бо́лее приле́жна,	**чем**	**И́ра.**	Nina ist fleißiger als Ira.
За́яц бо́лее бы́стрый,	**чем**	**соба́ка.**	Der Hase ist schneller als der Hund.

Vor **чем** steht dabei stets ein **Komma**.

– Bei **einfachen Komparativformen** steht – ebenso wie bei zusammengesetzten Komparativformen –

чем + Nominativ des Vergleichswortes

Ни́на приле́жнее,	**чем**	**И́ра.**	Nina ist fleißiger als Ira.
За́яц быстре́е,	**чем**	**соба́ка.**	Der Hase ist schneller als der Hund.

– Nur bei den **einfachen Komparativformen** kann „als" auch durch den **Genitiv des Vergleichswortes** ausgedrückt werden. Diese Form ist aber nur möglich, wenn mit dem **Subjekt** des Satzes verglichen wird:

Subjekt (Nominativ) + einfacher Komparativ + Genitiv des Vergleichswortes

Ни́на	приле́жнее	**И́ры.**	Nina ist fleißiger als Ira.
За́яц	быстре́е	**соба́ки.**	Der Hase ist schneller als der Hund.

§ 60 Bildung und Gebrauch des Superlativs

1. Bildung der zusammengesetzten Superlativformen

Die **zusammengesetzte Form des Superlativs** wird durch Vorsetzen von **са́мый** vor den Positiv des Adjektivs (Langform) gebildet:

са́мый + Positiv des Adjektivs (Langform)

са́мый	интере́сный	фильм	der interessanteste Film

Са́мый und das zugehörige **Adjektiv** stimmen mit dem **Beziehungswort** in **Genus**, **Kasus** und **Numerus** überein:

са́мый интере́сный рома́н_	der interessanteste Roman
са́мая краси́вая де́вушка	das schönste Mädchen
са́мое дли́нное путеше́ствие	die längste Reise
са́мые коро́ткие но́чи	die kürzesten Nächte

Са́мый wird **wie** ein Adjektiv ↗ § 53 und **gemeinsam** mit diesem **dekliniert**.

Kasus	Singular			Plural
	maskulin	neutral	feminin	
Nom.	са́мый но́вый	са́мое но́вое	са́мая но́вая	са́мые но́вые
Gen.	са́мого но́вого[1]		са́мой но́вой	са́мых но́вых
Dat.	са́мому но́вому		са́мой но́вой	са́мым но́вым
Akk.	са́мый но́вый/са́мого но́вого[1]	са́мое но́вое	са́мую но́вую	са́мые/ых но́вые/ых
Instr.	са́мым но́вым		са́мой но́вой	са́мыми но́выми
Präp.	(о) са́мом но́вом		(о) са́мой но́вой	(о) са́мых но́вых

[1] Im Gen./Akk. Sing. wird das **г** in der Endung **-ого** wie [в] gesprochen.

Мы стоя́ли на са́мой высо́кой горе́.	(fem. Präp. Sing.)	Wir standen auf dem höchsten Berg.
Они́ осмотре́ли са́мый дре́вний собо́р_ го́рода.	(mask. Akk. Sing.)	Sie besichtigten die altertümlichste Kathedrale der Stadt.

Die zusammengesetzte Form des Superlativs kann auch durch **Nachstellen von всех/всего́** hinter den einfachen Komparativ gebildet werden:

einfacher Komparativ + всех (= чем все) **oder**
einfacher Komparativ + всего́ (= чем всё).

Die Pluralform **всех** steht bei einem Vergleich von gleichartigen (zählbaren) Personen und Gegenständen.
Die Singularform **всего́** steht bei einem Vergleich von nichtzählbaren Eigenschaften.

И́горь **умне́е всех** в кла́ссе. (умне́е, чем все други́е)	Igor ist der klügste (am klügsten) in der Klasse.
Э́тот вопро́с **важне́е всех**. (важне́е, чем все други́е)	Diese Frage ist die wichtigste (am wichtigsten).
Э́то **краси́вее всего́**. (краси́вее, чем всё)	Das ist am schönsten.

2. Gebrauch der zusammengesetzten Superlativformen

Zusammengesetzte Superlativformen mit **са́мый** werden meist als **Attribute** gebraucht, z. B.

Она́ всегда́ покупа́ла **са́мую дорогу́ю** оде́жду.	Sie kaufte immer die teuerste Kleidung.
Берли́н – **са́мый большо́й** го́род Герма́нии.	Berlin ist die größte Stadt Deutschlands.

Seltener werden diese Formen als **Prädikate** verwendet, z. B.

Этот докуме́нт **са́мый ва́жный**.	Dieses Dokument ist das wichtigste.
Его́ рабо́та – **са́мая интере́сная**.	Seine Arbeit ist die interessanteste.

Die mit **всех/всего́** zusammengesetzten Superlative treten **ausschließlich** als **Prädikat** auf, z. B.

Его́ результа́ты **ху́же всех**.	Seine Ergebnisse sind die schlechtesten.
Э́то **умне́е всего́**.	Das ist am gescheitesten.

3. Bildung der einfachen Superlativformen

Die einfachen Superlativformen werden durch Anfügen des Suffixes **-ейш-/-айш-** an den Adjektivstamm gebildet:

Adjektivstamm + -ейш- + Adjektivendung

но́вый	нов-	-е́йш-	-ий

oder

Adjektivstamm + -айш- + Adjektivendung

кра́ткий	кратч-	-а́йш-	-ий

Das Suffix **-ейш-** steht, wenn der Adjektivstamm **nicht** auf **г, к, х** auslautet.
Das Suffix **-айш-** steht, wenn der Adjektivstamm auf **г, к, х** auslautet, die mit **ж, ч, ш** wechseln.

-ейш-			-айш-		
гла́вный	hauptsächlich	главне́йший	стро́гий	streng	строжа́йший
интере́сный	interessant	интере́снейший	глубо́кий	tief	глубоча́йший
кру́пный	groß	крупне́йший	ти́хий	ruhig	тиша́йший
си́льный	stark	сильне́йший	высо́кий	hoch	высоча́йший

▽ Das Suffix **-ейш-** ist **betont**, wenn der einfache Komparativ auf **betontes -ее** oder auf **-е** gebildet wird:

но́вый	neu	нове́е	нове́йший
ва́жный	wichtig	важне́е	важне́йший

Das Suffix **-айш-** ist **immer betont**:

ближа́йший	der nächste
высоча́йший	der höchste

4. Gebrauch der einfachen Superlativformen

Die einfachen Superlativformen mit **-ейш-/-айш-** treten im Satz meist als **Attribut** auf. Die Superlativformen werden wie ein Adjektiv mit weichem Stammauslaut ↗ § 54 dekliniert. Sie stimmen in **Genus, Numerus und Kasus** mit dem Beziehungswort überein:

главне́йший вопро́с	die hauptsächlichste Frage	строжа́йший учи́тель	der strengste Lehrer
интере́снейшая статья́	der interessanteste Artikel	глубоча́йшее о́зеро	der tiefste See
крупне́йшее о́зеро	der größte See	тиша́йшая у́лица	die ruhigste Straße
сильне́йшие спортсме́ны	die stärksten Sportler	высоча́йшие дома́	die höchsten Häuser

Die einfachen Superlativformen mit **-ейш-/-айш-** bezeichnen in der Regel – entsprechend ihrer Superlativbedeutung – das **Höchstmaß einer Eigenschaft**, z. B.

Важне́йшие города́ Росси́и – Москва́ и Петербу́рг.	Die wichtigsten Städte Russlands sind Moskau und Petersburg.
Высоча́йшая гора́ ми́ра – э́то гора́ Эвере́ст.	Der höchste Berg der Erde ist der Mount Everest.
Э́тот вопро́с **важне́йший**.	Diese Frage ist die wichtigste (am wichtigsten).

In Attributivfunktion können diese einfachen Superlativformen jedoch auch den **sehr hohen Grad einer Eigenschaft** ausdrücken, z. B.

Солжени́цын – **велича́йший** писа́тель.	Solshenizyn ist ein sehr bedeutender Schriftsteller.

Im Deutschen wird dieser sehr hohe Grad einer Eigenschaft mit Wörtern wie „**sehr, äußerst, überaus**" wiedergegeben.

5. Antonymische Paare

Einige Adjektive bilden zusätzlich deklinierbare Komparativformen, die **Komparativ-** und zum Teil auch **Superlativbedeutung** haben. Hierzu zählen vier Adjektivpaare mit antonymischer (gegensätzlicher) Bedeutung:

большо́й	**бо́льший**	größerer	ма́ленький	**ме́ньший**	kleinerer
ста́рый	**ста́рший**	älterer/ältester	молодо́й	**мла́дший**	jüngerer/jüngster
высо́кий	**вы́сший**	höherer/höchster	ни́зкий	**ни́зший**	niedrigerer/niedrigster
хоро́ший	**лу́чший**	besserer/bester	плохо́й	**ху́дший**	schlechterer/schlechtester

Моему́ **мла́дшему** бра́ту 10 лет.	Mein jüngerer Bruder ist 10 Jahre alt.
Серёжа – **мла́дший** в семье́.	Serjosha ist der Jüngste in der Familie.

6. Zusammenfassung zum Gebrauch der Steigerungsformen

Stufe	Langform		Kurzform
	Attribut	**Prädikat**	**Prädikat**
Positiv	**ва́жный** вопро́с die/eine wichtige Frage	Вопро́с **ва́жный**. Die Frage ist wichtig.	Вопро́с **ва́жен**. Die Frage ist wichtig.
Komparativ	**бо́лее** ва́жный вопро́с die/eine wichtigere Frage	Вопро́с **бо́лее ва́жный**. Die Frage ist wichtiger.	Вопро́с **важне́е**. Вопро́с **бо́лее ва́жен**. Die Frage ist wichtiger.
Superlativ	**са́мый ва́жный** вопро́с **важне́йший** вопро́с die wichtigste Frage	Вопро́с **са́мый ва́жный**. Вопро́с **важне́йший**. Die Frage ist die wichtigste (am wichtigsten).	Вопро́с **важне́е всех**. Вопро́с **важне́е всего́**. Die Frage ist die wichtigste (am wichtigsten).

Kapitel 6 Numerale

§ 61 Einteilung der Numeralien

Die Numeralien oder Zahlwörter (числи́тельные) lassen sich nach ihrer **Bedeutung** wie folgt unterscheiden:

Art der Numeralien	Beispiele		Frage
Kardinalzahlwörter (Grundzahlwörter)	три сто	3 100	ско́лько? wie viel?
Sammelzahlwörter	тро́е де́сятеро	3 10	
Bruchzahlwörter	треть пять деся́тых	$^1/_3$ $^5/_{10}$	
Unbestimmte Zahlwörter	мно́го не́сколько	viele einige	
Ordinalzahlwörter (Ordnungszahlwörter)	тре́тий шесто́й	der dritte der sechste	кото́рый, -ая, -ое, -ые? der, die, das Wievielte? die Wievielten?

Nach ihrer **Bildungsweise** unterteilt man die Zahlwörter in:

eingliedrige Zahlwörter		mehrgliedrige Zahlwörter	
пять	5	пятьдеся́т пять	55
пятна́дцать	15	три́ста семь	307
три́ста	300	ты́сяча пятьсо́т во́семьдесят де́вять	1589

▽ Bei mehrgliedrigen Zahlwörtern wird – im Unterschied zum Deutschen – zuerst der Zehner und dann der Einer genannt:

    22   два́дцать два   zweiund**zwanzig**
   145   сто **со́рок** пять   hundertfünfund**vierzig**

§§ 62–71   Kardinalzahlwörter

§ 62   Überblick

Kardinalzahlwörter geben die **genaue Anzahl** von Gegenständen im weitesten Sinne an.

0–10	11–19	20, 30, 40...90	100, 200, 300...900	1000 und höher
ноль/нуль m.				
оди́н m. одна́ f. одно́ n. одни́ Pl.	оди́ннадцать		сто	ты́сяча
два m., n. две f.	двена́дцать	два́дцать	две́сти	две ты́сячи
три четы́ре пять шесть семь во́семь де́вять де́сять	трина́дцать четы́рнадцать пятна́дцать шестна́дцать семна́дцать восемна́дцать девятна́дцать	три́дцать со́рок пятьдеся́т шестьдеся́т се́мьдесят во́семьдесят девяно́сто	три́ста четы́реста пятьсо́т шестьсо́т семьсо́т восемьсо́т девятьсо́т	три ты́сячи четы́ре ты́сячи пять ты́сяч шесть ты́сяч семь ты́сяч во́семь ты́сяч де́вять ты́сяч де́сять ты́сяч
				миллио́н два миллио́на пять миллио́нов миллиа́рд два миллиа́рда пять миллиа́рдов

∇ In den Zahlwörtern steht jeweils nur **ein** Weichheitszeichen.

Es kann am **Wortende** stehen: 5–20   пять, де́вять, шестна́дцать, два́дцать

Es kann in der **Wortmitte** stehen: 50 ... 80   пятьдеся́т ... во́семьдесят
                                                        500 ... 900   пятьсо́т ... девятьсо́т

§ 63   Das Kardinalzahlwort ноль/нуль

1. Deklination

Das Kardinalzahlwort **ноль/нуль** wird wie ein maskulines Substantiv der I. Deklination verändert ↗ § 44:

Nom.	ноль_/нуль_
Gen.	ноля́/нуля́
Dat.	нолю́/нулю́
Akk.	ноль_/нуль_
Instr.	нолём/нулём
Präp.	(о) ноле́/нуле́

2. Gebrauch

Substantive nach dem Kardinalzahlwort **ноль/нуль** stehen im Genitiv **Plural**:

Сейча́с ноль/нуль часо́в.
Термо́метр пока́зывает ноль/нуль гра́дусов.

Jetzt ist es null Uhr.
Das Thermometer zeigt null Grad.

▽ Besonders zu beachten sind einige **Wendungen** mit нуль/ноль:

Термо́метр стои́т **на нуле́/ноле́**.
Das Thermometer steht auf null.
Сего́дня два гра́дуса **ни́же (вы́ше) нуля́/ноля́**.
Heute sind es zwei Grad unter (über) null.
Результа́т **ра́вен нулю́/нолю́**.
Das Ergebnis ist gleich null.

§ 64 Das Kardinalzahlwort оди́н

1. Deklination

Оди́н wird wie э́тот, одно́ wie э́то, одна́ wie э́та und одни́ wie э́ти dekliniert ↗ § 79. Die Betonung liegt jedoch immer auf der Endung.

Kasus	maskulin	neutral	feminin	Plural
Nominativ	оди́н	одно́	одна́	одни́
Genitiv	одного́[1]		одно́й	одни́х
Dativ	одному́		одно́й	одни́м
Akkusativ	оди́н/одного́[1]	одно́	одну́	одни́/одни́х
Instrumental	одни́м		одно́й	одни́ми
Präpositiv	(об) одно́м		(об) одно́й	(об) одни́х

[1] In der Endung -ого des Gen./Akk. Singular wird das **г** wie [в] gesprochen.

▽ Bezieht sich оди́н auf ein **belebtes** (maskulines) Substantiv, so ist sein **Akkusativ** gleich dem **Genitiv**:

Вчера́ я встре́тила одного́ знако́мого.
Gestern traf ich einen Bekannten.

2. Gebrauch

Wortfügungen mit Substantiven

Оди́н, одна́, одно́, одни́ dürfen beim Substantiv nur dann für „ein(e)" stehen, wenn „ein(e)" **Zahlwortbedeutung** hat, nicht unbestimmter Artikel ist.
Один, одна, одно, одни stimmen stets mit dem gezählten **Substantiv** in **Genus**, **Numerus** und **Kasus** überein.

Я встре́тила одного́ знако́мого.
Ich habe (nur) **einen** Bekannten (nicht zwei oder mehr) getroffen.

Я познако́мился с одно́й де́вушкой.
Ich lernte (nur) **ein** (nicht zwei oder mehr) Mädchen kennen.

В го́роде есть одно́ кино́.
In der Stadt gibt es (nur) **ein** Kino (nicht zwei oder mehr).

У меня́ одни́ часы́.
Ich habe (nur) eine Uhr (nicht zwei oder mehr).

▽ Одни́ hat nur in Verbindung mit einem
Pluraliatantum ↗ § 41 Zahlwortbedeutung:

одни́ очки́
eine Brille
Aber: **Одни́** пи́шут, други́е чита́ют.
Die einen schreiben, die anderen lesen.

▽ Оди́н, одна́, одно́, одни́ können verschiedene
Nebenbedeutungen haben.

Одна́ она́ реши́ла зада́чу.
Nur sie hat die Aufgabe gelöst.
Он реши́л зада́чу **оди́н**.
Er hat die Aufgabe **allein** (ohne fremde Hilfe) gelöst.
В теа́тре бы́ли **одни́** де́ти.
Im Theater waren **nur** Kinder.

Wortfügungen mit Adjektiven und Substantiven

Tritt zwischen оди́н, одна́, одно́, одни́ und das Substantiv ein **Adjektiv**, so stimmt dieses mit dem **Substantiv** in **Genus**, **Kasus** und **Numerus** überein:

Kasus	maskulin Sg.	feminin Sg.	Plural
	ein großes Haus	ein glückliches Mädchen	eine goldene Uhr
Nom.	оди́н большо́й дом_	одна́ счастли́вая де́вочка	одни́ золоты́е часы́
Gen.	одного́ большо́го до́ма	одно́й счастли́вой де́вочки	одни́х золоты́х часо́в
Dat.	одному́ большо́му до́му	одно́й счастли́вой де́вочке	одни́м золоты́м часа́м
Akk.	оди́н большо́й дом_	одну́ счастли́вую де́вочку	одни́ золоты́е часы́
Instr.	одни́м больши́м до́мом	одно́й счастли́вой де́вочкой	одни́ми золоты́ми часа́ми
Präp.	(об) одно́м большо́м до́ме	(об) одно́й счастли́вой де́вочке	(об) одни́х золоты́х часа́х

§ 65 Die Kardinalzahlwörter два, три, четы́ре

1. Deklination

	mask., neutr., femin.		
Nom.	два, два, две	три	четы́ре
Gen.	двух	трёх	четырёх
Dat.	двум	трём	четырём
Akk.	два/двух, две/двух	три/трёх	четы́ре/четырёх
Instr.	двумя́	тремя́	четырьмя́
Präp.	(о) дву́х	(о) трёх	(о) четырёх

▽ Beziehen sich 2, 3, 4 auf **belebte** Substantive,
so ist ihr **Akkusativ** gleich dem **Genitiv**
↗ § 42:

В теа́тре я ви́дел двух друзе́й/трёх де́вочек.
Im Theater sah ich zwei Freunde/drei Mädchen.

2. Gebrauch

Wortfügungen mit Substantiven

Werden **2, 3, 4** im **Nominativ** bzw. **im unbelebten Akkusativ** gebraucht, so steht das gezählte Substantiv im **Genitiv Singular**.

На по́лке лежа́т **два** рома́**на**.	Auf dem Regal liegen zwei Romane.
Дай мне, пожа́луйста, **три** ма́рк**и**.	Gib mir bitte drei Briefmarken.
У меня́ **четы́ре** автомаши́**ны**.	Ich habe vier Autos.

▽ Два (mask., neutr.) und две (fem.) stimmen mit dem gezählten Substantiv im **Genus** überein:

два до́ма	zwei Häuser
два окна́	zwei Fenster
две де́вочки	zwei Mädchen

In den anderen Kasus steht das gezählte **Substantiv** nach **2, 3, 4** im **Plural** und im selben **Kasus wie das Zahlwort**.

Я был в гостя́х у **двух** подру́г_.	Ich war bei zwei Freundinnen zu Gast.
Он всегда́ помога́л **двум** това́рищ**ам**.	Er hatte immer den zwei Kameraden geholfen.
Она́ игра́ла с **тремя́** ма́льчик**ами**.	Sie spielte mit drei Jungen.
Учи́тель говори́л о **четырёх** ученик**а́х**.	Der Lehrer sprach über die vier Schüler.

Tritt zwischen das Zahlwort und das gezählte Substantiv ein Adjektiv, so gelten folgende Regeln:

– Werden **2, 3, 4** im **Nominativ** bzw. **im unbelebten Akkusativ** gebraucht, so stehen **maskuline** und **neutrale Adjektive** im **Genitiv Plural**, **feminine** im **Nominativ Plural**:

два знако́м**ых** ма́льчика	zwei bekannte Jungen
три но́в**ых** уче́бника	drei neue Lehrbücher
три сла́дк**их** я́блока	drei süße Äpfel
четы́ре откры́**тых** окна́	vier geöffnete Fenster
две молод**ы́е** учи́тельницы	zwei junge Lehrerinnen
четы́ре свé**жие** газе́ты	vier neue Zeitungen

– In den anderen Kasus stimmt das **Adjektiv** nach **2, 3, 4** in **Kasus** und **Numerus** mit dem **Substantiv** überein:

Они́ собира́лись в двух больш**и́х** аудито́риях.	Sie versammelten sich in zwei großen Hörsälen.
Они́ прие́хали из четырёх европе́йск**их** стран_.	Sie waren aus vier europäischen Ländern gekommen.

§ 66 Die Kardinalzahlwörter 5–20 und 30

1. Deklination

Die Kardinalzahlwörter 5–20 und 30 werden wie Substantive der и-Deklination ↗ § 47 verändert:

Kasus	5	15	20	30
Nom.	пять_	пятна́дцать_	два́дцать_	три́дцать_
Gen.	пяти́	пятна́дцати	двадцати́	тридцати́
Dat.	пяти́	пятна́дцати	двадцати́	тридцати́
Akk.	пять_	пятна́дцать_	два́дцать_	три́дцать_
Instr.	пятью́	пятна́дцатью	двадцатью́	тридцатью́
Präp.	(о) пяти́	(о) пятна́дцати	(о) двадцати́	(о) тридцати́

▽ Bei **5–10, 20** und **30** liegt die **Betonung** auf der **Endung**, bei **11–19** auf dem **Stamm**.

2. Gebrauch

Wortfügungen mit Substantiven

Werden die Zahlwörter im **Nominativ** bzw. **im Akkusativ** gebraucht, so steht das gezählte **Substantiv** im **Genitiv Plural**.

пять	домо́в, де́вочек, о́кон	5 Häuser, Mädchen, Fenster
де́сять	домо́в, де́вочек, о́кон	10 Häuser, Mädchen, Fenster
пятна́дцать	домо́в, де́вочек, о́кон	15 Häuser, Mädchen, Fenster

In den anderen Kasus steht das gezählte **Substantiv** im **Plural** und stimmt im **Kasus** mit dem **Zahlwort** überein:

У двадцати́ ученико́в не́ было уче́бников.	20 Schüler hatten keine Lehrbücher.
Я говори́л с пятью́ де́вочками.	Ich habe mit fünf Mädchen gesprochen.

Kasus	maskulin	neutral	feminin
	zehn Häuser	zehn Fenster	zehn Mädchen
Nom.	де́сять домо́в	де́сять о́кон_	де́сять де́вочек_
Gen.	десяти́ домо́в	десяти́ о́кон_	десяти́ де́вочек_
Dat.	десяти́ дома́м	десяти́ о́кнам	десяти́ де́вочкам
Akk.	де́сять домо́в	де́сять о́кон_	де́сять де́вочек_
Instr.	десятью́ дома́ми	десятью́ о́кнами	десятью́ де́вочками
Präp.	(о) десяти́ дома́х	(о) десяти́ о́кнах	(о) десяти́ де́вочках

▽ Das Kardinalzahlwort steht **grundsätzlich vor** dem gezählten Substantiv. Ein **nachgestelltes** Kardinalzahlwort drückt eine **ungefähre** Zahlenangabe aus:

неде́ль пять	ungefähr 5 Wochen
киломе́тров де́сять	ungefähr 10 Kilometer

Wortfügungen mit Adjektiven und Substantiven

Tritt zwischen das Zahlwort und das gezählte Substantiv ein **Adjektiv**, so stimmt dieses in der Deklination mit dem **gezählten Substantiv überein**:

В го́роде двена́дцать истори́ческих зда́ний.	In der Stadt gibt es zwölf historische Gebäude.
Мы разгова́ривали с двадцатью́ пятью́ иностра́нными студе́нтами.	Wir unterhielten uns mit fünfundzwanzig ausländischen Studenten.
Уча́стники ко́нкурса прие́хали из шестна́дцати ра́зных стран.	Die Teilnehmer des Wettbewerbs waren aus sechzehn verschiedenen Ländern angereist.

§ 67 Die Kardinalzahlwörter 40, 90, 100

1. Deklination

Со́рок, **девяно́сто** und **сто** haben in allen Kasus (außer im Nominativ/Akkusativ) die Endung **-a**:

Kasus	40	90	100
Nom.	со́рок	девяно́сто	сто
Gen.	сорока́	девяно́ста	ста
Dat.	сорока́	девяно́ста	ста
Akk.	со́рок	девяно́сто	сто
Instr.	сорока́	девяно́ста	ста
Präp.	(о) сорока́	(о) девяно́ста	(о) ста

2. Gebrauch

Für den Gebrauch der Kardinalzahlwörter **со́рок**, **девяносто**, **сто** gelten dieselben Regeln wie für den Gebrauch des Kardinalzahlwortes **пять**. ↗ § 66

§ 68 Die Kardinalzahlwörter 50, 60, 70, 80

1. Deklination

Die Zahlwörter auf **-десят** werden in **beiden Bestandteilen** wie Substantive der и-Deklination ↗ § 47 dekliniert:

Kasus	50	60	70	80
Nom.	пятьдеся́т	шестьдеся́т	се́мьдесят	во́семьдесят
Gen.	пяти́десяти	шести́десяти	семи́десяти	восьми́десяти
Dat.	пяти́десяти	шести́десяти	семи́десяти	восьми́десяти
Akk.	пятьдеся́т	шестьдеся́т	се́мьдесят	во́семьдесят
Instr.	пятью́десятью	шестью́десятью	семью́десятью	восьмью́десятью
Präp.	(о) пяти́десяти	(о) шести́десяти	(о) семи́десяти	(о) восьми́десяти

▽ Die **Betonung** liegt (außer beim Nominativ/Akkusativ) stets auf der **Endung des ersten Bestandteiles** des Zahlwortes.

2. Gebrauch

Für den Gebrauch der Kardinalzahlwörter **пятьдеся́т**, **шестьдеся́т**, **се́мьдесят**, **во́семьдесят** gelten dieselben Regeln wie für den Gebrauch des Kardinalzahlwortes **пять**. ↗ § 66

§ 69 Die Kardinalzahlwörter 200, 300, 400 ... 900

1. Deklination

Der erste Teil der Hunderterzahlwörter wird wie **две**, **три**, **четы́ре**, **пять** ... **де́вять** ↗ §§ 65, 66, der zweite Teil wie Neutra der **I. Deklination im Plural** ↗ § 45 dekliniert.

Kasus	200	300	400	500
Nom.	две́сти	три́ста	четы́реста	пятьсо́т
Gen.	двухсо́т	трёхсо́т	четырёхсо́т	пятисо́т
Dat.	двумста́м	трёмста́м	четырёмста́м	пятиста́м
Akk.	две́сти	три́ста	четы́реста	пятьсо́т
Instr.	двумя́ста́ми	тремя́ста́ми	четырьмя́ста́ми	пятьюста́ми
Präp.	(о) двухста́х	(о) трёхста́х	(о) четырёхста́х	(о) пятиста́х

▽ Die **Betonung** liegt (außer im Nominativ/Akkusativ) auf dem **Stamm** des **zweiten Bestandteiles**, wobei das -ё- in den Formen von три́ста und четы́реста als Nebenakzent beibehalten wird.

2. Gebrauch

Für den Gebrauch der Kardinalzahlwörter **две́сти**, **три́ста**, **четы́реста** ... **девятьсо́т** gelten dieselben Regeln wie für den Gebrauch des Kardinalzahlwortes **пять**. ↗ § 66

§ 70 Die Kardinalzahlwörter ты́сяча, миллио́н, миллиа́рд

1. Deklination

Ты́сяча wird wie ein Substantiv der **II. Deklination** ↗ § 46 dekliniert.
Миллио́н, миллиа́рд werden wie Substantive der **I. Deklination** ↗ § 44 verändert:

Kasus	1000	1000000	1000000000
Nom.	ты́сяча	миллио́н_	миллиа́рд_
Gen.	ты́сячи	миллио́на	миллиа́рда
Dat.	ты́сяче	миллио́ну	миллиа́рду
Akk.	ты́сячу	миллио́н_	миллиа́рд_
Instr.	ты́сячью[1]	миллио́ном	миллиа́рдом
Präp.	(о) ты́сяче	(о) миллио́не	(о) миллиа́рде

[1] Der Instrumental von ты́сяча kann auch ты́сячей lauten. Diese Form wird jedoch selten verwendet.

2. Gebrauch

Für den Gebrauch der Kardinalzahlwörter **ты́сяча**, **миллио́н**, **миллиа́рд** gelten dieselben Regeln wie für den Gebrauch des Kardinalzahlwortes **пять**. ↗ § 66

§ 71 Mehrgliedrige Kardinalzahlwörter

1. Deklination

Bei mehrgliedrigen Kardinalzahlwörtern wird **jeder einzelne Bestandteil** dekliniert:

Kasus	22	356
Nom.	два́дцать два	три́ста пятьдеся́т шесть
Gen.	двадцати́ двух	трёхсот пяти́десяти шести́
Dat.	двадцати́ двум	трёмста́м пяти́десяти шести́
Akk.	два́дцать два	три́ста пятьдеся́т шесть
Instr.	двадцатью́ двумя́	тремяста́ми пятью́десятью шестью́
Präp.	(о) двадцати́ двух	(о) трёхста́х пяти́десяти шести́

2. Gebrauch

Bei mehrgliedrigen Zahlwörtern richten sich **Genus, Kasus** und **Numerus** der gezählten Substantive bzw. Adjektive und Substantive jeweils nach der **Rektion des letzten Gliedes des Zahlwortes**. ↗ §§ 64–66

два́дцать оди́н день	21 Tage
три́ста оди́н день	301 Tage
ты́сяча оди́н день	1001 Tage
ты́сяча одни́ часы́	1001 Uhren
три́дцать два дня	32 Tage
четы́реста три дня	403 Tage
ты́сяча две́сти три́дцать четы́ре дня	1234 Tage
сто пять дней	105 Tage
ты́сяча четы́реста два́дцать во́семь дней	1428 Tage

▽ Die **mehrgliedrigen** Zahlwörter, die auf два, три, четы́ре enden, drücken im Akkusativ **nicht** die Kategorie der **Belebtheit** aus:

Я ви́жу три́дцать два ученика́.   Ich sehe 32 Schüler.

§ 72 Sammelzahlwörter

1. Charakter

Als Sammelzahlwörter wird eine kleine Gruppe besonderer Zahlwörter für die Zahlbegriffe 2 bis 10 bezeichnet:
дво́е 2, тро́е 3, че́тверо 4 und die weniger gebräuchlichen пя́теро 5, ше́стеро 6, се́меро 7, во́сьмеро 8, де́вятеро 9, де́сятеро 10.

Sammelzahlwörter verwendet man anstelle der entsprechenden Kardinalzahlwörter in Verbindung mit Bezeichnungen von Lebewesen, deren **Zusammengehörigkeit** zum Ausdruck gebracht werden soll, sowie vor **Pluraliatantum** ↗ § 41 und Bezeichnungen **paarweise** vorkommender Gegenstände.

2. Deklination

Die Sammelzahlwörter **двóе** und **трóе** werden wie **Adjektive mit weichem Stammauslaut**, die Zahlwörter auf **-еро** wie **Adjektive** mit **hartem Stammauslaut** dekliniert:

Kasus	-ое	-еро
Nom.	двóе	чéтверо
Gen.	двоúх	четверы́х
Dat.	двоúм	четверы́м
Akk.	двóе/двоúх	чéтверо/четверы́х
Instr.	двоúми	четверы́ми
Präp.	(о) двоúх	(о) четверы́х

▽ In Verbindung mit **belebten** Substantiven ist der **Akkusativ** gleich dem **Genitiv**:

Я вúдел троúх детéй.   Ich erblickte die drei Kinder.

3. Gebrauch

Sammelzahlwörter gebraucht man in Verbindung mit der **Bezeichnung von Lebewesen**

– vor Bezeichnungen männlicher Personen:

двóе сыновéй — zwei Söhne
трóе мужчúн — drei Männer

– vor Bezeichnungen von jungen Tieren:

пя́теро котя́т — fünf Kätzchen
сéмеро медвежáт — sieben Bärchen

– vor den Substantiven дéти, лю́ди, лúца, ребя́та:

трóе детéй — drei Kinder
чéтверо людéй — vier Menschen
пя́теро лиц — fünf Personen
двóе ребя́т — zwei Kinder

– vor substantivierten Adjektiven:

двóе рýсских — zwei Russen
шéстеро отдыхáющих — sechs Urlauber

– vor Familiennamen:

двóе Ивáновых — die zwei Iwanows

– zusammen mit dem Genitiv der Personalpronomen нас, вас, их:

Нас трóе. — Wir sind drei./Wir sind zu dritt.
Их тепéрь пя́теро. — Sie sind jetzt fünf.

– zur Bezeichnung der Lebewesen selbst (ohne Substantiv oder Personalpronomen):

Все чéтверо погúбли. — Alle vier sind umgekommen.
кóмната на троúх — ein Dreibettzimmer

In Verbindung mit der **Bezeichnung unbelebter Gegenstände** stehen die Sammelzahlwörter

– vor Pluraliatantum:

че́тверо очко́в	vier Brillen
тро́е джи́нсов	drei Jeans

– vor Bezeichnungen paarweise vorkommender Gegenstände:

дво́е сапо́г	2 Paar Stiefel
тро́е чуло́к	3 Paar Strümpfe
че́тверо носко́в	4 Paar Socken

▽ Werden vor derartigen Bezeichnungen **Kardinalzahlwörter** verwendet, so handelt es sich meist um **einzelne** Gegenstände:

два сапога́	zwei einzelne Stiefel
три чулка́	drei einzelne Strümpfe
четы́ре носка́	vier einzelne Socken

Sammelzahlwörter können sich nur dann mit Substantiven verbinden, wenn sie im **Nominativ** oder **Akkusativ** gebraucht werden. In den anderen Kasus müssen Kardinalzahlwörter verwendet werden:

У нас **дво́е** сане́й.	Nominativ	= Sammelzahlwort	Wir haben zwei Schlitten.
Мы прие́хали на **двух** саня́х.	Präpositiv	= Kardinalzahlwort	Wir kamen auf zwei Schlitten.
Я ви́дела **трои́х** друзе́й.	Akkusativ	= Sammelzahlwort	Ich sah drei Freunde.
Я говори́ла с **тремя́** друзья́ми.	Instrumental	= Kardinalzahlwort	Ich sprach mit drei Freunden.

Nach Sammelzahlwörtern steht das gezählte **Substantiv** stets im **Genitiv Plural**.

4. Das Zahlwort о́ба/о́бе beide

Das Zahlwort о́ба beide wird häufig auch zu den Sammelzahlwörtern gerechnet.
Es wird wie ein **Adjektiv mit weichem Stammauslaut** dekliniert. ↗ § 54

Kasus	о́ба (maskulin und neutral)	о́бе (feminin)
Nom.	о́ба	о́бе
Gen.	обо́их	обе́их
Dat.	обо́им	обе́им
Akk.	о́ба/обо́их	о́бе/обе́их
Instr.	обо́ими	обе́ими
Präp.	(об) обо́их	(об) обе́их

▽ In Verbindung mit **belebten** Substantiven ist der **Akkusativ** von о́ба/о́бе gleich dem **Genitiv**:

Я зна́ю обо́их ученико́в.	Ich kenne beide Schüler.
Я ви́дела обе́их же́нщин.	Ich sah beide Frauen.

Die Verwendung von о́ба/о́бе unterscheidet sich nicht wesentlich von der des deutschen „beide". Im Russischen wird lediglich – wie bei два/две – das Genus ausgedrückt. Die Rektion gleicht ebenfalls der von два/две. ↗ § 65

§ 73 Ordinalzahlwörter

1. Überblick

Die Ordinalzahlwörter verweisen auf einen Platz, den ein Gegenstand (im weiten Sinne) beim Zählen innerhalb einer Reihe gleichartiger Gegenstände einnimmt: пе́рвый день der erste Tag, второ́й день der zweite Tag ...

1. пе́рвый	11. оди́ннадцатый	20. двадца́тый	200. двухсо́тый
2. второ́й	12. двена́дцатый	30. тридца́тый	300. трёхсо́тый
3. тре́тий	13. трина́дцатый	40. сороково́й	400. четырёхсо́тый
4. четвёртый	14. четы́рнадцатый	50. пятидеся́тый	500. пятисо́тый
5. пя́тый	15. пятна́дцатый	60. шестидеся́тый	600. шестисо́тый
6. шесто́й	16. шестна́дцатый	70. семидеся́тый	700. семисо́тый
7. седьмо́й	17. семна́дцатый	80. восьмидеся́тый	800. восьмисо́тый
8. восьмо́й	18. восемна́дцатый	90. девяно́стый	900. девятисо́тый
9. девя́тый	19. девятна́дцатый	100. со́тый	1000. ты́сячный
10. деся́тый			

▽ Bei mehrgliedrigen Zahlwörtern nimmt nur der **letzte Bestandteil** die Form der Ordinalzahl an:

22-й (два́дцать второ́й) день	der 22. Tag
46-я (со́рок шеста́я) шко́ла	die 46. Schule
105-е (сто пя́тое) ме́сто	der 105. Platz

2. Deklination

Ordinalzahlwörter werden wie **Adjektive** mit **hartem Stammauslaut** ↗ § 53 dekliniert.

Eine Ausnahme bildet **тре́тий**, das wie ein Gattungsadjektiv ↗ § 56 verändert wird:

Kasus	maskulin	neutral	feminin	Plural
Nom.	тре́тий	тре́тье	тре́тья	тре́тьи
Gen.	тре́тьего		тре́тьей	тре́тьих
Dat.	тре́тьему		тре́тьей	тре́тьим
Akk.	тре́тий/тре́тьего	тре́тье	тре́тью	тре́тьи/тре́тьих
Instr.	тре́тьим		тре́тьей	тре́тьими
Präp.	(о) тре́тьем		(о) тре́тьей	(о) тре́тьих

3. Gebrauch

Ordinalzahlwörter werden wie **Adjektive** verwendet. Sie stehen gewöhnlich vor dem Substantiv und stimmen mit ihm in **Genus, Kasus** und **Numerus** überein:

пя́т**ый** день_	der fünfte Tag
пя́т**ая** встре́ча	das fünfte Treffen
пя́т**ое** ме́сто	der fünfte Platz

Ordinalzahlwörter werden im Russischen häufiger als im Deutschen verwendet. Sie dienen u. a.

– der Angabe des Datums und der Jahreszahl ↗ §§ 136–138

Он приехал туда в 1980-ом (тысяча девятьсот восьмидесятом) году.
Er kam im Jahre 1980 hierher.
Она родилась 7-ого апреля 1977-ого (седьмого апреля тысяча девятьсот семьдесят седьмого) года.
Sie wurde am 7. April 1977 geboren.

– der Uhrzeitangabe ↗ § 135

Сейчас десять минут третьего.	Jetzt ist es 14.10 Uhr.
Мы встретились в половине первого.	Wir trafen uns um 12.30 Uhr.

§ 74 Bruchzahlwörter

1. Substantivische Bruchzahlwörter

Zu den substantivischen Bruchzahlwörtern gehören

– половина   die Hälfte, halb, $1/2$
– треть   ein Drittel, $1/3$
– четверть   ein Viertel, $1/4$

Половина wird wie ein Substantiv der II. Deklination ↗ § 46, **треть** und **четверть** werden nach der и-Deklination ↗ § 47 verändert.

Die Bruchzahlwörter werden im Allgemeinen so wie im Deutschen gebraucht. Das ihnen **folgende Substantiv** steht im **Genitiv**:

половина яблок**а**	ein halber Apfel
половина жител**ей**	die Hälfte der Einwohner
треть территор**ии**	ein Drittel des Territoriums
четверть год**а**	ein Vierteljahr

2. Gemeine Brüche

Gemeine Brüche werden wie folgt gebildet:

Der **Zähler** wird durch ein **Kardinalzahlwort**, der **Nenner** durch ein **Ordinalzahlwort** oder ein **substantivisches Bruchzahlwort** ausgedrückt:

Zähler	Kardinalzahlwort	1	одна		Zähler	Kardinalzahlwort	2	две
Nenner	Ordinalzahlwort	5	пятая	oder	Nenner	subst. Bruchzahlwort	3	трети

одна шестая	$1/6$		три десятых	$3/10$
две седьмых	$2/7$		четыре девятых	$4/9$
две трети	$2/3$		три четверти	$3/4$

Das **feminine Genus** des Zählers (одна́, две) und des Nenners geht auf das hinzuzudenkende feminine Substantiv **часть** Teil zurück:

	одна́ пя́тая часть	одна́ шеста́я часть
wörtlich:	ein fünfter Teil	ein sechster Teil

Dekliniert werden die Bruchzahlwörter in **beiden Bestandteilen**, und zwar wie die entsprechenden Kardinalzahlwörter ↗ §§ 64–66 und Ordinalzahlwörter ↗ § 73 bzw. Bruchzahlsubstantive.

Kasus	$^1/_5$	$^2/_9$	$^5/_4$
Nom.	одна́ пя́тая	две девя́тых	пять четвёртых
Gen.	одно́й пя́той	двух девя́тых	пяти́ четвёртых
Dat.	одно́й пя́той	двум девя́тым	пяти́ четвёртым
Akk.	одну́ пя́тую	две девя́тых	пять четвёртых
Instr.	одно́й пя́той	двумя́ девя́тыми	пятью́ четвёртыми
Präp.	(об) одно́й пя́той	(о) двух девя́тых	(о) пяти́ четвёртых

▽ Das dem Bruchzahlwort folgende **Substantiv** steht immer im **Genitiv Singular**:

одна́ пя́тая ли́тра	$^1/_5$ Liter
три седьмы́х гекта́ра	$^3/_7$ Hektar
две тре́ти то́нны	$^2/_3$ Tonnen

3. Gemischte Zahlen

Bei gemischten Zahlen werden die **ganze Zahl** (це́лая) und der **Bruch** mit oder ohne die Konjunktion **и** verbunden. Das ihnen folgende **Substantiv** steht im **Genitiv Singular**:

1 $^1/_5$	одна́ (це́лая) и одна́ пя́тая ли́тра	1 $^1/_5$	Liter
6 $^3/_8$	шесть (це́лых) и три восьмы́х гра́мма	6 $^3/_8$	Gramm
2 $^1/_3$	две (це́лых) и одна́ треть то́нны	2 $^1/_3$	Tonnen

▽ Mit **полови́на**, **треть** und **че́тверть** wiedergegebene Brüche können auch durch die Präposition **с** mit der ganzen Zahl verbunden werden. In diesen Fällen regiert die Kardinalzahl das nachfolgende Substantiv:

3 $^1/_2$	три с полови́ной ме́тра
	3 $^1/_2$ Meter
2 $^1/_3$	две с тре́тью гра́мма
	2 $^1/_3$ Gramm
5 $^1/_4$	пять с че́твертью проце́нтов
	5 $^1/_4$ Prozent

4. Dezimalbrüche und Dezimalzahlen

Dezimalbrüche und Dezimalzahlen entsprechen in ihrer Bildung den gemeinen Brüchen und gemischten Zahlen:

0,3	m	ноль (це́лых) и три деся́тых ме́тра
3,1	km	три (це́лых) и одна́ деся́тая киломе́тра
4,2	g	четы́ре (це́лых) и две деся́тых гра́мма
6,8	kg	шесть (це́лых) и во́семь деся́тых килогра́мма
2,26	cm	две (це́лых) и два́дцать шесть со́тых сантиме́тра
10,43	t	де́сять (це́лых) и со́рок три со́тых то́нны

§ 75 Unbestimmte Zahlwörter

Zu den unbestimmten Zahlwörtern gehören:

мно́го	viele	ма́ло	wenig(e)	сто́лько	so viel(e)
немно́го	wenig(e), einige	нема́ло	nicht wenig(e)	ско́лько	wie viel, wie viele
				не́сколько	einige

1. Deklination

Сто́лько, ско́лько, не́сколько werden wie **Adjektive mit weichem Stammauslaut** ↗ § 54 dekliniert:

Kasus	сто́лько	(не́)сколько
Nom.	сто́лько	(не́)сколько
Gen.	сто́льких	(не́)скольких
Dat.	сто́льким	(не́)скольким
Akk.	сто́лько/сто́льких	(не́)сколько/(не́)скольких
Instr.	сто́лькими	(не́)сколькими
Präp.	(о) сто́льких	(о) (не́)скольких

Мно́го, немно́го und **ма́ло, нема́ло** werden **als unbestimmte Zahlwörter nicht** dekliniert. Sie werden nur im Nominativ/Akkusativ gebraucht.
(Die Deklinationsformen мно́гих, мно́гим ..., немно́гих, немно́гим ... gehören zu den Adjektiven мно́гие, немно́гие.)

2. Gebrauch

Für den Gebrauch **aller unbestimmten Zahlwörter** gelten dieselben Regeln wie für den Gebrauch des Kardinalzahlwortes **пять**. ↗ § 66

У нас мно́го друзе́й.	Wir haben viele Freunde.
Мы говори́ли о не́скольких вариа́нтах.	Wir sprachen über einige Varianten.
У ско́льких ученико́в не́ было книг?	Wie viele Schüler hatten keine Bücher?
Я говори́л со сто́лькими ученика́ми.	Ich habe mit so vielen Schülern gesprochen.

▽ Die unbestimmten Zahlwörter können auch mit **Substantiven im Singular** gebraucht werden:

| мно́го вре́мени | viel Zeit |
| ма́ло рабо́ты | wenig Arbeit |

Kapitel 7   Pronomen

§ 76   Einteilung der Pronomen

Zu den **Pronomen** (местоимéния) zählen Wörter, die auf andere Wörter verweisen. Nach ihrer Bedeutung kann man unterscheiden:

1. **Personal-** **pronomen**	я ich	ты du	он er	онá sie	онó es	мы wir	вы ihr/Sie	они́ sie
2. **Possessiv-** **pronomen**	мой твой наш ваш его́ свой	моя́ твоя́ нáша вáша её своя́	моё твоё нáше вáше его́ своё	мои́ твои́ нáши вáши их свои́	mein(e) deine(e) unser(e) euer(e), Ihr(e) sein/e, ihre, sein(e), ihr(e) mein(e), dein(e), sein(e), unser(e), eure, ihr(e)			
3. **Demonstrativ-** **pronomen**	э́тот тот такóй	э́та та такáя	э́то то такóе	э́ти те таки́е	diese(r, s) jene(r, s) ein(e) solche(r, s)			
4. **Interrogativ-** **pronomen**	кто? скóлько? какóй? чей? котóрый?	что? какáя? чья? котóрая?	какóе? чьё? котóрое?	каки́е? чьи? котóрые?	wer? was? wie viel? welche(r, s)?, was für ein? wessen? welche(r)? der Wievielte?			
5. **Relativ-** **pronomen**	котóрый чей какóй кто	котóрая чья какáя что	котóрое чьё какóе	котóрые чьи каки́е	welche(r, s); der, die, das, die dessen, deren wie der, das			
6. **Reflexiv-** **pronomen**	себя́				sich, mich, dich, uns, euch			
7. **Determinativ-** **pronomen**	весь сáмый сам кáждый вся́кий любóй	вся сáмая самá кáждая вся́кая любáя	всё сáмое самó кáждое вся́кое любóе	все сáмые сáми кáждые вся́кие любы́е	ganz, alle selbst selbst jede(r, s) jede(r, s) nur mögliche jede(r, s) beliebige			
8. **Negations-** **pronomen**	никтó никакóй ниче́й не́кого не́чего	ничтó никакáя ничья́	никакóе ничьё	никаки́е ничьи́	niemand, nichts kein(er, es), keiner(lei) niemandes es ist niemand da, den … es ist nichts da, was …			
9. **Indefinit-** **pronomen**	ктó-нибудь ктó-либо ктó-то кóе-кто нéкоторые	чтó-нибудь чтó-либо чтó-то кóе-что	какóй-нибудь какóй-либо какóй-то кóе-какóй		irgendjemand, irgendetwas (Beliebiges) irgendjemand, irgendetwas (Beliebiges) irgendjemand, irgendetwas (Bestimmtes) manche(r, s), einige(s) einige (gewisse)			

§ 77 Personalpronomen

1. Deklination

Kasus	1. Pers.	2. Pers.	Singular 3. Pers. mask.	neutr.	femin.	Plural 1. Pers.	2. Pers.	3. Pers.
Nom.	я	ты	он	онó	онá	мы	вы	онѝ
Gen.	меня́	тебя́	егó[1]		её	нас	вас	их
Dat.	мне	тебé	емý		ей	нам	вам	им
Akk.	меня́	тебя́	егó[1]		её	нас	вас	их
Instr.	мной	тобóй	им		ей	нáми	вáми	и́ми
Präp.	(обо) мне	(о) тебé	(о) нём		(о) ней	(о) нас	(о) вас	(о) них

[1] In der Genitiv- und Akkusativform Singular его wird г wie [в] gesprochen.

Besonderheiten

– **Vorangestelltes н-**

Nach Präpositionen wird den Personalpronomen der **3. Person** Singular und Plural ein **н-** vorangestellt:

у негó	bei ihm, er hat	у неё	bei ihr, sie hat	у них	bei ihnen, sie haben
к немý	zu ihm	к ней	zu ihr	к ним	zu ihnen
на негó	auf ihn	на неё	auf sie	на них	auf sie
с ним	mit ihm	с ней	mit ihr	с ни́ми	mit ihnen
перед ним	vor ihm	перед ней	vor ihr	перед ни́ми	vor ihnen
о нём	über ihn	о ней	über sie	о них	über sie

∇ Handelt es sich um **Possessivpronomen**, so werden diese Formen ohne **н-** gebraucht. ↗ § 78

Я получи́ла э́ту кни́гу **от негó**.
Ich habe dieses Buch von **ihm** erhalten.

Я получи́ла э́ту кни́гу **от егó** дру́га.
Ich habe dieses Buch von **seinem** Freund erhalten.

Мы поéхали **к ней**.
Wir fuhren zu **ihr**.

Мы поéхали **к её** сестрé.
Wir fuhren zu **ihrer** Schwester.

– **Angefügtes -o**

Lauten **Präpositionen** vor **мне** und **мной** auf Konsonanten aus, so wird ihnen ein **-o** angefügt:

| ко мне | zu mir | передо мной | vor mir | во мне | in mir |

▽ Vor dem **Präpositiv** von я wird die Präposition **o** zu **обо** erweitert:

Они́ говори́ли **обо** мне. Sie sprachen über mich.

– **Instrumental Singular**

Im Instrumental Singular können mitunter statt мной **мно́ю**, statt тобо́й **тобо́ю** und statt ей **е́ю** stehen.

– **Akkusativ unbelebter Substantive**

Der Akkusativ des Personalpronomens der 3. Person Singular und Plural ist immer – auch bei unbelebten Substantiven – gleich dem Genitiv:

| Я ви́жу **окно́**. – Я ви́жу **его́**. | Ich sehe das Fenster. – Ich sehe es. |
| Я ви́жу **кни́ги**. Я ви́жу **их**. | Ich sehe die Bücher. – Ich sehe sie. |

2. Gebrauch

– **Höflichkeitsform**

Im Russischen wird – abweichend vom Deutschen – die **2. Person Plural** auch als **Höflichkeitsform** verwendet:

| С кем **вы** говори́ли? | Mit wem haben Sie gesprochen? |
| Как **вы** реши́ли э́ту зада́чу? | Wie haben Sie diese Aufgabe gelöst? |

Abweichend vom Deutschen, wird die Höflichkeitsform von **вы nur in Briefen** groß geschrieben:

Мы **Вас** благодари́м за Ваш сове́т. Wir danken Ihnen für Ihren Rat.

– **Wendungen zum Ausdruck der Gemeinsamkeit**

In **Wendungen** wie **мы с тобо́й** du und ich, **мы с ва́ми** Sie und ich, **мы с ним** er und ich steht **мы für die 1. Person Singular, вы** für die 2. Person Singular. ↗ § 98

Вчера́ **мы с ним** е́здили на стадио́н. Gestern sind er und ich ins Stadion gefahren.

§ 78 Possessivpronomen

1. Deklination

Kasus	Singular			Plural	Singular			Plural
	mask.	neutr.	femin.		mask.	neutr.	femin.	
Nom.	мой	моё	моя́	мои́	наш	на́ше	на́ша	на́ши
Gen.	моего́[1]		мое́й	мои́х	на́шего[1]		на́шей	на́ших
Dat.	моему́		мое́й	мои́м	на́шему		на́шей	на́шим
Akk.	мой/моего́[1]	моё	мою́	мои́/мои́х	наш/на́шего	на́ше	на́шу	на́ши/на́ших
Instr.	мои́м		мое́й	мои́ми	на́шим		на́шей	на́шими
Präp.	(о) моём		(о) мое́й	(о) мои́х	(о) на́шем		(о) на́шей	(о) на́ших

[1] In der Genitiv- und Akkusativform Singular -ero wird **г** wie [в] gesprochen.

– **мой, твой, свой, наш, ваш**

Wie **мой, моя́, моё, мои́** werden auch **твой, твоя́, твоё, твои́** und **свой, своя́, своё, свои́** dekliniert.
Wie **наш, на́ша, на́ше, на́ши** werden auch **ваш, ва́ша, ва́ше, ва́ши** dekliniert.

Э́то **твой** брат?	Ist das **dein** Bruder?
Дай мне, пожа́луйста, **твою́** тетра́дь.	Gib mir bitte **dein** Heft!
Она́ мне принесла́ **свои́** кни́ги.	Sie hat mir **ihre** Bücher mitgebracht.
Мать уже́ говори́ла с **ва́шим** учи́телем.	Die Mutter hat schon mit **eurem/Ihrem** Lehrer gesprochen.

– **его́, её, их**

Die Possessivpronomen der 3. Person **его́, её, их** werden nicht dekliniert. Sie sind unveränderlich.

Мы обсужда́ли **его́** предложе́ние.	Wir haben **seinen** Vorschlag diskutiert.
Его́ предложе́ние всем понра́вилось.	**Sein** Vorschlag gefiel allen.

2. Gebrauch

– **мой, наш; твой, ваш**

Die Possessivpronomen der 1. und 2. Person werden **wie im Deutschen** gebraucht.
Мой und **наш** beziehen sich auf den **Sprecher**, **твой** und **ваш** auf den **Angesprochenen**.

Мой каранда́ш лежи́т на столе́.	**Mein** Bleistift liegt auf dem Tisch.
Твоя́ кни́га лежи́т на па́рте.	**Dein** Buch liegt auf der (Schul)bank.
Наш оте́ц рабо́тает на фа́брике.	**Unser** Vater arbeitet in der Fabrik.
Где рабо́тает **ва́ша** мать?	Wo arbeitet **eure/Ihre** Mutter?

Ваш, ва́ша, ва́ше, ва́ши können auch als **Höflichkeitsform** gebraucht werden:

Мы благодари́м вас за **ва́шу** по́мощь.	Wir danken Ihnen für **Ihre** Hilfe.
Я согла́сен с **ва́шим** мне́нием.	Ich bin mit **Ihrer** Meinung einverstanden.

In Briefen werden diese Formen groß geschrieben:

Я о́чень обра́довался **Ва́шему** отве́ту. Ich habe mich sehr über **Ihre** Antwort gefreut.

– **его́, её, их**

Das undeklinierbare **Possessivpronomen его́** steht für ein **maskulines** oder **neutrales** Substantiv und hat die Bedeutung „**sein(e)**".

Das undeklinierbare **Possessivpronomen её** steht für ein **feminines** Substantiv und hat die Bedeutung „**ihr(e)**".

Das undeklinierbare **Possessivpronomen их** steht für ein Substantiv im **Plural** oder für **mehrere Substantive** und hat die Bedeutung „**ihr(e)**".

Diese Possessivpronomen der 3. Person werden dann verwendet, wenn sie sich **nicht auf das Subjekt desselben Satzes zurückbeziehen**:

Он взял **его́** кни́гу. Er nahm **sein** Buch (das eines anderen, nicht sein eigenes).

Я ви́дела Ири́ну и **её** сестру́. Ich habe Irina und **ihre (deren)** Schwester gesehen.

Он зна́ет **их** роди́телей. Er kennt **ihre** Eltern (die Eltern von anderen).

– **свой**

Das reflexive Possessivpronomen der 3. Person **свой, своя́, своё, свои́** wird dann gebraucht, wenn es sich auf das Subjekt desselben Satzes zurückbezieht, wenn man „sein(e)", „ihr(e)" **durch „eigen(e, s)" ergänzen** kann.

Bei diesem Gebrauch **muss** свой für die **3. Person** verwendet werden, wogegen es für die **1. und 2. Person** (neben мой, твой, наш, ваш) verwendet werden **kann**:

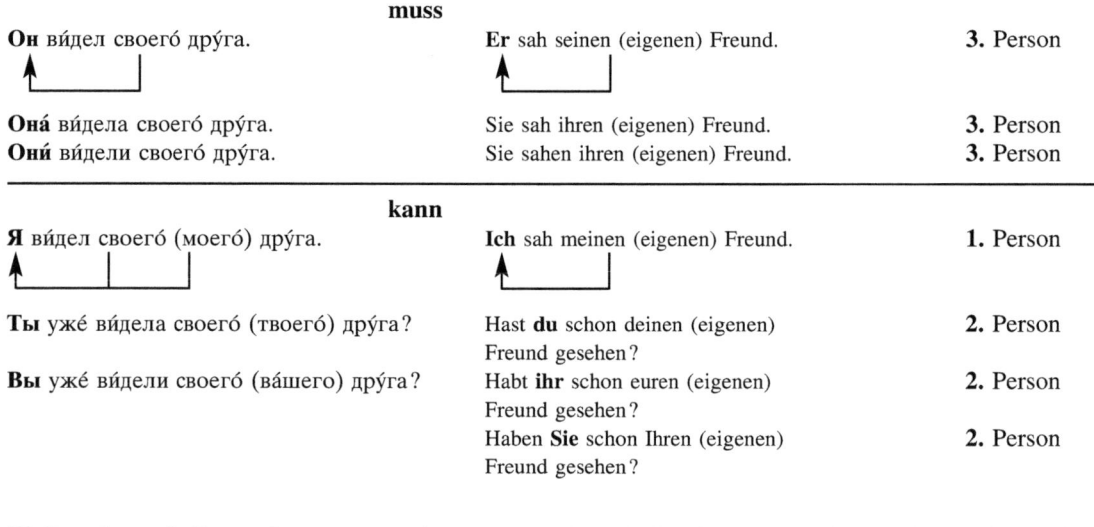

▽ Свой kann als **Possessivpronomen nie beim Subjekt** auftreten. Steht свой dennoch beim Subjekt, so wird es **nicht reflexiv**, sondern **adjektivisch** in der Bedeutung von „eigene(r, s)" gebraucht:

У меня́ своя́ кни́га. Ich habe ein eigenes Buch.
У них свой дом. Sie haben ein eigenes Haus.

§ 79 Demonstrativpronomen

1. Deklination

Demonstrativpronomen werden wie Adjektive dekliniert. ↗ §§ 53, 54

Kasus	Singular			Plural	Singular			Plural
	mask.	neutr.	femin.		mask.	neutr.	femin.	
Nom.	этот	это	эта	эти	тот	то	та	те
Gen.	этого[1]		этой	этих	того[1]		той	тех
Dat.	этому		этой	этим	тому		той	тем
Akk.	этот/этого[1]	это	эту	эти/этих	тот/того[1]	то	ту	те/тех
Instr.	этим		этой	этими	тем		той	теми
Präp.	(об) этом		(об) этой	(об) этих	(о) том		(о) той	(о) тех

[1] In der Genitiv-und Akkusativform Singular -его wird г wie [в] gesprochen.

2. Gebrauch

– этот, тот

Этот, эта, это, эти verweisen auf etwas (räumlich oder zeitlich) **näher Liegendes**.
Тот, та, то, те hingegen verweisen auf etwas (räumlich oder zeitlich) **Entfernteres**:

| на **этом** берегу́ | an **diesem** (diesseitigen) Ufer | на **том** берегу́ | an **jenem** (jenseitigen) Ufer |
| в **этом** году́ | in **diesem** Jahr | в **том** году́ | in **jenem** Jahr |

▽ Это kann auch **ohne Substantiv** als Subjekt oder Objekt gebraucht werden:

Это мне понра́вилось.	Das hat mir gefallen.
Это ты ещё не понима́ешь.	Das verstehst du noch nicht.
Это каранда́ш.	Das ist ein Bleistift.

– тот же (са́мый)

An die Formen von **тот** kann **же са́мый** oder auch nur **же** angefügt werden. Тот же (са́мый) entspricht dem deutschen „(eben)derselbe":

тот же са́мый учи́тель	(eben)derselbe Lehrer
та же са́мая учи́тельница	(eben)dieselbe Lehrerin
то же са́мое окно́	(eben)dasselbe Fenster
те же са́мые ученики́	(eben)dieselben Schüler

Я говори́л с тем же са́мым учи́телем.	Ich habe mit ebendiesem Lehrer gesprochen.
В ту же са́мую мину́ту она́ ушла́.	In ebendieser Minute (in diesem Augenblick) ist sie fortgegangen.
О тех же са́мых ученика́х мы говори́ли.	Von ebendiesen Schülern haben wir gesprochen.

– такóй, такóв

Die Pronomen такóй, такáя, такóе, какие werden wie Adjektive dekliniert ↗ § 53. In der Bedeutung „ein(e) solche(r, s), so ein(e)" werden diese Pronomen vorwiegend **attributiv** gebraucht:

Такáя пóмощь мне не нужнá.	Eine solche Hilfe brauche ich nicht.
Поéздка былá **такáя** интерéсная!	Die Reise war so interessant!

Das Hinzufügen von **же** ist ein Verweis auf die gleiche Eigenschaft:

Мы читáли такýю **же** книгу.	Wir haben dasselbe Buch gelesen.
Я был такóго **же** мнéния, как он.	Ich war derselben Meinung wie er.

Такóв, таковá, таковó, таковы́ werden – wie die Kurzform der Adjektive ↗ § 57 – nur als **Prädikat** verwendet:

Таковó моё мнéние.	So ist meine Meinung.
Таковá жизнь!	So ist das Leben!

§ 80 Interrogativpronomen

1. Deklination

– кто, что, чей
– какóй, котóрый, какóв

Kasus	Singular		Singular			Plural
			mask.	neutr.	femin.	
Nom.	кто	что	чей	чьё	чья	чьи
Gen.	когó[1]	чегó	чьегó[1]		чьей	чьих
Dat.	комý	чемý	чьемý		чьей	чьим
Akk.	когó[1]	что	чей/чьегó[1]	чьё	чью	чьи/чьих
Instr.	кем	чем	чьим		чьей	чьи́ми
Präp.	(о) ком	(о) чём	(о) чьём		(о) чьей	(о) чьих

[1] In der Genitiv- und Akkusativform Singular -ero und -oro wird **г** wie [в] gesprochen.

Какóй, какáя, какóе, какие und котóрый, котóрая, котóрое, котóрые werden wie **Adjektive** ↗ § 53 dekliniert.
Какóв, каковá, каковó, каковы́ verändern sich nur hinsichtlich **Genus** und **Numerus**.

– скóлько

Скóлько wird wie das Demonstrativpronomen э́ти ↗ § 79 dekliniert.

2. Gebrauch

– кто, что

Mit den Formen von кто „wer" wird nach **Personen und Tieren** gefragt. Mit что „was" fragt man nach **unbelebten** Gegenständen.

Кто вчера́ приходи́л к тебе́?	**Wer** ist gestern bei dir gewesen?
С кем ты разгова́ривал?	**Mit wem** hast du dich unterhalten?
Что он сказа́л?	**Was** hat er gesagt?
О чём вы договори́лись?	**Worüber** habt ihr euch geeinigt?

▽ Bei der Frage nach dem **Beruf** steht im Russischen im Unterschied zum Deutschen „кто":

Кто он по профе́ссии?	**Was** ist er von Beruf?
Кем он рабо́тает?	Als **was** arbeitet er?

– како́й, како́в

Mit како́й, кака́я, како́е, каки́е „welche(r, s), was für ein(e, s)" wird nach der **Eigenschaft** von Personen, Tieren und Gegenständen gefragt:

Како́й э́то челове́к?	**Was für ein** Mensch ist das?
Кака́я сего́дня пого́да?	**Was für ein** Wetter ist heute?
О каки́х фи́льмах вы говори́ли?	**Über welche** Filme habt ihr gesprochen?

▽ **Како́е** wird bei der Frage nach dem Datum ↗ § 136 gebraucht:

Како́е сего́дня число́?	Der Wievielte ist heute?

Auch **како́в, какова́, каково́, каковы́** „welche(r, s), was für ein(e), wie" bezieht sich auf die Qualität, wird jedoch **nur als Prädikat** gebraucht:

Каково́ твоё мне́ние?	**Wie** ist deine Meinung?
Каковы́ ва́ши аргуме́нты?	**Welches** sind eure Argumente?

– кото́рый

Mit кото́рый, кото́рая, кото́рое, кото́рые „welche(r, s), der Wievielte" wird nach dem Platz von Personen oder Gegenständen in einer **Reihenfolge** oder **Auswahl** gefragt:

Кото́рый из э́тих фи́льмов интере́снее?	**Welcher** dieser Filme ist interessanter?

▽ Mit **кото́рый** wird nach der **Uhrzeit** ↗ § 135 gefragt:

Кото́рый час?	Wie spät ist es?

– чей

Mit **чей, чья, чьё, чьи** fragt man nach der **Zugehörigkeit** von Personen, Tieren und Sachen. Hierbei stimmt чей in **Genus, Numerus** und **Kasus** mit dem **Substantiv** überein, dessen **Zugehörigkeit** erfragt wird:

Чей э́то дом?	**Wessen** Haus ist das?
В **чьём** до́ме вы бы́ли?	In **wessen** Haus sind Sie gewesen?
Чья э́то кни́га?	**Wessen** Buch ist das?
Чью кни́гу вы чита́ли?	**Wessen** Buch habt ihr gelesen?
Чьё э́то пла́тье?	**Wessen** Kleid ist das?
В **чьём** пла́тье она́ ходи́ла?	**Wessen** Kleid hatte sie an?
Чьи э́то докуме́нты?	**Wessen** Dokumente sind das?
О **чьих** докуме́нтах вы говори́ли?	Über **wessen** Dokumente habt ihr gesprochen?

§ 81 Relativpronomen

1. Deklination

Dieselben Wörter, die als Interrogativpronomen verwendet werden, können auch als Relativpronomen auftreten. Sie werden wie die Interrogativpronomen dekliniert. ↗ § 80

2. Gebrauch

– кото́рый

Das Relativpronomen кото́рый, кото́рая, кото́рое, кото́рые „welche(r, s), der, die, das, die" **leitet einen Nebensatz ein**. Es stimmt mit seinem **Beziehungswort** im Hauptsatz in **Genus** und **Numerus** überein. Sein **Kasus** hängt – wie im Deutschen – von seiner **Funktion im Nebensatz** ab:

Я уви́дел моего́ **дру́га, кото́рый** ждал меня́.	Ich sah meinen **Freund, der** auf mich wartete.
Я написа́л письмо́ мое́й **подру́ге, у кото́рой** мы бы́ли про́шлым ле́том.	Ich schrieb meiner **Freundin, bei der** wir im letzten Sommer waren, einen Brief.
Мы встре́тили **знако́мого, к кото́рому** мы давно́ собира́лись.	Wir trafen einen **Bekannten, zu dem** wir seit langem gehen wollten.
Нам позвони́ла **тётя, кото́рую** мы мно́го лет не ви́дели.	Uns rief eine **Tante** an, **die** wir jahrelang nicht gesehen hatten.
Мне нра́вятся молоды́е **лю́ди, с кото́рыми** я вчера́ познако́милась.	Mir gefallen die jungen **Leute, die** ich gestern kennen gelernt habe.
Вот идёт но́вый **учи́тель**, о **кото́ром** мы говори́ли.	Dort kommt der neue **Lehrer, über den** wir gesprochen haben.

Die Genitivformen **кото́рого** (in Bezug auf maskuline und neutrale Substantive), **кото́рой** (in Bezug auf feminine Substantive) und **кото́рых** (in Bezug auf ein Substantiv im Plural oder auf mehrere Substantive) entsprechen den deutschen Formen **„dessen, deren"**.
Sie sind im Russischen – im Unterschied zum Deutschen – stets **nachgestellt**, stehen nach einem Substantiv an zweiter Stelle im Relativsatz:

В э́том го́роде жил **Чайко́вский, му́зыку кото́рого** я о́чень люблю́.	In dieser Stadt lebte **Tschaikowski, dessen Musik** ich sehr liebe.
Молода́я **балери́на, та́нец кото́рой** всем нра́вится, за́втра прие́дет в Берли́н.	Die junge **Ballerina, deren Tanz** allen gefällt, kommt morgen nach Berlin.
С **худо́жниками, произведе́ния кото́рых** зна́ют не то́лько в Росси́и, мо́жно бесе́довать на вы́ставке.	Auf der Ausstellung kann man sich mit den **Künstlern, deren Werke** man nicht nur in Russland kennt, unterhalten.

– кто, что

Кто „welcher, der" kann bei Bezug auf Personen, что „welcher, das" bei Bezug auf unbelebte Dinge gebraucht werden. Кто tritt dabei in **Verbindung** mit einem **anderen Pronomen** auf, z. B. **тот, кто** „derjenige, welcher", **все, кто** „alle, die":

Тот, кто его́ знал лу́чше всех, уже́ уе́хал.	**Derjenige, der** (welcher) ihn am besten kannte, ist bereits abgereist.
Те, кто выступа́ли на конце́рте, прие́хали из столи́цы.	**Diejenigen, die** (welche) im Konzert aufgetreten sind, sind aus der Hauptstadt gekommen.
Всех, кто лю́бит иску́сство, приглаша́ем на экску́рсию.	**Alle, die** (welche) die Kunst lieben, laden wir zu einer Exkursion ein.

▽ **Что** kann auch für die Formen von **кото́рый** stehen:

Мы встре́тились у па́рка, **что** (кото́рый) нахо́дится у вокза́ла.	Wir trafen uns am Park, **der** sich am Bahnhof befindet.

– какой, сколько, чей

Како́й, кака́я, како́е, каки́е „welche(r, s)", ско́лько „wie viele" und чей, чья, чьё, чьи „wessen, dessen" können auch als **Relativpronomen** auftreten. Das geschieht häufig in Verbindung mit anderen Pronomen, z. B. тако́й, како́й ein solcher ..., der ...; сто́лько ..., ско́лько ... soviele, wie:

Он был в **тако́м** состоя́нии, в **како́м** я его́ никогда́ не ви́дела.	Er war in **einem** (solchen) Zustand, in **dem** (welchem) ich ihn noch nie gesehen habe.
У меня́ ещё **сто́лько** (же) свобо́дных дней, **ско́лько** и у него́.	Ich habe noch **ebenso viele** freie Tage wie er.
Вы́ступил певе́ц, **чьи** пе́сни зна́ет весь мир.	Es trat ein Sänger auf, **dessen** Lieder die ganze Welt kennt.

§ 82 Reflexivpronomen

Das Reflexivpronomen **себя́** bezieht sich stets auf das **Subjekt desselben Satzes** und hat deshalb keinen Nominativ.

Es wird wie folgt dekliniert:

Genitiv	себя́
Dativ	себе́
Akkusativ	себя́
Instrumental	собо́й
Präpositiv	(о) себе́

Я чу́вствую	**себя́** хорошо́.	Ich fühle **mich** gut.
Ты чу́вствуешь	**себя́** хорошо́.	Du fühlst **dich** gut.
Он чу́вствует	**себя́** хорошо́.	Er fühlt **sich** gut.
Она́ чу́вствует	**себя́** хорошо́.	Sie fühlt **sich** gut.
Мы чу́вствуем	**себя́** хорошо́.	Wir fühlen **uns** gut.
Вы чу́вствуете	**себя́** хорошо́.	Ihr fühlt **euch** gut.
Они́ чу́вствуют	**себя́** хорошо́.	Sie fühlen **sich** gut.

Der **Kasus** der Reflexivpronomen hängt von ihrer **Funktion im Satz** ab:

Он ча́сто представля́ет **себе́** свою́ бу́дущую карье́ру.	Er stellt **sich** oft seine zukünftige Karriere vor.
Она́ ви́дела **себя́** уже́ на сце́не.	Sie sah **sich** schon auf der Bühne.
Он всегда́ но́сит докуме́нты с **собо́й**.	Er hat immer seine Dokumente bei **sich**.

Себя́, себе́ und собо́й drücken **keine Unterschiede** in **Person, Numerus** und **Genus** aus.

§ 83 Determinativpronomen

1. Deklination

– весь, сам

Kasus	Singular			Plural	Singular			Plural
	mask.	neutr.	femin.		mask.	neutr.	femin.	
Nom.	весь	всё	вся	все	сам	само́	сама́	са́ми
Gen.	всего́[1]		всей	всех	самого́[1]		само́й	сами́х
Dat.	всему́		всей	всем	самому́		само́й	сами́м
Akk.	весь/всего́[1]	всё	всю	все/всех	сам/самого́[1]	само́	саму́	са́ми/сами́х
Instr.	всем		всей	все́ми	сами́м		само́й	сами́ми
Präp.	(обо) всём		(обо) всей	обо всех	(о) само́м		о само́й	(о) сами́х

[1] In der Genitiv- und Akkusativform Singular -его/-ого wird **г** wie [в] gesprochen.

Це́лый, ка́ждый, вся́кий, любо́й und **са́мый** werden wie **Adjektive** dekliniert. ↗ § 53

Весь мир узна́л об э́той траге́дии.	Die **ganze** Welt hatte von dieser Tragödie erfahren.
Ка́ждый гость получи́л э́ту кни́гу.	**Jeder** Gast erhielt dieses Buch.
До кани́кул оста́лось **це́лых** две неде́ли.	Bis zu den Ferien waren es noch **ganze** zwei Wochen.
Я **сама́** перевела́ э́тот текст.	Ich habe diesen Text **selbst** übersetzt.
Мы встре́тились у **са́мого** вхо́да в теа́тр.	Wir trafen uns **direkt** am Theatereingang.
Он ра́довался **любо́й** по́мощи.	Er freute sich über **jegliche** Hilfe.
Она́ чита́ла **вся́кие** рома́ны.	Sie las **alle möglichen** Romane.

2. Gebrauch

– весь, це́лый

Весь, вся, всё entspricht dem deutschen „**ganz**" mit **bestimmtem** oder **ohne Artikel**.
Це́лый entspricht dem deutschen „**ganz**" mit **unbestimmtem Artikel**.
Все (Plural) entspricht dem deutschen „**alle**".

Он прочита́л **весь** расска́з.	Er hat die **ganze** Erzählung gelesen.
Мы провели́ **всё** ле́то в дере́вне.	Wir haben den **ganzen** Sommer auf dem Lande verbracht.
Я уже́ **це́лый** час жду тебя́.	Ich warte schon eine **ganze** Stunde lang auf dich.
Они́ уе́хали на **це́лый** год.	Sie sind für ein **ganzes** Jahr weggefahren.
Все роди́тели пришли́ на собра́ние.	**Alle** Eltern waren zur Versammlung gekommen.

▽ **Всё** kann auch mit den Bedeutungen
    alles
    immer
    insgesamt
    nur
    gebraucht werden:

Всё зави́сит от тебя́.	**Alles** hängt von dir ab.
Станови́лось **всё** холодне́е.	Es wurde **immer** kälter.
Всего́ с вас 2000 рубле́й.	**Insgesamt** bekomme ich von Ihnen 2000 Rubel.
Он учи́лся **всего́** два го́да в университе́те.	Er studierte **nur** zwei Jahre an der Universität.

– ка́ждый, любо́й, вся́кий

Alle drei Pronomen werden häufig mit „**jeder**" ins Deutsche übersetzt. Meist werden sie ohne wesentliche Bedeutungsunterschiede gebraucht:

Ка́ждый (**любо́й**, **вся́кий**) колле́га помо́г бы тебе́ в э́той ситуа́ции.	**Jeder** Kollege hätte dir in dieser Situation geholfen.

Mitunter treten aber auch **Bedeutungsunterschiede** auf:

- **ка́ждый** wird ähnlich wie все für „**alle**" gebraucht:

Ка́ждый учени́к вы́сказал своё мне́ние.	**Jeder** Schüler sagte seine Meinung. **Alle** Schüler sagten ihre Meinung.
Он приходи́л к нам **ка́ждые** три дня.	Er kam **alle** drei Tage zu uns.

- **любо́й** steht für „**jeder beliebige**":

Об э́том мо́жно спроси́ть **любо́го** челове́ка.	Danach kann man **jeden beliebigen** Menschen fragen.
Ты мо́жешь зайти́ ко мне в **любо́е** вре́мя.	Du kannst zu **jeder beliebigen** Zeit bei mir vorbeikommen.

- **вся́кий** steht für „**jeder mögliche, alle möglichen, verschiedene**":

Он люби́л расска́зывать **вся́кие** исто́рии.	Er erzählte gern **alle möglichen** Geschichten.
У отца́ оста́лось мно́го **вся́ких** дел.	Der Vater hatte noch viele **verschiedene** Dinge zu erledigen.

– сам

Das Pronomen **сам, сама́, само́, са́ми** wird in der Bedeutung „**selbst, selbständig, allein**", „**selbst, (niemand anderes)**" gebraucht.
Es steht immer **nach** einem **Substantiv**, das meist Personen bezeichnet, oder **nach** einem **Personalpronomen**. Es richtet sich in **Numerus, Kasus** und **Genus** nach seinem **Beziehungswort**:

Ребя́та **са́ми** реши́ли зада́чу.	Die Kinder haben die Aufgabe **selbst (allein)** gelöst.
Ей **само́й** удало́сь найти́ отве́т на э́тот вопро́с.	Sie hat es **selbst (allein)** geschafft, auf diese Frage eine Antwort zu finden.
Вы **са́ми** винова́ты в э́том.	Sie sind **selbst (und kein anderer)** daran schuld.
Дире́ктор **сам** поговори́т с роди́телями.	Der Direktor wird **selbst (und niemand anderes)** mit den Eltern sprechen.

– са́мый

Das Pronomen **са́мый, са́мая, са́мое, са́мые** wird in der Bedeutung „**direkt, unmittelbar**" oder „**eigentlich, ganz**" verwendet. Es verstärkt in dieser Beziehung Orts- und Zeitangaben.
Es steht immer **vor** dem **Substantiv**:

Мы зна́ли об э́том с **са́мого** нача́ла.	Wir wussten **gleich (ganz)** von Anfang an davon.
Его́ дом нахо́дится у **са́мой** реки́.	Sein Haus befindet sich **direkt** am Fluss.

▽ **Са́мый** kann auch die **hinweisende Bedeutung** von тот (же) und э́тот (же) verstärken. ↗ § 79
Es dient außerdem zur **Bildung des Superlativs**. ↗ § 60

Э́то **та (же) са́мая** кни́га, о кото́рой мы говори́ли.	Das ist **genau das** Buch, über das wir gesprochen haben.

§ 84 Negationspronomen

Negationspronomen werden dadurch gebildet, dass vor die Interrogativpronomen **ни-** bzw. **не-** gesetzt wird.
Negationspronomen werden wie die entsprechenden **Interrogativpronomen** dekliniert ↗ § 80.

1. Deklination

Kasus	никто́	ничто́	никако́й			
			mask.	neutr.	femin.	Plural
Nom.	никто́	ничто́	никако́й	никако́е	никака́я	никаки́е
Gen.	никого́[1]	ничего́	никако́го[1]		никако́й	никаки́х
Dat.	никому́	ничему́	никако́му		никако́й	никаки́м
Akk.	никого́[1]	ничто́	никако́й/никако́го[1]	никако́е	никаку́ю	никаки́е/никаки́х
Instr.	нике́м	ниче́м	никаки́м		никако́й	никаки́ми
Präp.	ни о ком	ни о чём	ни о како́м		ни о како́й	ни о каки́х

[1] In der Genitiv- und Akkusativform Singular -его und -ого wird **г** wie [в] gesprochen.

▽ Werden die Negationspronomen mit einer **Präposition** gebraucht, so wird diese **zwischen** die Partikel **ни** und das **Pronomen** gesetzt. Alle drei Bestandteile werden **getrennt** geschrieben.

ни для кого́
ни к чему́
ни на что
ни с кем
ни о ком

– не́кого, не́чего

Negationspronomen mit **не-** (не́кого, не́чего) werden wie die mit **ни-** gebildeten Formen dekliniert. Einen Nominativ haben diese Pronomen nicht.

2. Gebrauch

– Negationspronomen mit ни-

Werden in einem Satz Negationspronomen mit **ни-** gebraucht – **никто́** „niemand", **ничто́** „nichts", **никако́й** „kein", **ниче́й** „niemandem gehörig" – so muss das **Prädikat** immer mit **не verneint** werden (doppelte Verneinung):

Никто́ не пришёл к нам.	**Niemand** ist zu uns gekommen.
Я ни с кем не говори́ла об э́том.	Ich habe **mit niemandem** darüber gesprochen.
Он ничему́ не удиви́лся.	Er wunderte sich über **nichts**.
У меня́ не́ было никаки́х биле́тов.	Ich hatte **keinerlei** Eintrittskarten.

– Negationspronomen mit не-

Не́кого und **не́чего** werden nur in **unpersönlichen Konstruktionen** gebraucht. Sie stehen stets zusammen mit dem **Infinitiv** und verweisen auf das **Fehlen des Objekts** der Handlung. Das logische Objekt im Satz steht im Dativ.

Не́чего де́лать.	Da ist **nichts** zu machen.
Не́кому бы́ло расска́зывать.	Es war **niemand** da, dem man es erzählen konnte.
Нам **не́кого** спроси́ть.	Es ist **niemand** da, den wir fragen könnten.
Мне **не́ с кем** бы́ло поговори́ть.	Es war **niemand** da, mit dem ich hätte sprechen können.
Им **не́ о чём** бу́дет говори́ть.	Es wird **nichts** geben, worüber sie sprechen könnten.

▽ **Не** bleibt immer betont.

§ 85 Indefinitpronomen

Indefinitpronomen werden auf zweierlei Art aus Interrogativpronomen gebildet:

– an die Interrogativpronomen werden **-нибудь, -либо** oder **-то** angefügt,
– vor die Interrogativpronomen werden **кое-** oder **не-** gesetzt.

кто́-нибудь	irgendjemand (beliebiger)	что́-нибудь	irgend etwas (beliebiges)	како́й-нибудь	irgendein (beliebiger)
кто́-либо	irgendjemand (beliebiger)	что́-либо	irgend etwas (beliebiges)	како́й-либо	irgendein (beliebiger)
кто́-то	jemand, ein gewisser	что́-то	etwas	како́й-то	irgendein
ко́е-кто	einige, dieser und jener	ко́е-что	einiges, dies und das	ко́е-како́й	ein gewisser
не́кто	jemand (ein gewisser)	не́что	etwas	не́который	irgendein gewisser

1. Deklination

Die Indefinitpronomen werden wie die entsprechenden Interrogativpronomen кто, что, како́й dekliniert, wobei **-нибудь, -либо, -то, кое-** und **не-** unveränderlich sind.

Kasus	Indefinitpronomen	
Nom.	кто́-нибудь	что́-нибудь
Gen.	кого́-нибудь[1]	чего́-нибудь[1]
Dat.	кому́-нибудь	чему́-нибудь
Akk.	кого́-нибудь[1]	что́-нибудь
Instr.	ке́м-нибудь	че́м-нибудь
Präp.	(о) ко́м-нибудь	(о) чём-нибудь

[1] In der Genitiv- und Akkusativform Singular wird **г** wie [в] gesprochen.

Kasus	mask.	neutr.	femin.	Plural
Nom.	како́й-нибудь	како́е-нибудь	кака́я-нибудь	каки́е-нибудь
Gen.	како́го-нибудь[1]		како́й-нибудь	каки́х-нибудь
Dat.	како́му-нибудь		како́й-нибудь	каки́м-нибудь
Akk.	како́й-нибудь/како́го-нибудь[1]	како́е-нибудь	каку́ю-нибудь	каки́е-нибудь/каки́х-нибудь
Instr.	каки́м-нибудь		како́й-нибудь	каки́ми-нибудь
Präp.	(о) како́м-нибудь		о како́й-нибудь	(о) каки́х-нибудь

[1] In der Genitiv- und Akkusativform Singular wird **г** wie [в] gesprochen.

Wird ein mit **кое-** gebildetes Pronomen zusammen mit einer **Präposition** gebraucht, so tritt diese **zwischen** кое und die **Präposition**: ко́е у кого́, ко́е с кем.

▽ **Не́кто** und **не́что** sind undeklinierbar.

2. Gebrauch

-нибудь (-либо)

Mit **-нибудь** wird etwas für den Sprecher und alle Beteiligten objektiv **Unbestimmtes**, etwas allen **Unbekanntes** oder dem Sprecher **Gleichgültiges** bezeichnet:

Мне **кто́-нибудь** звони́л?	Hat mich **irgendjemand** angerufen?
Он принёс мне **что́-нибудь** почита́ть?	Brachte er mir **irgendetwas** zum Lesen?
Дава́й споём **каку́ю-нибудь** пе́сню!	Lass uns **irgendein** Lied singen!

Pronomen mit **-либо** werden wie die Pronomen mit -нибудь gebraucht. Sie werden in der **Schriftsprache** verwendet.

▽ In **Imperativsätzen** tritt nur das Pronomen mit -нибудь auf: Расскажи́ мне что́-нибудь о себе́. Erzähl mir irgendetwas von dir!

-то

Mit **-то** wird etwas objektiv **Bestimmtes** bezeichnet, das der Sprecher nicht benennen will oder kann:

Тебе́ **кто́-то** позвони́л.	**Jemand** hat dich angerufen. (Der Anruf ist objektiv erfolgt, der Sprecher aber will oder kann den Anrufer nicht nennen.)
Он мне **что́-то** рассказа́л о нём, но я забы́л что.	Er hat mir **etwas** von ihm erzählt, aber ich habe es vergessen.
Вам **како́й-то** молодо́й челове́к написа́л письмо́.	**Irgendein** junger Mann hat Ihnen einen Brief geschrieben.

– не́кто, не́что, не́который

Не́кто und **не́что** werden wie кто-то und что-то gebraucht. Sie finden in der **Schriftsprache** Anwendung:

Пришёл **не́кто** с чёрным дипломатом.	**Jemand** ist mit einem schwarzen Diplomatenkoffer gekommen.

Не́который drückt die Bedeutung „**irgendein, ein gewisser**" aus. Im Plural entspricht die Form не́который der Bedeutung „**einige (gewisse)**":

Не́которые из нас вста́ли и вы́шли из ко́мнаты.	**Einige** von uns standen auf und verließen das Zimmer.

кое-

Mit **кое-** wird auf etwas verwiesen, das dem Sprecher zwar **bekannt** ist, von ihm aber **nicht genannt** wird:

Ко́е-кто из учителе́й уже́ пришёл.	**Einige** der Lehrer waren schon gekommen.
Ко́е-что из э́тих произведе́ний я уже́ чита́ла.	**Einige** dieser Werke habe ich schon gelesen.
У меня́ есть **ко́е-каки́е** но́вости для вас.	Ich habe **einige** Neuigkeiten für Sie.

Kapitel 8 Adverb

§ 86 Einteilung der Adverbien

Adverbien (наречия) bestimmen Verben näher. Sie sind undeklinierbar.

1. Einteilung der Adverbien nach ihrer lexikalischen Bedeutung:

a) Adverbien des Ortes

Ort		Richtung			
Где? wo?		Куда? wohin?		Откуда? woher?	
везде́	überall				
внизу́	unten	вниз	nach unten	сни́зу	von unten
впереди́	vorn	вперёд	vorwärts	спе́реди	von vorn
всю́ду	überall			отовсю́ду	von überall (her)
где́-нибудь	irgendwo	ку́да-нибудь	irgendwohin	отку́да-нибудь	von irgendwo (her)
где́-то	irgendwo	ку́да-то	irgendwohin	отку́да-то	von irgendwo (her)
до́ма	zu Hause	далеко́	weit	издалека́	von weit (her)
здесь	hier	домо́й	nach Hause	из до́му	von zu Hause
круго́м	ringsum	сюда́	hierher	отсю́да	von hier (aus)
наверху́/вверху́	oben	наве́рх/вверх	nach oben	све́рху	von oben
нигде́	nirgends	никуда́	nirgendwohin	ниотку́да	von nirgendwoher
сза́ди	hinten	наза́д	zurück	сза́ди	von hinten
сле́ва	links	нале́во	nach links	сле́ва	von links
спра́ва	rechts	напра́во	nach rechts	спра́ва	von rechts
там	dort	туда́	dorthin	отку́да	von dort (her)

b) Adverbien der Zeit

Когда́? wann?				Как ча́сто? wie oft?		Как до́лго? wie lange? На ско́лько вре́мени? für wie lange?	
весно́й	im Frühling	послеза́втра	übermorgen	два́жды	zweimal	дня́ми	tagelang
ве́чером	am Abend	пото́м	danach	ежего́дно	jährlich	до́лго	lange
всегда́	immer	ра́но	früh	ежедне́вно	täglich	неде́лями	wochenlang
вчера́	gestern	сего́дня	heute	ежеме́сячно	monatlich	постоя́нно	ständig
давно́	seit langem	сейча́с	jetzt	иногда́	manchmal	часа́ми	stundenlang
днём	am Tag	ско́ро	schnell	никогда́	niemals	навсегда́	für immer
за́втра	morgen	снача́ла	zuerst	обы́чно	gewöhnlich	надо́лго	für lange
зимо́й	im Winter	сра́зу	sofort	одна́жды	einmal		
но́чью	in der Nacht	тепе́рь	jetzt	три́жды	dreimal		

c) Adverbien der Art und Weise

Как? wie?		Каким образом? auf welche Weise?	
Eigenschaften/Merkmale		**Vergleich**	
бего́м	im Laufschritt	по-дома́шнему	häuslich
бы́стро	schnell	по-друго́му	anders, auf andere Weise
вдвоём	zu zweit	по-дру́жески	freundschaftlich
дру́жески	freundschaftlich	по-мо́ему	meiner Meinung nach
интере́сно	interessant	по-но́вому	neu, auf neue Weise
наизу́сть	auswendig	по-пре́жнему	wie früher, auf alte Weise
пешко́м	zu Fuß	по-ру́сски	russisch

d) Adverbien des Grades

	В како́й сте́пени? in welchem Grad?		
Verstärkung des Intensitätsgrades		**Abschwächung des Intensitätsgrades**	
абсолю́тно	absolut	едва́	kaum
весьма́	außerordentlich	ма́ло	wenig
доста́точно	genügend	немно́го	ein wenig
нема́ло	viel	не́сколько	etwas
о́чень	sehr	ниско́лько	nicht im geringsten
сли́шком	zu	почти́ не	fast nicht
соверше́нно	vollkommen	чуть (umgspr.)	kaum
совсе́м	völlig	чуть-чуть	ein kleines bisschen

e) Adverbien des Grundes

Почему́? warum?		По како́й причи́не? aus welchem Grunde?	
потому́	deshalb, darum	сгоряча́	unbedacht
почему́-то	aus irgendeinem Grunde	сду́ру	vor lauter Dummheit
поэ́тому	aus diesem Grunde		

2. Einteilung der Adverbien nach ihrer Bildungsweise

a) Ursprüngliche Adverbien

Dazu gehören:

Frageadverbien, z. B. как? wie? – где? wo? – когда́? wann? – почему́? warum? – ско́лько? wie viel?
Hinweisende Adverbien, z. B. так so – там dort – сюда́ hierher – тогда́ damals – сто́лько so viel
Unbestimmte Adverbien, z. B. ка́к-нибудь irgendwie – когда́-то irgendwann – где́-нибудь irgendwo
Negationsadverbien, z. B. нигде́ nirgends – никогда́ nirgendwann – никуда́ nirgendwohin

b) Von Adjektiven abgeleitete Adverbien

Dazu gehören unter anderem:

Adverbien auf -o, -e, die mit der neutralen Kurzform der Adjektive übereinstimmen, z. B. бы́стро schnell – хорошо́ gut – интере́сно interessant – пло́хо schlecht
Adverbien auf -и, z. T. mit по-, z. B. крити́чески (крити́ческий) kritisch – по-дру́жески (дру́жеский) freundschaftlich – по-ру́сски (ру́сский) russisch
Adverbien auf -ому, -ему mit по-, z. B. по-но́вому (но́вый) auf neue Weise – по-пре́жнему (пре́жний) althergebracht – по-друго́му (друго́й) anders

c) Von Substantiven abgeleitete Adverbien

днём (день) am Tage – ле́том (ле́то) im Sommer – снача́ла (нача́ло) zuerst, anfangs

d) Von Zahlwörtern abgeleitete Adverbien

во-пе́рвых (пе́рвый) erstens – одна́жды (оди́н) einmal, einst – два́жды (два) zweimal

e) Von Pronomen abgeleitete Adverbien

по-мо́ему (мой) meiner Meinung nach – пото́м (то) danach – совсе́м (всё) völlig

§ 87 Komparation der Adverbien

Adjektiv	Adverb	Komparativ	Superlativ
краси́вый schön	краси́во	краси́вее бо́лее краси́во	краси́вее всех/всего́ наибо́лее краси́во
широ́кий breit	широко́	ши́ре бо́лее широко́	ши́ре всех/всего́ наибо́лее широко́

Adverbien auf **-o/-e**, die von Qualitätsadjektiven gebildet werden, kann man ebenso wie die **neutralen Kurzformen** der entsprechenden Adjektive **steigern.** ↗ §§ 59, 60

Steigerungsformen

Иди́, пожа́луйста, немно́го **быстре́е.**	Geh bitte etwas **schneller**!
Приходи́ **ча́ще** к нам.	Komm **öfter** zu uns!

Vor die einfachen Komparativformen kann **по-** gesetzt werden. Dadurch wird ein geringerer Grad der Eigenschaft ausgedrückt:

Приходи́ **поча́ще.**   Komme **etwas** häufiger.

Adverbien auf **-и** bilden nur **zusammengesetzte** Steigerungsformen:
бо́лее оптимисти́чески   optimistischer
наибо́лее оптимисти́чески   am optimistischsten

Он относи́лся к нему́ бо́лее   Er verhielt sich ihm gegenüber **kritischer**
крити́чески, чем други́е.   als die anderen.

Kapitel 9   Präposition

Präpositionen (предлóги) sind unveränderliche Hilfswörter, die **Beziehungen von Wörtern** (meist Substantiven, Pronomen oder Zahlwörtern) **zu anderen Wörtern im Satz** ausdrücken. Sie bezeichnen eine örtliche, zeitliche oder eine andere Beziehung. Präpositionen stehen (wie im Deutschen) vor dem Substantiv oder Pronomen. Nach ihrer Bildung unterscheidet man **einfache Präpositionen** und **abgeleitete Präpositionen** (solche, die aus anderen Wortarten entstanden sind). Einfache Präpositionen können bis zu drei Kasusformen regieren, abgeleitete haben in der Regel nur eine Bedeutung und regieren nur einen Kasus. Viele russische Präpositionen werden mit einer anderen Kasusform als im Deutschen verbunden.

§ 88   Die wichtigsten einfachen Präpositionen und ihr Gebrauch

Präposition	Kasus	Bedeutung	Beispiele
без	Gen.	ohne, -los	без сáхара, без рабóты ohne Zucker, ohne Arbeit
близ	Gen.	nahe, bei, in der Nähe	близ гóрода nahe der Stadt, in der Nähe der Stadt
в (во)	Akk.	räumlich: wohin?	в кóмнату, в Москвý in das Zimmer, nach Moskau
		zeitlich: wann?	в понедéльник, в обéд, в свобóдные дни, в оди́н мéсяц, в вóсемь часóв am Montag, beim Mittagessen, an freien Tagen, innerhalb eines Monats, um 8 Uhr
		Maßangaben	вéсом в два килó, пять мéтров в длинý zwei Kilo schwer, fünf Meter lang
		Angabe eines Spiels	игрáть в кáрты (в шáхматы, в доминó) Karten (Schach, Domino) spielen
	Präp.	räumlich: wo?	в кóмнате, в Москвé, в университéте im Zimmer, in Moskau, an der Universität
		zeitlich: wann?	в январé, в э́том годý, в 1990 годý, в начáле, в концé im Januar, in diesem Jahr, im Jahr 1990, am Anfang, am Ende
		von entfernt	в пяти́ киломéтрах от деревни 5 Kilometer vom Dorf entfernt
вдоль	Gen.	längs, entlang	вдоль дорóги den Weg entlang, längs des Weges
вне	Gen.	außerhalb, außer	вне Москвы́, вне óчереди, вне опáсности außerhalb Moskaus, außer der Reihe, außer Gefahr
внутри́	Gen.	innerhalb, innen	внутри́ дóма innerhalb des Hauses
для	Gen.	für, zu	кни́га для детéй, щётка для чи́стки одéжды ein Buch für Kinder, eine Kleiderbürste
до	Gen.	räumlich: bis	до вокзáла bis zum Bahnhof
		zeitlich: bis, vor	до десяти́ (часóв), до нáшей э́ры, за недéлю до экзáмена bis 10 (Uhr), vor unserer Zeitrechnung, eine Woche vor der Prüfung

Präposition	Kasus	Bedeutung	Beispiele
за	Instr.	Maßangaben: bis zu	ве́сом до килогра́мма bis zu einem Kilogramm
		räumlich: hinter (wo?)	за гора́ми, за до́мом, за мной hinter den Bergen, hinter dem Haus, hinter mir
		Zweck	посла́ть за до́ктором, пойти́ за газе́той nach einem Arzt schicken, eine Zeitung holen
		Reihenfolge	оди́н за други́м einer nach dem anderen
за	Akk.	Richtung: hinter, über, an (wohin?)	за дом, сесть за стол, за́ город hinter das Haus, sich an den Tisch setzen, ins Grüne
		Zeit: in, während, im Laufe, nach	за после́дние два го́да, за пять лет, за по́лночь in den letzten 2 Jahren, im Verlaufe von 5 Jahren, nach Mitternacht
		für, um (Zweck)	поблагодари́ть за цветы́, заплати́ть за что́-либо für die Blumen danken, (für) etwas bezahlen
		über (Alter)	Учи́телю за 50 (лет). Der Lehrer ist über 50 Jahre alt.
из (изо)	Gen.	aus, von	из Берли́на, лу́чший из нас, из газе́ты aus Berlin, der Beste von uns, aus der Zeitung
из-за	Gen.	räumlich: hinter ... hervor	из-за доски́ hinter der Tafel hervor
		Ursache: wegen	из-за боле́зни, из-за плохо́й пого́ды wegen/infolge Krankheit, wegen schlechten Wetters
из-под	Gen.	räumlich: unter ... hervor	из-под шка́фа, из-под Москвы́ unter dem Schrank hervor, aus der Umgebung von Moskau
к (ко)	Dat.	Richtung: zu, an ... heran	к вокза́лу zum/in Richtung Bahnhof
		Termin/Zeitangaben: bis zu, am, gegen	к пе́рвому, к э́тому дню, к утру́ bis zum Ersten, bis zu diesem Tage, gegen Morgen
		Zugehörigkeit eines Gegenstandes	лимо́н к ча́ю Zitrone zum Tee
на	Akk.	Bewegung, Richtung: auf, nach, zu, an (wohin?)	класть кни́гу на стол, пойти́ на по́чту/на рабо́ту, На мост! das Buch auf den Tisch legen, zur Post/Arbeit gehen, Zur Brücke (Wegweiser)
		zeitlich: an, in, für, auf (wann? wie lange?)	на друго́й день, уе́хать на ме́сяц am anderen Tage, für einen Monat wegfahren
		Maß, Zweck, Vergleich	дели́ть на не́сколько часте́й, на 5 ме́тров вы́ше in einige Teile teilen, um 5 Meter höher
	Präp.	örtlich: auf, in, an, bei, mit (wo?)	жить на пя́том этаже́, на столе́, на по́чте, е́хать на трамва́е, игра́ть на гита́ре im 5. Stock wohnen, auf dem Tisch, in der Post, mit der Straßenbahn fahren, Gitarre spielen
над (надо)	Instr.	räumlich: über (wo?)	над столо́м über dem Tisch
		Gegenstand, der Objekt einer Tätigkeit ist	рабо́тать над кни́гой, ду́мать над рабо́той am Buch arbeiten, über die Arbeit nachdenken

Präposition	Kasus	Bedeutung	Beispiele
о (об, обо)	Präp.	über, von, an (etw. denken, schreiben usw.)	кни́га о жи́вописи, говори́ть об отце́, по́мнить обо всём ein Buch über Malerei, über den Vater sprechen, sich an alles erinnern
о́коло	Gen.	räumlich: neben, an etwa, ca.	Сядь о́коло меня́!, о́коло до́ма, о́коло па́рка Setz dich neben mich!, neben dem Haus, am Park о́коло килогра́мма, о́коло десяти́ лет ca. ein Kilogramm, etwa 10 Jahre
от	Gen.	räumlich: von (Ausgangspunkt, Herkunft) Datum: von, vom Gegenstand, der dem Erstgenannten gegenübergestellt wird vor, an (Ursache, Grund) gegen, vor (Mittel, Schutz)	письмо́ от бра́та, нале́во от меня́, от бе́рега Brief vom Bruder, links von mir, vom Ufer (her) заявле́ние от пе́рвого а́вгуста Erklärung vom 1. August отлича́ть добро́ от зла Gut von Böse trennen. петь от ра́дости, пла́кать от го́ря (umgspr.), умере́ть от туберкулёза vor Freude singen, vor Leid weinen, an Tuberkulose sterben табле́тки от головно́й бо́ли, очки́ от со́лнца, сре́дство от мо́ли Tabletten gegen Kopfschmerzen, Sonnenbrille, Mittel gegen Motten
по	Dat.	räumlich: auf, in, durch Mittel: per, durch, mittels laut, gemäß, nach zeitlich: jeweils am Ursache: aus, durch, wegen, infolge Menge: je, zu	идти́ по у́лице, ходи́ть по ко́мнате, гуля́ть по го́роду die Straße entlanggehen, im Zimmer herumgehen, in der Stadt herumgehen говори́ть по телефо́ну telefonieren игра́ть по но́там, по зако́ну nach Noten spielen, laut Gesetz по сре́дам, по утра́м mittwochs (jeweils am Mittwoch), morgens (jeweils morgens) по боле́зни, по любви́, по нео́пытности wegen Krankheit, aus Liebe, infolge/wegen Unerfahrenheit все вы́пили по стака́ну, ма́рки по 1000 рубле́й alle tranken (je) ein Glas, Briefmarken zu 1000 Rubel
	Akk.	bis an, bis zu (einschließlich des angegebenen Tags)	по сего́дняшний день/по сей день, с пе́рвого по тре́тье ма́я bis zum heutigen Tag, vom 1. bis zum 3. Mai
	Präp.	zeitlich: nach	по оконча́нии шко́лы, по истече́нии назна́ченного сро́ка nach Beendigung der Schule, nach Ablauf der festgesetzten Frist
под (подо)	Instr.	unter (wo?), unter ... von bei, in der Nähe von	сиде́ть под де́ревом, под де́йствием, под влия́нием unter einem Baum sitzen, unter der Wirkung von, unter dem Einfluss von жить под Москво́й in der Nähe von Moskau wohnen

Präposition	Kasus	Bedeutung	Beispiele
под	Akk.	Richtung: unter (wohin?)	(по)ста́вить под шкаф, сесть под де́рево unter den Schrank stellen, sich unter den Baum setzen
		zeitlich: an, gegen	под коне́ц, под Но́вый год, под ве́чер gegen Ende, zu Silvester, gegen Abend
при	Präp.	räumlich: bei, an	при доро́ге, при реке́ bei der Straße, am Fluss
		nicht räumlich: bei, in Anwesenheit von	при встре́че, при нали́чии, при мне bei dem Treffen, bei Vorhandensein von, in meiner Gegenwart
		zeitlich: zur Zeit von, unter (der Herrschaft von)	при Петре́ Пе́рвом unter Peter I.
про (umgspr. für о)	Akk.	über, von (etw. erzählen, sprechen, nachdenken)	расска́зывать про пое́здку, говори́ть про рабо́ту über die Reise erzählen, über die Arbeit sprechen
про́тив	Gen.	gegen	борьба́ про́тив безрабо́тицы/алкоголи́зма Kampf gegen Arbeitslosigkeit/Alkoholismus
		räumlich: gegenüber	(на)про́тив на́шего до́ма unserem Haus gegenüber
с (со)	Gen.	Ausgangspunkt: von ... herab, von ... weg, aus (entgegengesetzte Bedeutung von на)	взять кни́гу со стола́, упа́сть с ле́стницы, перево́д с неме́цкого на ру́сский (язы́к) das Buch vom Tisch nehmen, von der Leiter fallen, Übersetzung aus dem Deutschen ins Russische
		zeitlich: von, ab, seit	с понеде́льника, с тех пор, с тре́тьего октября́ von Montag ab, seitdem, seit dem 3. Oktober
(umgspr. für от)		Ursache: vor	с ра́дости vor Freude
	Akk.	ungefähr, etwa	с неде́лю, с год (тому́) наза́д etwa eine Woche, etwa vor einem Jahr
	Instr.	mit, zusammen	чай с лимо́ном, игра́ть с детьми́ Tee mit Zitrone, mit den Kindern spielen
		Art und Weise	с больши́м интере́сом mit großem Interesse
		zeitlich: mit	с наступле́нием но́чи mit Einbruch der Nacht
		Personen gemeinsam	мы с тобо́й, мы с бра́том wir beide, mein Bruder und ich
у	Gen.	unmittelbare Nähe: an, bei, neben	у окна́, у са́мого до́ма, у себя́ (до́ма) am Fenster, direkt am Haus, bei sich (zu Hause)
		Zugehörigkeit, Besitz	У него́ два бра́та. У меня́ велосипе́д. Er hat zwei Brüder. Ich habe ein Fahrrad.
		Objekt des „Erleidens"	У меня́ укра́ли чемода́н. У него́ умерла́ ба́бушка. Man hat mir einen Koffer gestohlen. Seine Großmutter ist (ihm) gestorben.
че́рез	Akk.	örtlich: über, über ... hinweg	мост че́рез ре́ку, е́хать че́рез Минск в Москву́ Brücke über den Fluß, über Minsk nach Moskau fahren
		örtlich: durch	доро́га че́рез лес eine Straße durch den Wald
		zeitlich: nach	че́рез год nach einem Jahr

§ 89 Die wichtigsten abgeleiteten Präpositionen und ihr Gebrauch

Abgeleitete Präpositionen entstehen aus Adverbien, Substantiven oder Verben bzw. als präpositionale Ausdrücke.

Präposition	Kasus	Bedeutung	Beispiele
благодаря	Dat.	dank, wegen, infolge	благодаря хорошей погоде dank (infolge, wegen) des guten Wetters
в отличие от	Gen.	im Unterschied/Gegensatz zu	в отличие от тебя im Unterschied zu dir
в течение	Gen.	im Laufe/Verlaufe von	в течение пяти лет im Verlaufe von 5 Jahren
включая	Akk.	einschließlich, inklusive	включая сегодняшний день einschließlich heute/heute inbegriffen
вместо	Gen.	anstelle	Вместо среды он приехал в четверг. Anstelle Mittwoch kam er am Donnerstag.
вне	Gen.	außerhalb	вне дома, вне опасности außerhalb des Hauses, außer Gefahr
во время	Gen.	während	во время лекции während der Vorlesung
вокруг	Gen.	um … herum	ходить вокруг дома um das Haus herumgehen
напротив	Gen.	gegenüber	Он сидел напротив нас. Er saß uns gegenüber.
несмотря на	Akk.	ungeachtet, trotz	несмотря на плохую погоду trotz des schlechten Wetters
около	Gen.	räumlich: neben, bei; etwa, rund	Сядь около меня!; около недели, около двух метров Setz dich neben mich!; etwa eine Woche, rund zwei Meter
относительно	Gen.	betreffs, bezüglich	относительно этого diesbezüglich
по поводу	Gen.	anlässlich	по поводу конференции anlässlich der Konferenz
по сравнению с	Instr.	im Vergleich zu	по сравнению с другой книгой im Vergleich zu dem anderen Buch
после	Gen.	zeitlich: nach	после обеда, после занятий nach dem Mittagessen/am Nachmittag, nach dem Unterricht
согласно	Dat.	entsprechend, laut	согласно подлиннику, согласно условиям, согласно предписанию laut Original, vereinbarungsgemäß, laut/gemäß Vorschrift

§ 90 Sonderfälle

1. Gebrauch der Präpositionen в und на zum Ausdruck der Lokalbestimmung

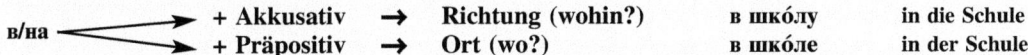

в/на	+ Akkusativ →	Richtung (wohin?)	в школу	in die Schule
	+ Präpositiv →	Ort (wo?)	в школе	in der Schule

2. Gebrauch von Präpositionen in Verbindung mit Verben

Häufig stimmt die Präposition mit dem Präfix bei Verben der Bewegung überein:

до steht oft nach Verben mit dem Präfix до-	доéхать/дойти́ до магази́на	zum Laden fahren/gehen
с steht nach Verben mit dem Präfix с-	сходи́ть/сойти́ с горы́	den Berg hinuntersteigen
от steht nach Verben mit dem Präfix от- Wenn es sich um ein Entfernen von einer Person handelt, steht	отбежа́ть от до́ма	vom Haus fortlaufen
от nach Verben mit dem Präfix у-	уе́хать от ма́мы	von der Mutter fortfahren
из steht oft nach Verben mit dem Präfix вы-	вы́ехать из го́рода	aus der Stadt fortfahren

3. Substantive, die mit на verwendet werden, bei denen im Deutschen nicht „auf" steht

на автóбусе, на берегу́, на све́жем во́здухе, на вы́ставке, на заво́де, на за́втрак, на заня́тиях, на За́паде, на Кавка́зе, на конце́рте (спекта́кле), на ло́дке, на маши́не, на метро́, на мо́ре, на неде́ле, на обе́д, на остано́вке, на парохо́де, на по́езде, на рабо́те, на реке́, на ро́дине, на самолёте, (загора́ть/лежа́ть) на со́лнце, на стадио́не, на ста́нции, на такси́, на трамва́е, на у́жин, на у́лице, на Ура́ле, на уро́ке, на фа́брике, на экза́мене, на пе́рвом этаже́

Das **Bewegen mit Fahrzeugen** wird dann mit **на** ausgedrückt, wenn sie als Fortbewegungsmittel gemeint sind. Wenn ausgedrückt werden soll, dass man sich in ihrem Inneren befindet, wird **в** gesetzt.

Мы е́хали **на** метро́.	Wir fuhren **mit** der Metro.
Он сиде́л **в** метро́ и чита́л газе́ту.	Er saß **in** der Metro und las Zeitung.

4. o-Einschub

с, в und **к** werden zu **со, во** und **ко**, wenn sie vor einem Wort stehen, das mit zwei Konsonanten beginnt:

с:	со мной mit mir	со сме́хом mit Spott	со стола́ vom Tisch
в:	во вто́рник am Dienstag	во вся́ком слу́чае in jedem Fall	во всём ми́ре in der ganzen Welt
к:	ко мне zu mir	ко всем zu allen	

5. Präpositionen in Verbindung mit Personalpronomen der 3. Person

Bei allen **einfachen** und solchen **abgeleiteten Präpositionen,** die den **Genitiv** regieren, wird in der Verbindung mit einem Personalpronomen der 3. Person ein **н** eingeschoben. ↗ § 77

у **н**его́	с **н**ей	к **н**ему́	о **н**их
bei ihm	mit ihr	zu ihm	über sie

Kapitel 10   Konjunktion

Konjunktionen (союзы) sind unveränderliche Hilfswörter, die Satzglieder oder Sätze miteinander verbinden. Man unterscheidet in syntaktischer Sicht **koordinierende (beiordnende**, z. B. и, и́ли, а) und **subordinierende (unterordnende**, z. B. потому́ что, что́бы, когда́) Konjunktionen.

§ 91   Die wichtigsten Konjunktionen und ihr Gebrauch

Konjunktion	Bedeutung	Beispiele
а	aber, und; sondern	Все ушли́, а я оста́лся до́ма. Э́то не паке́т, а су́мка.
		Alle gingen weg, und ich blieb zu Hause. Das ist kein Plastikbeutel, sondern eine Tasche.
а та́кже	sowie, und auch, und außerdem	Мы купи́ли газе́ту, а та́кже журна́л.
		Wir kauften eine Zeitung und auch eine Zeitschrift.
а то/а не то	sonst, anderenfalls	Спеши́те, а то вы не успе́ете на по́езд.
		Beeilt euch, sonst erreicht ihr den Zug nicht.
в то вре́мя как	während	В то вре́мя как мы занима́емся спо́ртом, Реги́на чита́ет кни́гу.
		Während wir Sport treiben, liest Regina ein Buch.
ввиду́ того́, что	da, weil; in Anbetracht dessen, dass	Ввиду́ того́, что пого́да ухудши́лась, экску́рсия была́ отменена́.
		Weil sich das Wetter verschlechterte, wurde die Exkursion abgesagt.
да	und (vorw. bei Addition) aber	два да два (umgspr.), хлеб да соль
		zwei und zwei, Brot und Salz
		Лу́чше ме́ньше, да лу́чше. (Sprichwort)
		Lieber weniger, aber besser.
для того́ что́бы	damit, um . . . zu	Он зашёл к друзья́м, для того́ что́бы вме́сте с ни́ми отпра́виться в Москву́.
		Er kam zu seinen Freunden, um mit ihnen gemeinsam nach Moskau abzufahren.
до того́ как	bevor	До того́ как он пришёл ко мне, он купи́л цветы́.
		Bevor er zu mir kam, hatte er Blumen gekauft.
е́сли	wenn, falls	Е́сли ты вернёшься ра́но, мы пойдём в кино́.
		Falls du früh kommst, werden wir ins Kino gehen.
зато́	dafür	Костю́м дорого́й, зато́ краси́вый.
		Der Anzug ist teuer, dafür (aber) hübsch.
и	und, auch	Они́ е́ли и пи́ли.
		Sie aßen und tranken.
и . . . и	sowohl . . . als auch	И он и она́ лю́бят игра́ть в те́ннис.
		Sowohl er als auch sie spielen gern Tennis.
и́ли	oder (ли́бо)	Вам ча́ю и́ли ко́фе?
		Möchten Sie Tee oder Kaffee?
и́ли . . . и́ли	entweder . . . oder	Я пью и́ли чай, и́ли ко́фе.
		Ich trinke entweder Tee oder Kaffee.
когда́	wann, als	Я не зна́ю, когда́ отправля́ется по́езд.
		Ich weiß nicht, wann der Zug abfährt.

Konjunktion	Bedeutung	Beispiele
не то́лько … но и	nicht nur … sondern auch	Он хорошо́ владе́ет не то́лько ру́сским, но и англи́йским языко́м. Er beherrscht nicht nur gut Russisch, sondern auch Englisch.
ни … ни	weder … noch	Ни он, ни она́ не пришли́ в теа́тр. Weder er noch sie kamen ins Theater.
но	aber	Я везде́ иска́ла э́ту кни́гу, но её нигде́ не́ было. Ich suchte dieses Buch überall, aber es war nirgends zu finden.
пе́ред тем как	bevor	Пе́ред тем как он сади́лся за рабо́ту, он чита́л газе́ту. Bevor er mit der Arbeit begann, las er die Zeitung.
пока́	solange	Пока́ мы разгова́ривали, А́нна написа́ла письмо́. Solange wir uns unterhielten, schrieb Anna den Brief zu Ende.
пока́ не	solange bis	Я оста́нусь, пока́ он не придёт. Ich bleibe, bis er kommt.
потому́ что	da, weil	Зимо́й на се́вере хо́лодно, потому́ что со́лнце не све́тит. Im Winter ist es kalt im Norden, weil die Sonne nicht scheint.
одна́ко	doch, aber, allerdings, jedoch	Она́ сказа́ла, что кни́га интере́сна, одна́ко я э́тому не ве́рю. Sie sagte, das Buch sei interessant, aber ich glaube es nicht.
так как	da, weil	Я в Берли́н не пое́ду, та́к как мне не́когда. Ich fahre nicht nach Berlin, weil ich keine Zeit habe.
с тех пор как	seit	С тех пор как у него́ появи́лся мотоци́кл, его́ почти́ никогда́ не быва́ет до́ма. Seit er ein Motorrad hat, ist er fast nie zu Hause.
хотя́	obwohl, obgleich	Приду́, хотя́ мне и не́когда. Ich komme, obwohl ich (eigentlich) keine Zeit habe.
чем	als	Лу́чше по́здно, чем никогда́. Besser spät als nie.
чем … тем	je … desto	Чем бо́льше, тем лу́чше. Je mehr, desto besser.
что	dass	Я сказа́ла, что он пришёл. Ich sagte, dass er gekommen ist.
что́бы	dass (Aufforderung, Wunsch)	Я проси́ла, что́бы он пришёл. Ich habe gebeten, dass er kommt (dass er kommen möge).
	um (Zweck)	Он пришёл, что́бы помо́чь мне. Er ist gekommen, um mir zu helfen.

§ 92 Zum Gebrauch von и, а und но

и	und, auch	Фильм ко́нчился, и мы вы́шли из за́ла. Der Film war zu Ende, und wir verließen den Saal. Я и ра́ньше об э́том знал. Ich habe das auch früher gewusst.
а	Vergleich zweier verschiedener Seiten **einer** Erscheinung bzw. bei gegensätzlicher Gegenüberstellung von Handlungen oder Erscheinungen (und, aber, sondern, hingegen)	Ему́ 18 лет, а ей 22 го́да. Er ist 18 und sie 22 Jahre alt. Не я, а ты. Nicht ich, sondern du. Он хорошо́ зна́ет фи́зику, а исто́рию пло́хо. In Physik kennt er sich gut aus, in Geschichte aber schlecht.
но	Einschränkungen (aber, dennoch); Verbindung **zweier** einander entgegengesetzter Erscheinungen oder Handlungen	Расска́зы не но́вые, но о́чень интере́сные. Die Erzählungen sind nicht neu, aber sehr interessant. На у́лице бы́ло хо́лодно, но мы всё-таки до́лго гуля́ли. Draußen war es kalt, aber wir gingen dennoch lange spazieren.

∇ **Но** kann in Verbindungen „aber/sondern auch" (**но и**) und „aber dennoch" sowie in Sätzen mit gleichartigen entgegengestellten Bestimmungen **nicht** durch **а** ersetzt werden:

Э́тот фильм нра́вится не то́лько де́тям, но и взро́слым.
Dieser Film gefällt nicht nur den Kindern, sondern auch den Erwachsenen.

Kapitel 11   Partikel

Partikeln (частицы) sind unveränderliche Hilfswörter, welche die Bedeutung einzelner Wörter, Wortverbindungen oder ganzer Sätze auf verschiedene Art verändern. Sie bringen zusätzliche Bedeutungsnuancen ein, ohne jedoch selbst eine eigene lexikalische Bedeutung zu besitzen.

§ 93   Eigentliche Partikeln und ihr Gebrauch

Bedeutung	Partikeln	Übersetzung	Beispiele
verstärkend	ведь	– doch, ja	Ведь это скучно. Das ist doch langweilig.
	даже	– sogar, selbst	Я даже раньше пришёл, чем обещал. Ich bin sogar früher gekommen, als ich versprochen habe.
	же	– doch, ja, denn	Говори же по-русски! Sprich doch russisch!
	и	– auch, selbst	И с вами это может случиться. Auch Ihnen kann es so gehen.
	(кто, что, где) ни	– (wer, was, wo) auch immer	Что бы ни случилось, ... Was auch immer geschehen möge, ...
	просто, прямо	– einfach, nur, geradezu	Я просто так спрашиваю. Ich frage nur so.
	уже (уж)	– schon	Дай уж конфетку! (umgspr., iron.) Gib schon ein Bonbon her!
einschränkend	лишь	– nur, bloß, lediglich	У меня лишь один вопрос. Ich habe nur eine Frage.
	только	– nur, bloß, allein	Только не это! Nur das nicht!
	хоть	– nur, auch nur, wenigstens	Ты бы хоть Монику к нам позвала! Wenn du wenigstens Monika einladen würdest!
hinweisend	вот	– hier, da, sieh da!	Вот идёт наш автобус! Da kommt unser Bus!
	вон	– dort, sieh mal! (umgspr.)	Вон он идёт! Dort kommt er!
fragend	ли	– in direkten Fragesätzen unübersetzt; – in indirekten Fragesätzen: ob	Пришла ли она? Ist sie gekommen? Я не знаю, пришла ли она. Ich weiß nicht, ob sie gekommen ist.
	разве	– denn?, wirklich?	Разве ты не знаешь его? Kennst du ihn denn (wirklich) nicht?
	неужели	– wirklich?, ist das möglich?	Неужели я в тебе ошибся (-блась)? Habe ich mich wirklich in dir getäuscht?

Bedeutung	Partikeln	Übersetzung	Beispiele
bejahend	да, так	– ja	Я ду́маю, что да. Ich glaube, ja.
	то́чно	– ja, ja natürlich	То́чно. Ja, richtig.
	ла́дно	– in Ordnung	Пойдём в кино́. Ла́дно. Gehen wir ins Kino. In Ordnung. (Na gut!)
verneinend	не	– nicht, kein	Э́то не всё. Das ist nicht alles.
	нет	– nein, nicht, kein	Нет и ещё раз нет! Nein und abermals nein!
	ни	– nicht, kein	Ни в ко́ем слу́чае. Auf keinen Fall./Keinesfalls.
	далеко́ не	– bei weitem nicht	Э́то далеко́ не всё. Das ist bei weitem nicht alles.
näher bestimmend	и́менно	– eben, gerade	И́менно по тому́ … Eben/Gerade deshalb …
	как раз	– gerade, eben	Э́то как раз то, что мне на́до. Das ist gerade das, was ich brauche.
	почти́	– fast, beinahe	Мне почти́ 18 лет. Ich bin fast 18 Jahre alt.
	приблизи́тельно	– etwa, ungefähr, zirka	приблизи́тельно в апре́ле-ма́е ungefähr im April oder Mai

§ 94 Wort und Form bildende Partikeln

1. Wort bildende Partikeln

ни-/не-	Bildung **verneinter Pronomen** ↗ § 84 und **verneinter Adverbien** ↗ § 86: Я нигде́ не нашёл его́. Ich habe ihn nirgends gefunden. Нам сего́дня не́когда. Wir haben heute keine Zeit.
не-, ко́е-, -то, -либо, -нибудь	Bildung von **Indefinitpronomen** ↗ § 85 und **indefiniter Adverbien** (z. B. не́кто, ко́е-какие, ка́к-нибудь u. a.) ↗ § 86: Вы слы́шали **что́-нибудь** подо́бное? Haben Sie schon so etwas gehört?
-ся	Bildung **reflexiver Verben** ↗ § 26: Когда́ я встаю́, я мо́юсь холо́дной Wenn ich aufstehe, wasche ich mich водо́й. mit kaltem Wasser.

2. Form bildende Partikeln

бы	in Verbindung **mit dem Präteritum des Verbs** wird **der Konjunktiv** gebildet ↗ § 25: Я **бы** охо́тно **почита́л** э́ту кни́гу. Ich würde dieses Buch gern lesen.
-ся	dient in Verbindung mit unvollendeten Verben **zur Passivbildung** ↗ § 27: Дом **стро́ится** неме́цкой фи́рмой. Das Haus wird von einer deutschen Firma gebaut.
дава́й	vorwiegend in der Umgangssprache, drückt einen **Imperativ der 2. Person,** der den Sprecher selbst (1. Person) einschließt, aus (los, also, nun) ↗ § 24: Дава́й(те) ся́дем! Los, setzen wir uns! Дава́й(те) игра́ть! Spielen wir! Lass(t) uns spielen!
пусть/пуска́й	entspricht dem deutschen „mögen, sollen" als **Imperativ der 3. Person** ↗ § 24: **Пусть** уйдёт! Soll er doch gehen! Lass(t) ihn doch gehen!

Kapitel 12 Interjektion

Interjektionen (междометия) sind unveränderliche Wörter, die Gefühle und Empfindungen oder Willensregungen ausdrücken, ohne diese genau zu benennen. Ihre konkrete Bedeutung ist häufig erst im Kontext und unter Beachtung von Intonation, Mimik und Gestik des Sprechers zu erschließen.
Interjektionen bilden keine Satzglieder und stehen außerhalb des Satzverbandes. Gewöhnlich werden sie durch Kommas oder durch Ausrufezeichen abgetrennt.

§ 95 Interjektionen zum Ausdruck von Gefühlen

1. Freude, Erregung, Verwunderung

Ах! Ah! Ach!	**Ау!** Ho! Ha!	**Ой!** Ach! Oh! Ei!	**Батюшки!** Ach, du meine Güte!
Вишь! Da sieh mal einer an!		**Господи!** Mein Gott!	**Боже мой!** Mein Gott! Du meine Güte!

2. Trauer, Schmerz, Angst, Ärger

О!	O! Oh! O weh!	**Ой!, Ой-ой-ой!**	Au! Aua-aua! Och, ach!
Боже мой!	Du liebe Güte! Großer Gott!	**Батюшки!**	Au weia! Herrjemine!
Увы!	Ach! Oh! O weh!	**Вот тебе на!**	Da hast du's! Da haben wir den Salat!
Но-но!	Na, warte!		

3. Verachtung, Missbilligung

Тьфу! Pfui! Ach!?	**Фи! Фу!** Hui! Hu! Huhu!	**Брр!** Brr! Pfui!	**Ужас!** Schrecklich!

4. Bewunderung, Begeisterung

Здорово! Toll!	**Класс!** Klasse!	**Отлично!** Ausgezeichnet!

5. Erstaunen, Zweifel, Ironie

А! О! Ох! Aha! Achso! Hm.	**Ого!** Nanu?! Oho!	**Ой ли!** Wirklich? Ist es möglich!

§ 96 Interjektionen zum Ausdruck von Aufforderungen

1. Anrufe

Алло́!	Hallo!	Эй!	He! Heda!	Ау!	Hallo! (z. B. im Wald als Verständigungsruf)

2. Beginn oder Ende einer Handlung

Айда́!	Wohlan!	На!	Nimm! Da! Da hast Du!	Цыц!	Still! Kusch! (Person)
Ну!	Los! Na los! Schnell!	По́лно!	Genug! Schon gut!	Но-о́!	Hü!
Стоп!	Stopp! Halt!		Lass es gut sein!	Кыш!	Still! Kusch! (Haustier)
Тсс!	Psst! Still!	Тпру!	Halt! Prr!		
Доста́точно!	Genug! Es reicht!	Хва́тит!	Genug! Es reicht! Hör(t) auf!		

3. Tierlockrufe

Кис-кис!	Miezmiez!	Цып-цып!	Puttputt!	Уть-уть!	Hulehule!

§ 97 Interjektionen des Grußes, des Dankes, der Entschuldigung

Здра́вствуй(те)!	Guten Tag!	До свида́ния!	Auf Wiedersehen!
Проща́й(те)!	Leb(t) wohl!	Добро́ пожа́ловать!	Herzlich willkommen!
Пока́!	Tschüss! Bis bald! Bis dann! Auf Wiederhören!	Приве́т!	Hallo! Sei(d) gegrüßt!
Споко́йной но́чи!	Gute Nacht!	Всего́!	Tschüss!
Всего́ хоро́шего!	Alles Gute!	Благодарю́!	Schönen Dank! Danke!
Спаси́бо!	Danke!	Не́ за что!	Keine Ursache. Nichts zu danken.
Пожа́луйста!	Bitte!	Прости́(те)!	Verzeihen Sie! Verzeihung!
Извини́(те)!	Entschuldigen Sie! Entschuldigung!	Винова́т!	Entschuldigung! Verzeihung! Tut mir Leid!

Kapitel 13 Kongruenz zwischen Subjekt und Prädikat

Subjekt und Prädikat stimmen im Satz in ihren grammatischen Formen überein. Diese Übereinstimmung wird als **Kongruenz** bezeichnet. Sie kann in **Person, Genus, Numerus** und **Kasus** vollständig oder teilweise realisiert werden.

§ 98 Allgemeine Regeln

1. Verbales Prädikat

Das verbale Prädikat besteht entweder **nur aus einer finiten Verbform** (einfaches Prädikat) oder aus einer **finiten Verbform und einem Infinitiv** (zusammengesetztes Prädikat).

Subjekt	verbales Prädikat			
	finite Verbform	Infinitiv		
Он	написа́л		(письмо́).	Er schrieb (den Brief).
Он	хо́чет	написа́ть	(письмо́).	Er will (den Brief) schreiben.

Im Regelfall kongruiert die **finite Verbform** mit dem **Subjekt** in folgender Weise:

– Im **Präsens** bzw. im vollendeten Futur stimmt die **finite Verbform** mit dem **Subjekt** in **Person** und **Numerus** überein.

Он рабо́тает.	Er arbeitet.	Я люблю́ пла́вать.	Ich schwimme gern.
Мы игра́ем в саду́.	Wir spielen im Garten.	Вы прочита́ете кни́гу?	Werdet ihr das Buch lesen?

– Im **Präteritum** und im **Konjunktiv** stimmt die **finite Verbform** mit dem **Subjekt** in **Genus** und **Numerus** überein.

Учени́к рабо́тал.	Der Schüler arbeitete.	Они́ пришли́ бы.	Sie wären gekommen (würden kommen).
Ма́ма купи́ла кни́гу.	Die Mutter kaufte ein Buch.	Вы бы пришли́ за́втра.	Sie sollten morgen kommen!

▽ Wenn das **Subjekt** eine **Aufzählung** enthält (Subjektreihe) oder wenn die **Ausdrücke** mit der Präposition **с(о)** verbunden sind, steht im **Prädikat** – wie im Deutschen – der **Plural**:

И́ра и Са́ша хо́дят в кино́.
Ira und Sascha gehen ins Kino.
Мы с тобо́й оста́немся здесь.
Wir beide werden hier bleiben.
Та́ня с Са́шей ходи́ли в кино́.
Tanja und Sascha gingen ins Kino.

2. Nominales Prädikat

Das nominale Prädikat besteht aus der **Kopula** und einem **Prädikatsnomen**.
Als **Kopula** dienen finite Formen von **быть** (das im Präsens entfällt) und von einigen anderen Verben.
Als **Prädikatsnomen** können Substantive, Adjektive, Partizipien, Numeralia, Pronomen und Wortgruppen auftreten.

Subjekt	nominales Prädikat		
	Kopula	**Prädikatsnomen**	
Он	был	инженéр.	Er war Ingenieur.
Мы с тобóй	бы́ли	довóльны.	Du und ich waren zufrieden.

Beim nominalen Prädikat kongruiert die **finite Verbform** (Kopula) mit dem **Subjekt** wie beim verbalen Prädikat.
Das **Prädikatsnomen** kongruiert mit dem **Subjekt** wie folgt:

– Ist das Prädikatsnomen ein **Substantiv**, so kongruiert es mit dem Subjekt in **Kasus, Numerus** und (wo möglich) im **Genus**.
  Gibt es bei einer **Berufsbezeichnung** keine weibliche Form, so zeigt das **Subjekt** das **natürliche Geschlecht** an.

Он руководи́тель.	Er ist der Leiter.
Онá руководи́тельница.	Sie ist die Leiterin.
Он врач.	Er ist Arzt.
Онá врач.	Sie ist Ärztin.
Он дирéктор.	Er ist Direktor.
Онá дирéктор.	Sie ist Direktorin.

– Ist das Prädikatsnomen ein **Adjektiv** oder **Partizip im Nominativ**, so kongruiert es mit dem Subjekt in **Genus, Numerus** und **Kasus**.

Учени́к приле́жен.	Der Schüler ist fleißig.	Пи́сьма отпрáвлены.	Die Briefe sind abgeschickt (worden).
Учени́ца приле́жна.	Die Schülerin ist fleißig.		

– Ist das Prädikatsnomen **ein Adjektiv** oder **Partizip im Instrumental**, so kongruiert es mit dem Subjekt in **Numerus** und **Genus**.

Скóро прирóда бýдет зелёной.	Bald wird die Natur grün sein.	Игрá обещáет стать интерéсной.	Das Spiel verspricht interessant zu werden.
День бýдет хорóшим.	Der Tag wird schön werden.	Ви́ктор был лýчшим.	Viktor war der Beste.

§ 99 Sonderfälle

– Wird als **Subjekt** eine aus **Kardinalzahlwort** und **Substantiv** bestehende Wortgruppe gebraucht, so kann das **Prädikat** im **Plural** oder im **Singular** (und hier in der neutralen Form) stehen.

Der Plural wird in der Regel verwendet, wenn es sich beim Subjekt um Lebewesen handelt und wenn die Zahl besonders hervorgehoben werden soll.

Пришли́ всего́ **30 челове́к**.	Es kamen ingesamt 30 Personen.
Прошло́ **два дня**.	Es vergingen zwei Tage.
В корзи́не бы́ло **10 яи́ц**.	Im Korb waren 10 Eier.

— Wird als **Subjekt** eine Wortgruppe mit **мно́го, ма́ло, ско́лько, не́сколько, бо́льше, ме́ньше** gebraucht, so steht das **Prädikat** im Unterschied zum Deutschen im **neutralen Singular**.

Пришло́ мно́го люде́й.	Es kamen viele Leute.
Ско́лько вре́мени прошло́ с тех пор!	Wie viel Zeit ist seitdem vergangen!
В го́роде живёт не́сколько ты́сяч челове́к.	In der Stadt wohnen einige Tausend Menschen.
Ско́лько челове́к пришло́?	Wie viele Leute sind gekommen?

— Bei der Höflichkeitsform „вы" (Sie) als **Subjekt** stehen sowohl die **finite Verbform** als auch die **Kurzform** eines Adjektivs bzw. Partizips im **Plural**:

Вы здоро́вы?	Sind Sie gesund?
Вы переведены́ в на́шу шко́лу?	Sind Sie in unsere Schule versetzt worden?
Он не зна́ет, что вы пришли́.	Er weiß nicht, dass Sie gekommen sind.

Ansonsten wird das **Prädikatsnomen** im **Singular** gebraucht:

Вы наш но́вый учи́тель?	Sind Sie unser neuer Lehrer?
Вы оди́н?	Sind Sie allein?
Вы бу́дете выступа́ть пе́рвым.	Sie werden als erster auftreten.

— Manche **Personenbezeichnungen** können **zweierlei Genus** ausdrücken. Bei ihnen zeigen die Kongruenz von Subjekt und Prädikat und/oder die Kongruenz mit Adjektiven an, ob es sich um eine männliche oder um eine weibliche Person handelt.

Он ла́комка.	Er ist ein Leckermaul.
Она́ ла́комка.	Sie ist eine Naschkatze.
Э́тот ма́льчик – кру́глый сирота́.	Dieser Junge ist Vollwaise.
Э́та де́вочка – кру́глая сирота́.	Dieses Mädchen ist Vollwaise.

Hierher gehören z. B.

ла́комка	Naschkatze	левша́	Linkshänder	пла́кса	Heulsuse
сирота́	Waise	со́ня	Schlafmütze	я́беда	Petze
уби́йца	Mörder/-in				

— Wird **э́то** als **Subjekt** gebraucht, so stimmt die **konjugierte Verbform** in Genus und Numerus **nicht** mit **э́то**, sondern mit dem **Substantiv** überein, das als **Prädikatsnomen** steht.

Э́то был мой брат.	Das war mein Bruder.
Э́то была́ Ната́ша.	Das war Natascha.

Kapitel 14 Die wichtigsten Funktionen der Kasus

Das Russische verfügt über 6 verschiedene Kasus,
den **Nominativ** (имени́тельный паде́ж), als nichtabhängigen Fall, und die obliquen Kasus:
den **Genitiv** (роди́тельный паде́ж),
den **Dativ** (да́тельный паде́ж),
den **Akkusativ** (вини́тельный паде́ж),
den **Instrumental** (твори́тельный паде́ж),
den **Präpositiv** (предло́жный паде́ж).
Der **Genitiv**, der **Dativ**, der **Akkusativ** und der **Instrumental** können **ohne** Präposition **oder mit** Präposition ↗ §§ 88–90 verwendet werden.
Der **Präpositiv** steht stets nach einer **Präposition**.

§ 100 Nominativ

Funktion	Beispiele	
Grammatisches Subjekt des Satzes	Ма́льчик бо́лен. Ты всегда́ всё зна́ешь.	Der **Junge** ist krank. **Du** weißt immer alles.
Prädikatsnomen	Его́ оте́ц – **врач**.	Sein Vater ist **Arzt**.
In der **Anrede** und nach зову́т	Ма́ша, иди́ сюда́. Меня́ зову́т **Татья́на Па́вловна**.	**Mascha**, komm her. Ich heiße **Tatjana Pawlowna**.

§ 101 Genitiv

Funktion	Beispiele	
Genitivattribut zur Bezeichnung des Besitzers, der Zugehörigkeit, einer Eigenschaft oder des Lebensalters	дом **отца́** брат **дру́га** челове́к **высо́кого ро́ста** де́вушка **семна́дцати лет**	das Haus des Vaters der Bruder des Freundes ein (körperlich) großer Mensch ein siebzehnjähriges Mädchen
Objekt zur Benennung eines Teils des Ganzen (**partitiver Genitiv**)	Дай мне **со́ли**! вы́пить **воды́** взять с собо́й **со́ли** и **са́хару** Вы́пей **молока́**!	Gib mir etwas Salz! Wasser trinken Salz und Zucker mitnehmen Trink (etwas) Milch!
▽ Der **partitive Genitiv** steht **nicht**, wenn die Handlung das **Objekt vollständig** erfasst:	Вы́пей **молоко́**!	Trink die Milch aus (die ganze Milch)!
Nach **Verben** des **Wünschens, Fürchtens, Meidens**	жела́ть успе́хов добива́ться призна́ния боя́ться живо́тных	Erfolg wünschen Anerkennung erlangen sich vor Tieren fürchten

Funktion	Beispiele	
Bei **verneinten transitiven Verben** ↗ §116 und bei **verneint-unpersönlichen Sätzen** ↗ § 107 (**Genitiv der Verneinung**)	не найти́ пути́ не по́мнить фами́лии Андре́я сего́дня нет. У меня́ нет карандаша́.	den Weg nicht finden sich nicht an den Familiennamen erinnern Andrej ist heute nicht anwesend. Ich habe keinen Bleistift.
Nach den **Kardinalzahlwörtern 2 bis 4** (Singular) und **5 bis 20** (Plural) ↗ §§ 65,66	три биле́та двена́дцать ученико́в	drei Karten zwölf Schüler
Bei **Datumsangaben mit „am"** auf die Frage когда́? ↗ § 136	прие́хать деся́того января́ уе́хать второ́го ма́рта	am 10. Januar ankommen am 2. März abreisen
Beim **Komparativ** zur Bezeichnung der Person/des Gegenstandes, mit dem etwas verglichen wird (**Genitiv des Vergleichs**)	Брат ста́рше сестры́. Она́ умне́е его́.	Der Bruder ist älter als die Schwester. Sie ist klüger als er.
Nach den **Verben** боя́ться достига́ть/дости́гнуть ждать жела́ть/пожела́ть иска́ть проси́ть/попроси́ть тре́бовать/потре́бовать хоте́ть/захоте́ть ▽ Nach diesen Verben wird auch der **Akkusativ** gebraucht, wenn die **Konkretheit der Handlung** unterstrichen werden soll:	боя́ться мыше́й достига́ть хоро́ших результа́тов ждать отве́та жела́ть всего́ хоро́шего иска́ть но́вой рабо́ты проси́ть сове́та тре́бовать дисципли́ны хоте́ть ми́ра Я жду мать. Он попроси́л кни́гу. Она́ и́щет каранда́ш.	sich vor Mäusen fürchten gute Ergebnisse erreichen auf Antwort warten alles Gute wünschen eine neue Arbeit suchen um Rat bitten Disziplin fordern Frieden wollen Ich warte auf die Mutter. Er bat um das Buch. Sie sucht den Bleistift.

Zum Gebrauch des **Genitivs** nach den **Präpositionen** без, близ, вдоль, вне, внутри́, для, до, из (изо), из-за, из-под, о́коло, от, про́тив, с (со), у; в отли́чие от, в тече́ние, вме́сто, вне, во вре́мя, вокру́г, напро́тив, относи́тельно, по по́воду, по́сле ↗ §§ 88–90.

§ 102 Dativ

Funktion	Beispiele	
Nach **Substantiven**, die **Verben mit Dativrektion** entsprechen	письмо́ подру́ге па́мятник Пу́шкину обуче́ние ру́сскому языку́ ве́рность при́нципам	ein Brief an die Freundin das Puschkindenkmal Russischunterricht Prinzipientreue
Indirektes Objekt, auf das die Handlung gerichtet ist	объясни́ть зада́чу ученика́м	den Schülern die Aufgabe erklären

Funktion	Beispiele	
Logisches Subjekt bei на́до, ну́жно und нельзя́ ↗ §§ 110–112	Мне на́до прочита́ть э́ту кни́гу.	Ich muss dieses Buch (durch)lesen.
	Так ему́ и на́до.	Das geschieht ihm recht.
	Петру́ нельзя́ купа́ться.	Peter darf nicht baden.
Logisches Subjekt (Dativ des Subjekts) in **unpersönlichen Sätzen** ↗ § 125, in denen kein grammatisches Subjekt gesetzt werden kann	Нам хо́лодно.	Uns ist kalt.
	Мне не спи́тся.	Ich kann nicht schlafen.
	Ма́льчику ве́село.	Der Junge ist froh gelaunt/in guter Stimmung.
	Вам идти́ домо́й.	Ihr müsst nach Hause gehen.
	Мне хо́чется писа́ть.	Ich möchte schreiben.
Bei **Altersangaben** ↗ § 134	И́горю два́дцать оди́н год.	Igor ist einundzwanzig Jahre alt.
Nach den **Verben** ра́доваться/обра́доваться удивля́ться/удиви́ться зави́довать/позави́довать меша́ть/помеша́ть спосо́бствовать учи́ть учи́ться	ра́доваться успе́хам	sich über die Erfolge freuen
	удивля́ться его́ слова́м	sich über seine Worte wundern
	зави́довать бра́ту	den Bruder beneiden
	меша́ть рабо́те	die Arbeit stören
	спосо́бствовать успе́ху	den Erfolg unterstützen/fördern
	учи́ть (кого́) ру́сскому языку́	(jemdn.) die russische Sprache lehren
	учи́ться исто́рии	Geschichte studieren

Zum Gebrauch des **Dativs** nach den **Präpositionen к (ко), по, благодаря́, согла́сно** ↗ §§ 88, 89.

§ 103 Akkusativ

Funktion	Beispiele	
Direktes Objekt (neben dem partitiven Genitiv) nach **transitiven** Verben ↗ § 116	чу́вствовать го́лод	Hunger verspüren
	стира́ть бельё	Wäsche waschen
	чита́ть кни́гу	ein/das Buch lesen
	стро́ить дом	ein Haus bauen
Akkusativ der Zeit	всю ночь	die ganze Nacht hindurch
	два ра́за в день	zweimal am Tage
Nach einigen **Verben**, bei denen der **Akkusativ** im Deutschen **nicht** steht: благодари́ть/поблагодари́ть поздравля́ть/поздра́вить	Я благодарю́ вас.	Ich danke euch.
	Мы поздравля́ем тебя́ с днём рожде́ния.	Wir gratulieren dir zum Geburtstag.

Zum Gebrauch des **Akkusativs** nach den **Präpositionen в (во), за, на, по, под (подо), про, че́рез; несмотря́ на** ↗ §§ 88–90.

§ 104 Instrumental

Funktion	Beispiele	
Angabe des **Mittels, Instruments**, mit dem die Handlung ausgeführt wird	писа́ть **ру́чкой** ре́зать **ножо́м**	mit Füller schreiben mit einem Messer schneiden
Zur Bezeichnung des **Urhebers in Passivkonstruktionen** oder **in unpersönlichen Sätzen** ↗ §§ 27, 31, 32, 125	Дом стро́ится **рабо́чими**. Письмо́ бы́ло напи́сано **адвока́том**. **Ве́тром** унесло́ ло́дку.	Das Haus wird von den Arbeitern gebaut. Der Brief ist von einem Rechtsanwalt geschrieben worden. Der Wind hat das Boot weggetrieben.
Objekt nach **Verben des Leitens, Lenkens**	руководи́ть **кружко́м** управля́ть **орке́стром** владе́ть **ру́сским языко́м**	einen Zirkel leiten das Orchester dirigieren die russische Sprache beherrschen
Prädikatsnomen	Он рабо́тает **инжене́ром**. Она́ ста́нет **чемпио́нкой**. Э́то явля́ется **ва́жным вопро́сом**.	Er arbeitet als Ingenieur. Sie wird die Siegerin werden. Das ist eine wichtige Frage.
Bei **Maßangaben** (Länge, Breite, Höhe, Tiefe, Gewicht)	дом **высото́й** в 10 ме́тров ткань **ширино́й** в три че́тверти ме́тра маши́на **ве́сом** в 5 тонн	ein 10 Meter hohes Haus Stoff von ³/₄ m Breite ein 5 t schweres Auto
Nach den **Verben** заболева́ть/заболе́ть занима́ться/заня́ться интересова́ться/заинтересова́ться по́льзоваться/воспо́льзоваться рискова́ть	заболе́ть **гри́ппом** занима́ться **спо́ртом** интересова́ться **му́зыкой** по́льзоваться **словарём** рискова́ть **жи́знью**	an Grippe erkranken Sport treiben sich für Musik interessieren ein Wörterbuch benutzen sein Leben riskieren

Zum Gebrauch des **Instrumentals** nach den **Präpositionen за, над (надо), под (по́до), с (со); по сравне́нию с** ↗ §§ 88, 89.

§ 105 Präpositiv

Der **Präpositiv** wird nur mit Präpositionen gebraucht. Dabei werden jeweils spezifische Bedeutungen ausgedrückt ↗ §§ 88–90:

Funktion	Beispiele	
Objekt der Rede, des Gedankens	говори́ть **о забо́тах** ду́мать **о бу́дущем**	über die Sorgen sprechen an die Zukunft denken
Zeitangaben	боле́ть **в де́тстве** уходи́ть на пе́нсию **в сле́дующем году́** уе́хать **на бу́дущей неде́ле** **по оконча́нии** шко́лы	in der Kindheit krank sein im nächsten Jahr in Rente gehen in der kommenden Woche wegfahren nach Beendigung der Schule
Ortsangaben	находи́ться **в до́ме** быть **на фа́брике**	sich im Haus befinden in der Fabrik sein
Zur Bezeichnung eines **Instruments**, auf dem gespielt wird	игра́ть **на гита́ре/на роя́ле**	auf der Gitarre/dem Flügel spielen
Zur Bezeichnung des **Verkehrsmittels**, das benutzt wird	е́хать **на по́езде** лете́ть **на самолёте**	mit dem Zug fahren mit dem Flugzeug fliegen
Angabe des **Merkmals** eines Gegenstandes	сад **при шко́ле** коми́ссия **при прави́тельстве**	Schulgarten (der Schule angeschlossen, nicht räumlich) Kommission bei der Regierung (dazugehörig)
Angabe von **Begleitumständen**	прийти́ **в но́вом костю́ме** отверну́ться **в негодова́нии**	im neuen Anzug kommen sich entrüstet abwenden
Nach den **Verben** сомнева́ться (в) убежда́ть(ся)/убеди́ть(ся) (в) уча́ствовать (в) забо́титься/позабо́титься (о) проси́ть/попроси́ть (о) спра́шивать/спроси́ть (о)	сомнева́ться в успе́хе убеди́ться в необходи́мости уча́ствовать в соревнова́ниях забо́титься о семье́ проси́ть об услу́ге спра́шивать о самочу́вствии	am Erfolg zweifeln sich von der Notwendigkeit überzeugen an den Wettkämpfen teilnehmen sich um die Familie sorgen um eine Gefälligkeit bitten nach dem Befinden fragen

Kapitel 15 Der Gebrauch von быть

§ 106 (не) быть als Kopula „sein/nicht sein"

Als Kopulaverb ist **быть** Teil des nominalen Prädikats. Für die russische Sprache ist charakteristisch, dass die Kopula **быть im Präsens** gewöhnlich **nicht gebraucht** wird. Schriftsprachlich wird mitunter in der 3. Person Singular **есть** verwendet, z. B. in Definitionen.

Präsens	Он здоро́в. Челове́к – кузне́ц своего́ сча́стья.[1]	Er ist gesund. Der Mensch ist seines Glückes Schmied.
Präteritum	Он **был** весёлым. Она́ **была́** учи́тельницей. Э́то **бы́ло** интере́сно. Они́ **бы́ли** студе́нтами.	Er war fröhlich. Sie war Lehrerin. Das war interessant. Sie waren Studenten.
Futur	Я **бу́ду** учи́телем. Ты **бу́дешь** учи́тельницей? Мы **бу́дем** дово́льны. Вы **бу́дете** тури́стами? Они́ **бу́дут** студе́нтами. Журна́л **бу́дет** интере́сный. За́втра **бу́дет** хо́лодно.	Ich werde Lehrer sein (werden). Wirst du Lehrerin sein (werden)? Wir werden zufrieden sein. Werdet ihr Touristen sein? Sie werden Studenten sein. Die Zeitschrift wird interessant sein. Morgen wird es kalt sein (werden).
Imperativ	**Бу́дь(те)** добр(ы́)!	Sei (Seien Sie) so gut! Würdest du (Würden Sie) so gut sein?
Konjunktiv	**Был бы** он здоро́в!	Wäre er doch gesund!

[1] Treffen mit Subjekt und Prädikatsnomen zwei Substantive aufeinander, so wird die fehlende Kopula häufig durch einen Gedankenstrich ersetzt.

Die **Verneinung** erfolgt mit **не** (nicht), das direkt vor den Formen von быть steht. Dabei geht im Präteritum die Betonung auf das **не́** über: **не́ был, не́ было, не́ были**. Eine Ausnahme bildet die weibliche Form: **не была́**.

Пого́да **не** тёплая.	Das Wetter ist nicht warm.
Э́то **не** на́ша маши́на.	Das ist nicht unser Auto.
Он **не́** был учи́телем, он был инжене́ром.	Er war nicht Lehrer, er war Ingenieur.
Она́ **не** бу́дет инжене́ром.	Sie wird nicht Ingenieurin sein (werden).

▽ **Быть** kann auch als **Vollverb** in der Bedeutung „sich aufhalten, sich befinden" verwendet werden:

| Он был в Берли́не. | Er war (befand sich) in Berlin. |

§ 107 быть zum Ausdruck des Vorhandenseins, der Existenz, der Anwesenheit

1. „es gibt – ... ist/sind vorhanden – ... ist/sind da/anwesend"

Zum Ausdruck des Vorhandenseins/der Existenz/der Anwesenheit wird im Präsens **есть** verwendet.

Здесь **есть** всё, что нам нýжно.	Hier gibt es alles, was wir brauchen.
В нáшем гóроде **есть** теáтр.	In unserer Stadt gibt es ein Theater.
Пи́во **есть**?	Gibt es Bier?
Пётр Петрóвич **есть**?	Ist Pjotr Petrowitsch da?

Есть kann **im Singular und im Plural** gebraucht werden. Im Präteritum und Futur wird eine **Form von** быть (был, былá, бы́ло, бы́ли bzw. бýдет, бýдут) verwendet.

В нáшем гóроде **есть** музéй/музéи.	In unserer Stadt gibt es ein Museum/Museen.
В нáшем гóроде **был** музéй/**бы́ли** музéи.	In unserer Stadt gab es ein Museum/gab es Museen.
В нáшем гóроде **бýдет** музéй/**бýдут** музéи.	In unserer Stadt wird es ein Museum/wird es Museen geben.

2. „es gibt kein(e, en) ... – ... ist/sind nicht vorhanden – ... ist/sind nicht da/anwesend"

Die Verneinung der Existenz/des Vorhandenseins/der Anwesenheit erfolgt im Präsens mit **нет**, im Präteritum mit **нé было** im Futur mit **не бýдет**. Die nicht anwesende Person bzw. der nicht vorhandene Gegenstand werden durch ein **Substantiv** oder ein **Pronomen im Genitiv** ausgedrückt. Es handelt sich um eine unpersönliche Konstruktion. ↗ § 125

В кóмнате **нет** столóв.	Im Zimmer sind keine Tische.
Егó сегóдня **нет**.	Er ist heute nicht da.
В нáшем гóроде **не бýдет** нóвой библиотéки.	In unserer Stadt wird es keine neue Bibliothek geben.
В ресторáне **нé было** мест.	Im Restaurant gab es keine Plätze.
Лю́бы на урóке **нé было**.	Ljuba war im Unterricht nicht anwesend.
Её зáвтра **не бýдет**.	Sie wird morgen nicht da sein.

§ 108 быть zur Wiedergabe von „haben"

1. „haben/besitzen"

„Haben/besitzen" wird gewöhnlich durch folgende unpersönliche Konstruktion ↗ § 125 ausgedrückt:

у	+	Besitzer Genitiv	+	Form von быть (Präsens есть)	+	Besitz Nominativ

у	мáмы нас подрýги	(есть) был, -á, -о, -и бýдет/бýдут	телеви́зор, кни́га, мéсто, брат и сестрá

▽ **Есть** kann entfallen. Es wird meist dann gesetzt, wenn das Vorhandensein, die Existenz einer Person oder Sache hervorgehoben werden soll.

У тебя́ **есть** сестра́?	Hast du eine Schwester?
У него́ **есть** брат.	Er hat einen Bruder.
У вас **есть** мои́ кни́ги?	Haben Sie meine Bücher?

2. „nicht haben/nicht besitzen"

„Nicht haben/nicht besitzen" wird durch folgende unpersönliche Konstruktion ↗ § 125 wiedergegeben:

у + Besitzer + Form von не быть (Präsens нет) + Besitz
    Genitiv   Genitiv

у	ма́мы меня́ подру́ги	нет не́ было не бу́дет	телеви́зора/кни́ги/ме́ста/бра́та и сестры́

Dabei stehen **нет**, **не́ было**, **не бу́дет** sowohl für den **Singular** (und hier für **alle Genera**) als auch für den **Plural**.

▽ „Haben" kann auch durch **име́ть** wiedergegeben werden:

Besitzer + Form von име́ть (haben) + **Besitz**
Nominativ   **Akkusativ**

	како́й-либо вес	ein bestimmtes Gewicht
я име́ю	влия́ние на (Akkusativ)	Einfluss auf jemanden/etwas
ты име́ешь	возмо́жность	die Möglichkeit
он име́ет	успе́х	Erfolg
она́ име́ет	отноше́ние к (+ Dativ)	eine Beziehung zu jemandem/etwas
оно́ име́ет	пра́во	das Recht
мы име́ем	представле́ние о (+ Präpositiv)	eine Vorstellung von etwas
вы име́ете	сча́стье	Glück
они́ име́ют	честь	die Ehre
	кварти́ру	eine Wohnung
	друзе́й	Freunde

Kapitel 16   Können – dürfen – müssen – sollen – wollen – mögen

§ 109   Können – nicht können

1. (не) мочь/(не) смочь (vo.)

„(Nicht) können" in der Bedeutung von „(keine) Möglichkeit haben" wird durch folgende Konstruktion wiedergegeben:

кто	(не)	(с)мо́жет (с)мог	+ Infinitiv (meist vo.)

Я не могу́ прие́хать.	Ich werde nicht kommen können.
Там она́ не могла́ говори́ть обо всём.	Dort konnte sie nicht über alles sprechen.

2. (не) уме́ть/(не) суме́ть (vo.)

„(Nicht) können" in der Bedeutung von „(keine) Fähigkeit haben" wird durch folgende Konstruktion wiedergegeben:

кто	(не)	(с)уме́ет	+ Infinitiv (uv./vo.)
		(с)уме́л	+ Infinitiv (nur vo.)

Ты уме́ешь говори́ть по-ру́сски?	Kannst du russisch sprechen?
Ученики́ суме́ли реши́ть все зада́чи.	Die Schüler konnten alle Aufgaben lösen.

3. мо́жно – нельзя́ und (не)возмо́жно

„(Nicht) können" in der Bedeutung von „(keine) Möglichkeit haben" und „(nicht) möglich sein" bzw. „man kann (nicht)" wird durch folgende unpersönliche Konstruktion ↗ § 125 wiedergegeben.

(кому́)	мо́жно (бы́ло, бу́дет)	+ Infinitiv (uv./vo.)
(кому́)	нельзя́ (бы́ло, бу́дет)	+ Infinitiv (nur vo.)
(кому́)	(не)возмо́жно (бы́ло, бу́дет)	+ Infinitiv (uv./vo.)

Мо́жно хорошо́ отдыха́ть в Крыму́.	Man kann sich gut auf der Krim erholen.
Нам мо́жно бы́ло пое́хать в Росси́ю.	Wir konnten nach Russland fahren.
Ба́бушке нельзя́ бы́ло дви́нуться.	Die Großmutter konnte sich nicht bewegen.
Де́тям невозмо́жно бу́дет всё вы́учить.	Die Kinder werden nicht alles lernen können.

▽ Steht nach **нельзя́** der **unvollendete** Infinitiv, so wird die Bedeutung von „nicht dürfen" ausgedrückt. ↗ § 110

Ба́бушке нельзя́ бы́ло дви́гаться.
Die Großmutter durfte sich nicht bewegen.

§ 110 dürfen – nicht dürfen

1. мо́жно

„Dürfen" in der Bedeutung „erlaubt sein" wird meist durch folgende unpersönliche Konstruktion ↗ § 125 wiedergegeben:

(кому́)   мо́жно (бы́ло, бу́дет)   + Infinitiv (meist vo.)

Здесь мо́жно перейти́ у́лицу.	Hier darf man die Straße überqueren.
Мне мо́жно бы́ло сказа́ть всё.	Ich durfte alles sagen.
Нам мо́жно бу́дет говори́ть с ним.	Wir werden mit ihm sprechen dürfen.

2. нельзя́

„Nicht dürfen" in der Bedeutung von „verboten/nicht erlaubt sein" wird meist durch folgende unpersönliche Konstruktion ↗ § 125 wiedergegeben:

(кому́)   нельзя́ (бы́ло, бу́дет)   + Infinitiv (nur uv.)

Нельзя́ переходи́ть у́лицу при кра́сном све́те.	Man darf die Straße nicht bei Rot überqueren.
Нам нельзя́ бы́ло меша́ть учи́телю.	Wir durften den Lehrer nicht stören.
Отцу́ нельзя́ бу́дет так мно́го кури́ть.	Der Vater wird nicht so viel rauchen dürfen.

▽ Steht nach **нельзя́** der vollendete Infinitiv, so wird die Bedeutung von „nicht können/nicht möglich sein" ausgedrückt. ↗ § 109

Здесь нельзя́ перейти́ у́лицу.
Hier kann man die Straße nicht überqueren.
Hier ist es nicht möglich, die Straße zu überqueren (z. B. weil gebaut wird).

§ 111 müssen – nicht müssen/nicht brauchen

1. (не) на́до, (не) ну́жно

„Müssen" in der Bedeutung von „notwendig sein, empfehlenswert sein" bzw. „nicht müssen/nicht notwendig/nicht brauchen" wird durch folgende unpersönliche Konstruktion ↗ § 125 wiedergegeben:

(кому́)   (не)   на́до / ну́жно   (бы́ло, бу́дет)   + Infinitiv

Пора́, нам на́до (ну́жно) идти́.	Es ist Zeit, wir müssen gehen.
Ей на́до (ну́жно) бы́ло узна́ть всё.	Sie musste alles erfahren.
Тебе́ на́до (ну́жно) бу́дет купи́ть слова́рь.	Du wirst dir ein Wörterbuch kaufen müssen.
Врачу́ не на́до бы́ло приезжа́ть.	Der Arzt musste nicht kommen/brauchte nicht zu kommen.

▽ Durch das ebenfalls unpersönlich gebrauchte **необходи́мо** wird die **Unumgänglichkeit** der Handlung ausgedrückt:

Мне необходи́мо сходи́ть к врачу́.
Ich muss (unbedingt) zum Arzt gehen.

2. (не) до́лжен

„Müssen" in der Bedeutung einer „unbedingten Notwendigkeit" und häufig auch einer „moralischen Verpflichtung" wird durch folgende Konstruktion wiedergegeben:

	Präsens	Präteritum	Futur	
	(не) до́лжен	(был)		
кто	(не) должна́	(была́)	(бу́дет)	+ Infinitiv
	(не) должно́	(бы́ло)		
	(не) должны́	(бы́ли)		

Die Formen von до́лжен stimmen mit dem **Subjekt** des Satzes in **Genus** und **Numerus** überein.

Учи́тель всегда́ до́лжен начина́ть уро́к во́время.	Der Lehrer muss die Stunde stets pünktlich beginnen.
Ты (не) должна́ знать всё.	Du musst (nicht) alles wissen.
Когда́ вы должны́ верну́ться?	Wann müsst ihr zurückkommen?

3. (не) сле́дует

„(Nicht) müssen" in der Bedeutung von „sich (nicht) gehören" wird häufig durch folgende unpersönliche Konstruktion ↗ § 125 wiedergegeben:

	(не)	сле́дует	
(кому́)			+ Infinitiv
	(не)	сле́довало	

Не сле́дует есть так мно́го.	Es gehört sich nicht, so viel zu essen.
Нам сле́довало поблагодари́ть его́ за по́мощь.	Wir mussten uns bei ihm für die Hilfe bedanken.

4. (не) прихо́дится

„(Nicht) müssen" in der Bedeutung von „(nicht) gezwungen sein" wird durch folgende unpersönliche Konstruktion ↗ § 125 wiedergegeben:

		прихо́дится/приходи́лось	
(кому́)	(не)		+ Infinitiv
		придётся/пришло́сь (vo.)	

Мне пришло́сь провести́ четы́ре неде́ли в больни́це.	Ich musste vier Wochen im Krankenhaus verbringen.
Вам придётся уе́хать.	Ihr werdet wegfahren müssen.

§ 112 sollen – nicht sollen

1. на́до, ну́жно, нельзя́, сле́дует, до́лжен

Zum Ausdruck von „(nicht) sollen" in der Bedeutung einer moralischen Aufforderung, eines Gebots werden häufig die gleichen sprachlichen Mittel wie für die Wiedergabe von „(nicht) müssen" ↗ § 111 verwendet:

На́до уважа́ть отца́ и мать.	Man soll/Du sollst Vater und Mutter achten.
Нельзя́ лгать.	Du sollst/Man soll(te) nicht lügen.
Сле́дует посмотре́ть э́тот фильм.	Man soll(te) sich den Film ansehen.
Я до́лжен переда́ть вам э́ту посы́лку.	Ich soll Ihnen dieses Päckchen übergeben.

2. Infinitivsätze

„Sollen" in Fragen des Typs „Was soll man ...?" wird häufig durch folgende Fragekonstruktion ↗ § 125 wiedergegeben:

Fragepronomen
                          (+ кому́)   + Infinitiv
Frageadverb

Что мне де́лать?	Was soll ich machen?
Куда́ нам пойти́?	Wohin sollen wir gehen?
Где ему́ останови́ться?	Wo soll er wohnen?

§ 113 wollen – nicht wollen

1. (не) хоте́ть/(не) захоте́ть

„(Nicht) wollen" in der Bedeutung von „(nicht) wünschen, beabsichtigen" wird meist durch folgende Konstruktion wiedergegeben:

кто   (не)   (за)хо́чет/(за)хоте́л   + Infinitiv

Я сейча́с хочу́ прочита́ть газе́ту.	Ich möchte jetzt die Zeitung lesen.
Они́ совсе́м не хотя́т говори́ть об э́том.	Sie möchten ganz und gar nicht darüber sprechen.

2. (не) хо́чется

„(Nicht) wollen" in der Bedeutung von „(nicht) wünschen, beabsichtigen" kann auch durch die folgende unpersönliche Konstruktion ↗ § 125 wiedergegeben werden:

кому́   (не)   (за)хо́чется/(за)хоте́лось   + Infinitiv

Ей хо́чется купи́ть э́ту карти́ну.	Sie will dieses Bild kaufen.
Нам не хоте́лось занима́ться спо́ртом.	Wir wollten keinen Sport treiben.

3. (не) собира́ться

„(Nicht) wollen" in der Bedeutung von „(nicht) beabsichtigen" wird gelegentlich auch durch folgende Konstruktion wiedergegeben:

| кто | (не) | собира́ется/собира́лся | + Infinitiv |

Куда́ вы собира́етесь идти́?   Wohin wollt ihr gehen?

§ 114   mögen – nicht mögen

1. (не) хо́чется

„(Nicht) mögen" in der Bedeutung von „(nicht) den Wunsch haben" wird durch folgende unpersönliche Konstruktion ↗ § 125 wiedergegeben:

| кому́ | (не) | хо́чется / хоте́лось бы | + Infinitiv |

Мне хо́чется посмотре́ть Санкт-Петербу́рг.   Ich möchte Sankt Petersburg ansehen.
Им хоте́лось бы пое́хать на Ура́л.   Sie möchten in den Ural fahren.

2. Konjunktivformen von (не) хоте́ть

„(Nicht) mögen" in der Bedeutung von „(nicht) den Wunsch haben" kann auch durch die Konjunktivformen ↗ § 25 von хоте́ть wiedergegeben werden:

| кто | (не) | хоте́л бы | + Infinitiv |

Я хоте́л бы поговори́ть с учи́телем.   Ich möchte mit dem Lehrer sprechen.
Они́ не хоте́ли бы сказа́ть пра́вду.   Sie möchten nicht die Wahrheit sagen.

3. (не) люби́ть

„(Nicht) mögen" in der Bedeutung von „(nicht) gerne tun, (nicht) leiden können" wird durch folgende Konstruktion wiedergegeben:

| кто | (не) | лю́бит/(не) люби́л | + Infinitiv |

Она́ лю́бит путеше́ствовать.   Sie reist gerne.
Мы не люби́ли купа́ться.   Wir mochten nicht baden./Wir badeten nicht gerne.

Kapitel 17 Verneinte Sätze

§ 115 Der Gebrauch von не, нет und ни

Die Verneinung im Russischen erfolgt mit den Partikeln не, нет ↗ § 93 und ни ↗ § 94.

1. не

Не ist eine allgemeine Verneinungspartikel. Sie kann im Satz folgende Stellung haben:
– Wird der ganze Satz verneint, so steht sie unmittelbar vor der finiten Verbform, auch in der Frage:

Он **не** сказа́л пра́вду.	Er hat nicht die Wahrheit gesagt.
Мы **не** бу́дем ждать.	Wir werden nicht warten.
Не говори́те ли вы по-ру́сски?	Sprecht ihr nicht Russisch?

– Wird nur ein Satzglied verneint, so wird **не** diesem vorangestellt:

Я **не** совсе́м понима́ю.	Ich verstehe nicht ganz.
Он уви́дел **не** свою́ подру́гу.	Er hatte nicht seine Freundin gesehen.

– Wird in einer Verbindung von Hilfsverb und Infinitiv ein Gegensatz ausgedrückt, so steht **не** zwischen Hilfsverb und Infinitiv:

Я хочу́ не писа́ть, а чита́ть.	Ich will nicht schreiben, sondern lesen.

▽ Bei der **Übersetzung von не** ist zu beachten:

– Vor Demonstrativpronomen oder -adverbien trägt **не** die Bedeutung „**falsch, nicht richtig**":

Э́то не тот журна́л.   Das ist nicht die richtige Zeitschrift.

– Vor Adverbialpartizipien wird **не** mit „**ohne zu**" übersetzt:

не говоря́ ни сло́ва   ohne ein Wort zu sagen

– Nach Ausdrücken des Befürchtens heißt **что́бы ... + не** „**dass**":

Я бою́сь, что́бы он не простуди́лся.   Ich fürchte, dass er sich erkältet.

– **не** wird in nachstehenden Wendungen wie folgt übersetzt:

пока́ не	(so lange) bis
чуть не; едва́ не	fast, beinahe
чуть ли не	nahezu, geradezu
не раз	nicht nur einmal, öfter, häufig
ни ра́зу ... не	nicht ein einziges Mal

2. нет

– **Нет** entspricht dem deutschen „Nein" in der Antwort:

Вы бы́ли в теа́тре? Нет, не был.　　　　Waren Sie im Theater? Nein, war ich nicht.

– **И́ли нет** entspricht dem deutschen „oder nicht?" in verkürzten Sätzen:

Он прав и́ли нет?　　　　Hat er Recht oder nicht?

– **Нет** (aus не есть) dient in der unpersönlichen Konstruktion zur Wiedergabe des Nichtvorhandenseins, der Abwesenheit oder der Verneinung der Existenz. ↗ § 107

Его́, к сожале́нию, нет.　　　　Er ist leider nicht anwesend.

3. ни

– **Ни** dient der Verstärkung der Verneinung durch нет oder не und hat die Bedeutung „kein einziger, nicht ein einziger, keiner".

Он не пропусти́л ни одного́ заседа́ния.　　　　Er hat keine einzige Versammlung versäumt.
Э́то не зави́сит ни от каки́х обстоя́тельств.　　　　Das hängt von keinerlei Umständen ab.
Не скажу́ ни сло́ва.　　　　Ich werde kein einziges Wort sagen.

Mitunter kann das нет auch ausfallen, so dass **verneint-unpersönliche Konstruktionen** mit einem Genitiv entstehen:

На у́лице (нет) ни (одно́й) души́.　　　　Auf der Straße ist nicht ein Mensch.

– **Ни** ist Bestandteil der **Negationspronomen** (z. B. никто́, ничто́, никако́й, ниче́й, ничьё ↗ § 94) und Negationsadverbien (z. B. нигде́, никуда́, никогда́ ↗ § 86).

Он ни в чём не сомнева́лся.　　　　Er zweifelte an nichts.
Я ни с кем не говори́ла.　　　　Ich habe mit niemandem gesprochen.

– **Ни** kann auch – häufig in Verbindung mit dem Konjunktiv – die Bedeutung **„auch immer"** ausdrücken:

как я ни крича́л　　　　so viel ich auch (immer) schrie
где бы мы ни́ были　　　　wo auch immer wir sein mögen
как бы то ни́ было　　　　wie dem auch immer sei

§ 116 Das direkte Objekt nach verneintem transitiven Verb

Nach verneinten transitiven Verben (↗ § 23) steht das Objekt häufig im Genitiv. Die Verwendung des Genitivs ist jedoch nicht obligatorisch. In vielen Fällen stehen Genitiv und Akkusativ nebeneinander, wobei der Akkusativ in der Umgangssprache häufiger anzutreffen ist.

Der **Genitiv** wird **bevorzugt**, wenn

– das Objekt von **Verben des Wahrnehmens, Denkens, Wünschens** abhängt:
   z. B. ви́деть sehen, ду́мать denken, замеча́ть bemerken, знать wissen, хоте́ть wollen

Я не ви́дел э́того до́ма.	Ich habe dieses Haus nicht gesehen.

– die verstärkende Partikel **ни** oder ein Pronomen mit dieser Partikel auftritt:

Не скажу́ ни сло́ва.	Ich werde nicht ein/kein einziges Wort sagen.

– im Deutschen „**kein**" gebraucht wird und es sich um ein **unbestimmtes Objekt** handelt:

Го́сти не купи́ли ча́я/ча́ю.	Die Gäste kauften keinen Tee.

– das Objekt ein **Abstraktum** in einer festen Fügung ist:

Они́ не обраща́ли внима́ния на э́то.	Sie verwandten darauf keine Aufmerksamkeit.

Der **Akkusativ** wird **bevorzugt**, wenn:

– es sich um ein **bestimmtes Objekt** handelt, was im Deutschen häufig durch den bestimmten Artikel ausgedrückt wird:

Не пу́тайте глаго́лы „писа́ть" и „написа́ть".	Verwechseln Sie nicht die Verben „писа́ть" und „написа́ть".

– das Objekt vorangestellt ist:

До́чку она́ не отпуска́ла от себя́ ни на шаг.	Das Töchterchen ließ sie nicht einen Schritt von sich weg.

– die Verwendung des Genitivs zu **Verwechslungen** führen könnte, wie z. B. bei den Substantiven der II. Deklination, wo der Genitiv Singular mit dem formgleichen Akkusativ Plural verwechselt werden kann:

Я не читáл книѓгу.	Ich habe das Buch nicht gelesen.
Я не читáл книѓги.	Ich habe das Buch/die Bücher nicht gelesen.

– im Satz eine **doppelte Verneinung** auftritt, die eine **Bejahung** bedeutet ↗ § 117:

Я не мог не прочитáть письмó.	Ich kam nicht umhin, den Brief zu lesen.

§ 117 Doppelte Verneinung

Im Zusammenhang mit einem oder mehreren negierten Pronomen oder Adverbien, die mit **ни-** gebildet werden ↗ § 84, wird das **Prädikat nochmals mit не verneint**.

Никтó нас не вѝдел.	Niemand hat uns gesehen.
Никтó из нас никогдá ни о чём с ним не говорѝл.	Keiner von uns hat je mit ihm über irgendetwas gesprochen.

In einem Satz mit **ни ... ни** weder ... noch ↗ § 91 wird das Verb **zusätzlich durch не** verneint:

Ни он, ни онá не пришлѝ на урóк.	Weder er noch sie kamen zum Unterricht.

In einer Verbindung vom Typ **не мочь не** und **нельзя́ не** in der Bedeutung von „nicht umhin können" wird die **Verneinung aufgehoben und die Aussage positiv**:

Он не мог не отвéтить.	Er kam nicht umhin zu antworten.
Емý нельзя́ бы́ло не отвéтить.	Es war ihm unmöglich, nicht zu antworten.
Я не мог вас не замéтить.	Ich musste euch bemerken.

Kapitel 18 Fragesätze

§ 118 Ergänzungsfragen (Fragen mit Fragewort)

In Ergänzungsfragen wird mit Hilfe von **Fragewörtern** nach einer Person, einem Gegenstand, einem Merkmal oder einem Umstand gefragt.
Bei den Fragewörtern werden **Fragepronomen** ↗ § 80 und **Frageadverbien** ↗ § 86 unterschieden:

Fragewörter		
Fragepronomen кто wer, что was, какой welcher, сколько wie viel, чей wessen	Что ты сказа́л? Чему́ она́ вас у́чит? Кто э́та де́вушка?	Was hast du gesagt? Worin unterrichtet sie euch? Wer ist dieses Mädchen?
Frageadverbien как wie, где wo, когда́ wann, куда́ wohin, отку́да woher, почему́ warum, заче́м weswegen	Когда́ вы идёте в теа́тр? Почему́ он отсу́тствует? Куда́ мо́жно пове́сить пальто́?	Wann geht ihr ins Theater? Warum fehlt er? Wohin kann man den Mantel hängen?

▽ In der Ergänzungsfrage wird das Personalpronomen gewöhnlich **vor** das **Prädikat** gesetzt.

С кем **он** говори́л?   Mit wem hat er gesprochen?

Substantive hingegen stehen meist **hinter** dem Prädikat.

С кем говори́л **учи́тель**?   Mit wem hat der Lehrer gesprochen?

Die Ergänzungsfrage weist einen typischen Intonationsverlauf auf. ↗ § 6

§ 119 Entscheidungsfragen (Fragen ohne Fragewort)

Auf Entscheidungsfragen wird mit „ja" oder „nein" geantwortet. Sie können auf unterschiedliche Weise gebildet werden.

1. Aussagesatz mit Frageintonation

Im Unterschied zum Deutschen unterscheidet sich im Russischen die Wortstellung in der Entscheidungsfrage gewöhnlich nicht von der des Aussagesatzes. Der Fragecharakter wird hauptsächlich durch die typische Intonation verdeutlicht, bei der der Ton im Intonationszentrum stark ansteigt. ↗ § 6

Вы учи́тель?   Sind Sie Lehrer?
Оте́ц до́ма?   Ist der Vater zu Hause?
Вы меня́ понима́ете? Verstehen Sie mich?

2. Spitzenstellung des hervorgehobenen Wortes

Wenn einem Wort im Satz besonderer Nachdruck verliehen werden soll, wird es häufig an den Satzanfang gestellt.

Вчера́ вы бы́ли в теа́тре?	**Gestern** waren Sie im Theater?
В теа́тре вы бы́ли вчера́?	**Im Theater** waren Sie gestern?

3. Entscheidungsfragen mit ли

Entscheidungsfragen können auch mit Hilfe der Fragepartikel **ли** gebildet werden. Ли tritt dabei immer **hinter** das **Wort**, das **hervorgehoben** werden soll, und wird als Fragepartikel **nicht übersetzt**.

Ку́рите ли вы?	Rauchen Sie?
Есть ли у тебя́ кни́га?	Hast du das Buch?
Давно́ ли вы здесь?	Seid ihr schon lange hier?

4. Fragen mit не ... ли oder нет ... ли

Diese Fragekonstruktion wird besonders in der mündlichen Rede verwendet, wenn der Fragende eine positive Antwort erwartet.

Не прав ли он?	Hat er nicht Recht?
Не́ было ли у тебя́ карандаше́й?	Hattest du keine Bleistifte?
Не пошла́ ли Ка́тя в кино́?	Ist Katja nicht ins Kino gegangen?

5. Fragen mit ра́зве

Durch den Gebrauch der Fragepartikel **ра́зве** wirklich, tatsächlich, etwa wird Zweifel oder Verwunderung ausgedrückt. Meist wird eine negative Antwort erwartet. Bei diesen Sätzen handelt es sich oft um rhetorische Fragen.

Ра́зве им мо́жно ве́рить?	Kann man ihnen etwa glauben?
Ра́зве никто́ не пришёл?	Ist etwa niemand gekommen?
Ра́зве?	Wirklich? Tatsächlich? Wahrhaftig?

Kapitel 19   Direkte und indirekte Rede

§ 120   Die Form der direkten und indirekten Rede

Direkte Rede (прямáя речь) und indirekte Rede (кóсвенная речь) dienen der mündlichen oder schriftlichen Wiedergabe von Gedanken oder Äußerungen einer Person. Sätze mit direkter oder indirekter Rede bestehen in der Regel aus den einführenden Worten des Sprechers/Schreibers (Autorenrede) und aus der Äußerung. Die direkte Rede ist die reine Form des Dialogs. Die indirekte Rede hingegen ist berichtend; der Inhalt der fremden Äußerung wird sinngemäß wiedergegeben.
Die Autorenrede wird gewöhnlich eingeleitet durch:

Verben des Sagens und Denkens	говори́ть	сказа́ть	sagen
	расска́зывать	рассказа́ть	erzählen, berichten
	замеча́ть	заме́тить	bemerken, anmerken
	ду́мать	поду́мать	denken, nachdenken
	отвеча́ть	отве́тить	antworten
	спра́шивать	спроси́ть	fragen
Verben, die die Art der Äußerung kennzeichnen	крича́ть	кри́кнуть	schreien
	шепта́ть	пошепта́ть	(ein wenig) flüstern
Verben emotionaler Färbung	вздыха́ть	вздохну́ть	seufzen
	улыба́ться	улыбну́ться	lächeln
andere Verben	напомина́ть	напо́мнить	erinnern
	добавля́ть	доба́вить	ergänzen, hinzufügen
	предлага́ть	предложи́ть	vorschlagen
	подчёркивать	подчеркну́ть	unterstreichen
	сове́товать	посове́товать	raten
	соглаша́ться	согласи́ться	zustimmen
sinnverwandte Substantive	вопро́с		Frage
	отве́т		Antwort
	предложе́ние		Vorschlag

Die gesprochene/geschriebene Rede nimmt dabei die Form eines Nebensatzes an. Den zugehörigen Hauptsatz bildet der den Sprecher kennzeichnende Vorder-, Zwischen- oder Nachsatz der direkten Rede. Syntaktisch handelt es sich um ein Satzgefüge, in dem die Autorenrede den Hauptsatz und die fremde Rede den Nebensatz bildet.

Wenn die direkte Rede (die mit Anführungszeichen gekennzeichnet ist) **nach dem Hauptsatz** steht, dann steht sie hinter einem Doppelpunkt:

Она́ сказа́ла: „Библиоте́ка нахо́дится на у́лице Пу́шкина".
Sie sagte: „Die Bibliothek befindet sich in der Puschkinstraße."

Wenn die direkte Rede **vor dem Hauptsatz** steht, dann folgt nach der direkten Rede ein Komma, danach ein Gedankenstrich:

„Библиоте́ка нахо́дится на у́лице Пу́шкина", – сказа́ла она́.
„Die Bibliothek befindet sich in der Puschkinstraße", sagte sie.

Wenn der **Hauptsatz in der Mitte** der direkten Rede steht, wird er in den meisten Fällen durch Gedankenstriche abgetrennt, ohne dass die Anführungsstriche gesetzt werden:

„Библиотéка, – сказáла онá, – нахóдится на ýлице Пýшкина".

„Die Bibliothek", sagte sie, „befindet sich in der Puschkinstraße."

▽ In der indirekten Rede verändert sich der Personenbezug und daher auch das entsprechende Personalpronomen.
Anrede und durch Interjektionen ↗ §§ 95–97, Partikeln ↗ § 93 und Modalwörter ausgedrückte emotionale Bedeutungsschattierungen der direkten Rede gehen in der indirekten Rede verloren und müssen lexikalisch ausgedrückt werden:

Direkte Rede	Indirekte Rede
Он грýстно сказáл: „Эх, бéдный друг мой! Как мне тебя́ жáлко!" Er sagte traurig: „Ach, mein armer Freund. Wie Leid du mir tust!"	Он грýстно сказáл, что я несчáстный, что емý меня́ óчень жáлко. Er sagte traurig, dass ich immer Pech hätte, dass ich ihm sehr Leid tue.
Ирúна сказáла: „Люба, ты э́то сдéлала óчень хорошó". Irina sagte: „Ljuba, du hast das sehr gut gemacht."	Ирúна сказáла Любе, что онá э́то сдéлала óчень хорошó. Irina sagte Ljuba, dass sie das sehr gut gemacht habe.

§ 121 Die Wiedergabe von Aussagesätzen

Ein Aussagesatz der direkten Rede wird in indirekter Rede zum Objektsatz, der durch die Konjunktion **что** eingeleitet wird. Dieser Objektsatz folgt immer dem Hauptsatz. Im Deutschen wird der Nebensatz meist durch „dass" eingeleitet. Im Unterschied zum Deutschen wird der **Indikativ** der direkten Rede in der indirekten Rede **nicht** im **Konjunktiv** wiedergegeben.

Direkte Rede	Indirekte Rede
Он сказáл/отвéтил: „Я придý зáвтра". Er sagte: „Ich komme morgen."	Он сказáл/отвéтил, что придёт зáвтра. Er sagte, dass er morgen käme (kommen würde).
Онá сказáла: „Вчерá друг уéхал". Sie sagte: „Der Freund ist gestern abgefahren."	Онá сказáла, что друг вчерá уéхал. Sie sagte, dass der Freund gestern abgefahren sei. Sie sagte, der Freund sei gestern abgefahren.

Steht aber in der direkten Rede der **Konjunktiv**, so wird dieser in der indirekten Rede **beibehalten**.

Direkte Rede	Indirekte Rede
Он сказáл: „Éсли бы я нé был бóлен, я пришёл бы к вам". Er sagte: „Wenn ich nicht krank wäre, würde ich zu euch kommen."	Он сказáл, что он пришёл бы к нам, éсли бы он нé был бóлен. Er sagte, dass er zu uns kommen würde, wenn er nicht krank wäre.

§ 122   Die Wiedergabe von Aufforderungssätzen

Aufforderungssätze, die einen Befehl, Rat, Wunsch oder eine Bitte ausdrücken, werden in der indirekten Rede durch einen **Objektsatz** im **Konjunktiv** wiedergegeben, der durch die Konjunktion **чтóбы** eingeleitet wird. ↗ § 25

Direkte Rede	Indirekte Rede
Он сказáл: „Приходи́ ко мне зáвтра!" Er sagte: „Komm morgen zu mir!"	Он сказáл, чтóбы я пришёл к немý зáвтра. Er sagte, dass ich morgen zu ihm kommen solle. Er sagte, ich solle morgen zu ihm kommen.

Ein Imperativ der direkten Rede kann in der indirekten Rede mitunter auch mit dem Infinitiv ohne Konjunktion ausgedrückt werden:

Direkte Rede	Indirekte Rede
Дéти попроси́ли бáбушку: „Расскажи́ нам скáзку!" Die Kinder baten die Großmutter: „Erzähl uns ein Märchen!"	Дéти попроси́ли бáбушку рассказáть им скáзку. Die Kinder baten die Großmutter, ihnen ein Märchen zu erzählen.

§ 123   Die Wiedergabe von Fragesätzen (indirekte Fragesätze)

1. Wiedergabe von Ergänzungsfragen ↗ § 118

Die indirekte Ergänzungsfrage wird durch einen **Nebensatz** wiedergegeben, der durch das **Fragewort** eingeleitet wird:

Direkte Ergänzungsfrage	Indirekte Ergänzungsfrage
Учи́тельница спроси́ла нас: „Где вы проводи́ли кани́кулы?" Die Lehrerin fragte uns: „Wo habt ihr die Ferien verbracht?"	Учи́тельница спроси́ла нас, где мы проводи́ли кани́кулы. Die Lehrerin fragte uns, wo wir die Ferien verbracht hätten.

2. Entscheidungsfragen ↗ § 119

Die indirekte Entscheidungsfrage wird durch einen **Nebensatz** wiedergegeben. Als Konjunktion fungiert die Partikel **ли**, die – anders als das deutsche „ob" – hinter das erste Wort des Nebensatzes tritt. An erster Stelle im Nebensatz steht jeweils das Wort, das den Frageschwerpunkt in der direkten Rede bildet.

Direkte Entscheidungsfrage	Indirekte Entscheidungsfrage
Он спроси́л меня́: „Ты был вчерá в теáтре?" Er fragte mich: „Warst du gestern im Theater?"	Он спроси́л меня́, был ли я вчерá в теáтре. Er fragte mich, ob ich gestern im Theater **war**. Он спроси́л меня́, вчерá ли я был в теáтре. Er fragte mich, ob ich **gestern** im Theater war. Он спроси́л меня́, я ли был вчерá в теáтре. Er fragte mich, ob **ich** gestern im Theater war. Он спроси́л меня́, в теáтре ли я вчерá был. Er fragte mich, ob ich gestern **im Theater** war.

Kapitel 20   Unbestimmt-persönliche und unpersönliche Sätze

§ 124   Unbestimmt-persönliche Sätze

Unbestimmt-persönliche Sätze sind dadurch gekennzeichnet, dass sie **kein Subjekt** enthalten. Das **Prädikat** steht in der **3. Person Plural**. Die handelnden Personen werden nicht genannt. Der Satz drückt eine Handlung aus, die von unbekannten Personen ausgeführt wird oder die sich nicht auf bestimmte Personen beschränken lässt. Im Deutschen werden die gedachten unbestimmten Personen durch „man" wiedergegeben.

Здесь не ку́рят.	Hier raucht man nicht/wird nicht geraucht.
В э́том магази́не говоря́т по-ру́сски.	In diesem Geschäft spricht man russisch.
Говоря́т, что...	Man sagt, dass...
Тебя́ сюда́ посла́ли?	Hat man dich hierher geschickt?

Mitunter treten als Prädikat auch **Adjektive** auf:

В э́том магази́не ве́жливы.	In diesem Geschäft ist man höflich.
Всегда́ ра́ды стара́ться.	Man bemüht sich immer gern.

Unbestimmt-persönliche Sätze sind besonders häufig in der gesprochenen Sprache und in Aufforderungen oder Anweisungen offiziellen Stils anzutreffen. Im Deutschen entsprechen diesem Satztyp manchmal auch Passivkonstruktionen, bei denen die unbestimmte Person durch „es" wiedergegeben wird.

Про́сят соблюда́ть тишину́.	Es wird gebeten, leise zu sein.
Передаю́т после́дние изве́стия.	Es werden die Nachrichten gesendet.

§ 125   Unpersönliche Sätze

In unpersönlichen Sätzen bezeichnet das Prädikat einen Prozess oder Zustand, der als **subjektlos gedacht** wird und der unabhängig von einem Urheber ist.
Das **Prädikat** steht dabei im **Neutrum**. Es tritt häufig in folgenden Formen auf:

– **Unpersönliches Verb**

Света́ет.	Es wird hell.

– **Unpersönlich gebrauchtes Verb**
Das den Urheber der Handlung bezeichnende Substantiv steht im Instrumental.

Прия́тно па́хнет пирожка́ми.	Es riecht angenehm nach Piroggen.

– **Kurzform des Partizips Präteritum Passiv** ↗ § 32

Уже́ закры́то.	Es ist schon geschlossen.

– **Zustandswort**

Es drückt einen bestimmten Zustand der Natur oder des Menschen aus:

ве́село	froh,	хорошо́	gut,	стра́шно	schrecklich,	хо́лодно	kalt
жа́рко	heiß,	ти́хо	leise,	сты́дно	peinlich,	ску́чно	langweilig

Das Zustandswort wird in Verbindung mit einer finiten Form von быть (die im Präsens entfällt) oder стать (werden) gebraucht.
Wird eine Person genannt, so steht das entsprechende Nomen im Dativ. Unpersönliche Sätze mit Zustandswort weisen folgende Struktur auf:

Nomen (im Dativ)	+ finite Form von быть oder стать	+ prädikatives Adverb	(+ Infinitiv)	
Де́тям		тру́дно	встава́ть.	Den Kindern fällt es schwer aufzustehen.
Нам	бы́ло	сты́дно	идти́.	Uns war es peinlich zu gehen.
Тебе́	бу́дет	пло́хо.		Dir wird (es) schlecht werden.
	Ста́ло	хо́лодно.		Es ist kalt geworden.

Als Zustandswort werden auch die so genannten **modalen Zustandswörter**, z. B. мо́жно, ну́жно, нельзя́ gebraucht, die ein Müssen, Können, Dürfen, Brauchen, Sollen zum Ausdruck bringen ↗ §§ 109–114.

– **Verb im Infinitiv (Infinitivsätze)**

Infinitivsätze drücken vor allem verschiedene modale Bedeutungen aus, z. B. eine Notwendigkeit, Unvermeidlichkeit, Möglichkeit, Unmöglichkeit der durch den Infinitiv bezeichneten Handlung. Wird eine Person genannt, so steht das entsprechende Nomen im Dativ. Der Infinitivsatz weist folgende Struktur auf:

(кому́)	+	Infinitiv		
	Нам	идти́	домо́й.	Wir müssen nach Hause gehen.
Что	нам	де́лать?		Was sollen wir tun?
		Не шуме́ть!		Nicht lärmen!

Bei der Übersetzung ins Deutsche muss das deutsche Modalverb aus dem Kontext erschlossen werden.

Infinitivsätze drücken vor allem folgende **Bedeutungen** aus:

- ein Müssen (Nicht-Dürfen), Sollen, Können

Вам здесь не перейти́!	Hier dürfen Sie nicht hinübergehen!
Почему́ мне не обрати́ться к нему́?	Warum soll ich mich nicht an ihn wenden?
Де́лать не́чего.	Da ist nichts zu machen.

- einen nachdrücklichen Befehl

Молча́ть!	Schweig(en Sie)!
Не прислоня́ться!	Nicht anlehnen!

- einen Wunsch oder eine Befürchtung
  Hier wird die Partikel бы hinzugefügt.

Поговори́ть бы с ним!	Man müsste mit ihm sprechen.
Тебе́ бы идти́ домо́й.	Du solltest nach Hause gehen.
Покури́ть бы тепе́рь!	Man müsste jetzt rauchen können!
Не опозда́ть бы нам!	Wenn wir nur nicht zu spät kommen!

- die Notwendigkeit oder Unmöglichkeit einer Handlung

Нам идти́ к врачу́.	Wir müssen zum Arzt gehen.
Мне там бо́льше не жить.	Ich kann dort nicht mehr wohnen.
Ему́ с э́тим не спра́виться.	Damit wird er nicht fertig werden./Das schafft er nicht.

Kapitel 21   Adverbialsätze

Adverbialsätze sind solche Sätze, die Umstände angeben, unter denen die Handlung des Hauptsatzes erfolgt. Sie werden entsprechend ihrer Bedeutung weiter untergliedert in Modal-, Lokal-, Temporal-, Kausal-, Final-, Konditional-, Konsekutiv- und Konzessivsätze.

§ 126   Modalsätze

Modalsätze antworten auf die Frage „wie?" (как?)
Sie werden vor allem durch folgende **Konjunktionen** eingeleitet:

как так ... как	wie so ... wie	Она сде́лала рабо́ту **так, как** я ду́мал. Sie hat die Arbeit so getan, wie ich dachte.
сто́лько ... ско́лько	soviel ... wie	Пла́тье сто́ит **сто́лько, ско́лько** она́ предполага́ла. Das Kleid kostet so viel, wie sie angenommen hatte.
чем	als (beim Vergleich)	Он ста́рше, **чем** мы ему́ дава́ли. Er ist älter, als wir ihn eingeschätzt hatten.
чем ... тем	je ... desto	**Чем** лу́чше он писа́л, **тем** ча́ще печа́тали его́ расска́зы. Je besser er schrieb, desto häufiger wurden seine Erzählungen gedruckt.
бу́дто бу́дто бы как бу́дто	als ob	Они́ с ним разгова́ривали, **(как) бу́дто (бы)** они́ давно́ бы́ли с ним знако́мы. Sie haben sich so mit ihm unterhalten, als ob sie ihn schon lange kennen würden.

§ 127   Lokalsätze

Lokalsätze antworten auf die Fragen „wo?" (где?), „wohin?" (куда́?), „woher?" (отку́да?). Sie werden durch die entsprechenden **Frageadverbien** eingeleitet, auf die oft schon im Hauptsatz verwiesen wird:

там, где	dort, wo	Они́ живу́т **там, где** жи́ли на́ши роди́тели. Sie leben dort, wo unsere Eltern lebten.
туда́, куда́	dorthin, wohin	Он пошёл **туда́, куда́** пошла́ и я. Er ging dorthin, wohin ich auch ging.
отту́да, отку́да	daher, woher	Соба́ки пришли́ **отту́да, отку́да** пришли́ и де́ти. Die Hunde kamen daher, woher auch die Kinder kamen.

§ 128 Temporalsätze

Temporalsätze antworten auf die Fragen „wann?" (когда́?), „wie lange?" (как до́лго?, на ско́лько вре́мени?), „seit wann?" (с каки́х пор?), „bis wann?" (до каки́х пор?), „wie oft?" (ско́лько раз?). Sie werden vor allem durch folgende **Konjunktionen** eingeleitet:

когда́	wenn/als	**Когда́** я с ним познако́милась, мне бы́ло то́лько 5 лет. Als ich ihn kennen lernte, war ich erst 5 Jahre alt.
пока́ (не)	bis	Мы оста́немся в Москве́, **пока́ не** вы́здоровеешь. Wir bleiben in Moskau, bis du gesund bist.
в то вре́мя как	während	**В то вре́мя как** де́ти спа́ли, мать была́ у сосе́дей. Während die Kinder schliefen, war die Mutter bei den Nachbarn.
по́сле того́ как	nachdem	Они́ пожени́лись, **по́сле того́ как** у́мер её оте́ц. Sie heirateten, nachdem ihr Vater gestorben war.
до того́ как **пе́ред тем как**	bevor	**До того́ как (Пе́ред тем как)** она́ ухо́дит на рабо́ту, она́ бе́гает по па́рку. Bevor sie zur Arbeit geht, joggt sie durch den Park.
с тех пор как	seitdem	**С тех пор как** я съе́ла соси́ски, мне пло́хо. Seitdem ich die Würstchen gegessen habe, ist mir übel.
вся́кий раз как	sooft, immer wenn	**Вся́кий раз как** приходи́ла ба́бушка, она́ приноси́ла сла́дости для вну́чки. Jedes Mal, wenn die Großmutter kam, brachte sie Süßigkeiten für die Enkelin mit.

§ 129 Kausalsätze

Kausalsätze antworten auf die Frage „warum?" (почему́?, заче́м?, из-за чего́?). Sie werden vor allem durch folgende **Konjunktionen** ↗ § 91 eingeleitet:

потому́ что так как	da, weil	Он не смог прийти́, **потому́ что** он был о́чень за́нят. Er konnte nicht kommen, weil er sehr beschäftigt war. **Так как** он был бо́лен, он не мог прийти́. Weil er krank war, konnte er nicht kommen.
из-за того́ что	wegen, weil	**Из-за того́ что** мы регуля́рно занима́емся спо́ртом, у нас така́я спорти́вная фигу́ра. Weil wir regelmäßig Sport treiben, haben wir eine solche sportliche Figur.
благодаря́ тому́ что	dank der Tatsache, dass	**Благодаря́ тому́ что** он о́чень мно́го занима́лся, он сдал экза́мен. Dank der Tatsache, dass er sehr viel gelernt hat, hat er die Prüfung bestanden.
поско́льку	insofern als, da	**Поско́льку** вы не возража́ете, мы э́то так и сде́лаем. Da Sie nicht widersprechen, werden wir es so machen.
в связи́ с тем что	in Verbindung damit, dass, da	**В связи́ с тем что** студе́нты ча́сто чита́ют кни́ги на ру́сском языке́, они́ хорошо́ владе́ют э́тим языко́м. Da die Studenten oft Bücher in russischer Sprache lesen, beherrschen sie diese Sprache gut.
тем бо́лее что	um so mehr als, zumal	Я не хоте́ла проводи́ть о́тпуск на ю́ге, **тем бо́лее что** мне нельзя́ загора́ть на со́лнце. Ich wollte den Urlaub nicht im Süden verbringen, zumal ich mich nicht sonnen darf.

▽ Kausalsätze mit den Konjugationen **потому́ что** und **тем бо́лее что** stehen **immer hinter** dem **Hauptsatz**. Nebensätze mit **так как** u. a. können **vor und hinter** dem **Hauptsatz** stehen:

Он отсу́тствует, **потому́ что** он бо́лен.
Er fehlt, weil er krank ist.
Он не мо́жет прийти́, **так как** у него́ нет вре́мени.
Er kann nicht kommen, weil er keine Zeit hat.
Так как он бо́лен, он не мо́жет прийти́.
Da er krank ist, kann er nicht kommen.

Die Konjunktion **потому́ что** kann getrennt werden, wobei der erste Teil der Verbindung im übergeordneten Satz stehen kann. Im Satz werden unterschiedliche Wörter hervorgehoben:

Он не пришёл, **потому́ что** не получи́л на́ше письмо́.
Er ist nicht gekommen, **weil** er unseren Brief nicht bekommen hat.
Он не пришёл **потому́,** что не получи́л на́ше письмо́.
Er ist **deshalb** nicht gekommen, **weil** er unseren Brief nicht bekommen hat.

§ 130 Finalsätze

Finalsätze antworten auf die Fragen „wozu?", „weshalb?" (для чего́?), „zu welchem Zweck?" (с како́й це́лью?, заче́м?). Sie werden durch folgende **Konjunktionen** eingeleitet:

| что́бы | для того́, что́бы | с тем, что́бы | зате́м, что́бы | um...zu.../damit.../dass... |

Haben Haupt- und Nebensatz **ein und dasselbe Subjekt**, so kann **что́бы** mit dem **Infinitiv** verbunden werden.
Weisen Haupt- und Nebensatz **unterschiedliche Subjekte** auf, dann wird durch **что́бы** ein **Nebensatz** mit einer **finiten Verbform im Präteritum** eingeleitet.

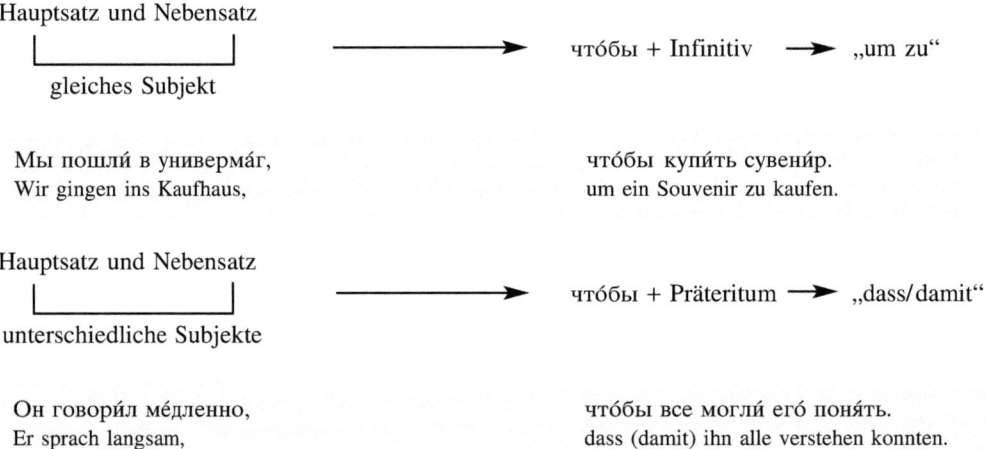

§ 131 Konditionalsätze

Konditionalsätze antworten auf die Frage: „unter welcher Bedingung?" (при каком условии?). Sie geben eine **reale** oder **nichtreale** (wünschenswerte, vorstellbare) Bedingung an, unter der die Handlung verläuft oder verlaufen könnte. Konditionalsätze werden durch folgende **Konjunktionen** eingeleitet:

Reale Bedingungen

если	wenn	Если ты вернёшься рано, пойдём в кино.
когда	falls	Falls du früh kommst, werden wir ins Kino gehen.
		Когда увидишь его, передай ему привет.
		Wenn du ihn siehst, grüß ihn von mir.

Im Deutschen werden diese Konditionalsätze mit dem **Indikativ** wiedergegeben.

Nichtreale Bedingungen

если бы	wenn	Если бы он пришёл, я дал бы ему книгу.
		Wenn er käme, würde ich ihm das Buch geben.

Bei der Bezeichnung einer nichtrealen Bedingung steht **sowohl im Haupt- als auch im Nebensatz der Konjunktiv** ↗ § 25.

§ 132 Konsekutivsätze

Konsekutivsätze antworten auf die Frage: „mit welcher Folge?" (что было следствием?). Sie werden meist durch die Konjunktion **так что** so dass ↗ § 91 eingeleitet:

Он говорил громко, так что все его поняли.	Er hat laut gesprochen, **so dass** ihn alle verstehen konnten.

§ 133 Konzessivsätze

Konzessivsätze nennen einen unzureichenden Grund, eine Einräumung. Sie antworten auf die Frage: „trotz welchen Umstandes?" (несмотря на что?).
Sie werden vor allem durch folgende **Konjunktionen** eingeleitet:

хотя/хоть (бы)	obwohl, obgleich	**Хотя** у неё мало времени, она мне каждый день пишет письмо.
		Obwohl sie wenig Zeit hat, schreibt sie mir jeden Tag einen Brief.
несмотря на то, что	ungeachtet dessen, dass	**Несмотря на то, что** ему уже 80 лет, он регулярно занимается спортом.
		Ungeachtet dessen, dass er schon 80 Jahre alt ist, treibt er regelmäßig Sport.

Kapitel 22   Zeit- und Ortsangaben

§ 134   Altersangaben

Bei Altersangaben wird im Russischen eine vom Deutschen abweichende Konstruktion verwendet:

	Person + Dativ	neutrale Form von **быть**	+ Anzahl Kardinalzahlwort	+ Jahr(e)	
Präsens	Ему́	–	пятьдеся́т	лет.	Er ist 50 Jahre alt.
Präteritum	Ему́	бы́ло	пятьдеся́т	лет.	Er war 50 Jahre alt.
Futur	Ему́	бу́дет	пятьдеся́т	лет.	Er wird 50 Jahre alt sein.

Die Altersangabe selbst (...50 Jahre alt) besteht aus dem Kardinalzahlwort und einer Form des russischen Wortes год Jahr. Dabei gilt ↗ §§ 64–66:

nach **1**	und 1 als letztem Bestandteil mehrgliedriger Zahlwörter	steht **год,**
nach **2, 3, 4**	und 2, 3, 4 als letztem Bestandteil mehrgliedriger Zahlwörter	steht **го́да,**
nach **5–20**	und 5, 6, 7, 8, 9, 0 als letztem Bestandteil mehrgliedriger Zahlwörter	steht **лет.**

Ма́ме уже́ 61 год.	Mama ist schon 61 Jahre alt.
Па́пе то́лько 60 лет.	Vati ist erst 60 Jahre alt.
Ба́бушке 84 го́да.	Großmutter ist 84 Jahre alt.
Де́душке 85 лет.	Großvater ist 85 Jahre alt.

Die **Frage nach dem Alter** lautet:

Ско́лько	**+ Person** Dativ	**+ лет?**
Ско́лько	тебе́	лет?	Wie alt bist du?
Ско́лько	вам	лет?	Wie alt sind Sie?

▽ Bei **ungefähren** Altersangaben wird das Kardinalzahlwort **hinter** год, го́да, лет gestellt:

Ему́ лет два́дцать.	Er ist ungefähr zwanzig Jahre alt.
Ей го́да три.	Sie ist ungefähr drei Jahre alt.
Ему́ бы́ло лет три́дцать пять.	Er war ungefähr 35 Jahre alt.

Gelegentlich wird die Altersangabe auch **attributiv durch einen Genitiv** zum Ausdruck gebracht:

Она́ де́вушка семна́дцати лет.	Sie ist ein Mädchen von 17 Jahren.
Он мужчи́на тридцати́ пяти́ лет.	Er ist ein Mann von 35 Jahren.

§ 135   Uhrzeitangaben

Die Frage nach der Uhrzeit lautet: „Кото́рый час?/Ско́лько вре́мени?" Wie viel Uhr ist es? Wie spät ist es?

1. Die offizielle Uhrzeitangabe

Bei offiziellen Uhrzeitangaben werden zuerst die Stunden, dann die Minuten genannt. Dabei gilt:

  час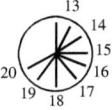

Час. Два́дцать оди́н час.
Jetzt ist es ein Uhr. Jetzt ist es 21 Uhr.

 **часа́**

Два/три/четы́ре часа́. Два́дцать два/два́дцать три/два́дцать четы́ре часа́.
Es ist zwei/drei/vier Uhr. Es ist 22/23/24 Uhr.

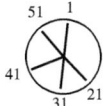 **часо́в**

Ноль/пять/шесть/семь … часо́в. Двена́дцать/трина́дцать … два́дцать часо́в.
Es ist 0/5/6/7 … Uhr. Es ist 12/13 … 20 Uhr.

мину́та

Два́дцать часо́в одна́ мину́та. Es ist 20.01 Uhr.
Два́дцать часо́в со́рок одна́ мину́та. Es ist 20.41 Uhr.

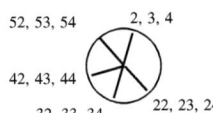 **мину́ты**

Два́дцать часо́в три мину́ты. Es ist 20.03 Uhr.
Два́дцать часо́в два́дцать две мину́ты. Es ist 20.22 Uhr.
Два́дцать часо́в со́рок четы́ре мину́ты. Es ist 20.44 Uhr.

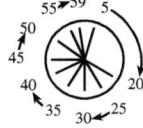 **мину́т**

Два́дцать часо́в два́дцать шесть мину́т. Es ist 20.26 Uhr.
Два́дцать часо́в три́дцать во́семь мину́т. Es ist 20.38 Uhr.
Два́дцать часо́в со́рок де́вять мину́т. Es ist 20.49 Uhr.

Auf die Frage **когда́**? (wann?) oder **в кото́ром часу́**? (um wie viel Uhr?) steht **в** mit dem **Akkusativ**:

В ноль часо́в два́дцать одну́ мину́ту.	Um 0.21 Uhr.
В два часа́ две/три/четы́ре/два́дцать две/ два́дцать три/два́дцать четы́ре мину́ты.	Um 2.02/2.03/2.04/2.22/2.23/2.24 Uhr.
В пять часо́в пять/шесть/семь ... мину́т.	Um 5.05/5.06/5.07 ... Uhr.

▽ час, часа́, часо́в und мину́та, мину́ты, мину́т werden oft durch **ч.** und **м.** abgekürzt:

Э́та переда́ча начина́ется в 21 ч. 01 м.
(в два́дцать оди́н час одну́ мину́ту).
Diese Sendung beginnt um 21.01 Uhr.
Фильм идёт в 20 ч. 55 м. (в два́дцать часо́в пятьдеся́т пять мину́т).
Der Film läuft um 20.55 Uhr.

2. Die umgangssprachliche Uhrzeitangabe

In der Umgangssprache wird die Uhrzeit durch folgende Konstruktion wiedergegeben:

halb ...

die Hälfte пол-/полови́на	**+**	**der laufenden Stunde** **maskulines Ordinalzahlwort im Genitiv**

Полшесто́го.	Es ist halb sechs.	Полдвена́дцатого.	Es ist halb zwölf.
Полови́на шесто́го.	Es ist halb sechs.	Полови́на двена́дцатого.	Es ist halb zwölf.

Viertel ...

ein Viertel че́тверть	**+**	**der laufenden Stunde** **maskulines Ordinalzahlwort im Genitiv**

Че́тверть восьмо́го.	Es ist viertel acht.	Че́тверть пе́рвого.	Es ist viertel eins.

drei Viertel .../Viertel vor ...

ohne ein Viertel без че́тверти	**+**	**die laufende Stunde** **Kardinalzahlwort im Nominativ**

Без че́тверти пять.	Es ist drei viertel fünf.	Без че́тверти два.	Es ist drei viertel zwei.

... Uhr 5, 10, 15, 20, 25 (Minuten) bzw. 5, 10, 15, 20, 25 (Minuten) nach

meist runde Minutenzahlen der ersten Stundenhälfte 5, 10, 15, 20, 25 мину́т	**+**	**der angefangenen Stunde** **maskulines Ordinalzahlwort im Genitiv**

Два́дцать мину́т второ́го.	Es ist 20 Minuten nach eins.	Пять мину́т тре́тьего.	Es ist 5 Minuten nach zwei.

... Uhr 35, 40, 45, 50, 55 bzw. 5, 10, 15, 20, 25 vor ...

ohne без	+	meist runde Minutenzahlen Kardinalzahlwort im Genitiv	+	die volle Stunde Kardinalzahlwort im Nominativ

Без пяти́ шесть.	Es ist 5 vor 6.	Без десяти́ во́семь.	Es ist 10 vor 8.

▽ „Um" в wird bei dieser Zeitangabe nur in Verbindung mit „halb" und „viertel" gekennzeichnet; der Gebrauch von в ist jedoch nicht zwingend. Dabei steht в mit dem **Akkusativ**, bei **полови́на** steht jedoch der **Präpositiv**:

(в) полшесто́го, в полови́не шесто́го	um halb sechs
(в) че́тверть шесто́го	um viertel sechs

Bei **umgangssprachlichen** Uhrzeitangaben zählt man die Stunden nicht von 0 bis 24, sondern **nur** von **0 bis 12**:

| 13.30 Uhr | полвторо́го |
| 22.45 Uhr | без че́тверти оди́ннадцать |

§ 136 Datumsangaben

Nach dem Datum wird mit der Frage „Како́е сего́дня число́?" (Der Wievielte ist heute?) gefragt. Die Antwort hat folgende Form:

neutrale Form der Ordinalzahl im Nominativ + **Monatsname im Genitiv**

| Како́е сего́дня число́? | Der Wievielte ist heute? |
| Сего́дня два́дцать восьмо́е ма́я. | Heute ist der 28. Mai. |

Wird „**Како́го числа́?**" (Am Wievielten ...?) oder „**Когда́ ...?**" (Wann ...?) gefragt, so wird folgende Form benutzt:

Ordinalzahl im Genitiv + **Monatsname im Genitiv**

Како́го числа́ начина́ется весна́? Am Wievielten beginnt der Frühling? Когда́ начина́ется весна́? Wann beginnt der Frühling?	Два́дцать пе́рвого ма́рта. Am 21. März. Два́дцать пе́рвого ма́рта. Am 21. März.

Auf die Frage „**В како́й день?**" (An welchem Tag?) hat die Antwort nachstehende Form:

Präposition в oder на + **Name des Tages im Akkusativ**

В како́й день прихо́дят го́сти? An welchem Tag kommen die Gäste? Когда́ прихо́дят го́сти? Wann kommen die Gäste?	Они́ прихо́дят в день рожде́ния. Sie kommen am Geburtstag. Они́ прихо́дят в сре́ду. Sie kommen am Mittwoch. Они́ прихо́дят на Рождество́. Sie kommen zu/an Weihnachten.

Auf die Frage „**В како́м ме́сяце?**" (In welchem Monat?) hat die Antwort folgende Form:

Präposition в + **Name des Monats im Präpositiv**

В како́м ме́сяце у тебя́ день рожде́ния?
In welchem Monat hast du Geburtstag?

В ма́**е**.
Im Mai.

§ 137 Jahreszahlen

Das Jahr wird durch das **Ordinalzahlwort** in Verbindung mit **год** wiedergegeben:

Како́й год?	Welches Jahr?
Ты́сяча восемьсо́т два́дцать пя́**тый** год (1825/1825-й год).	Das Jahr 1825.
Ты́сяча девятьсо́т семна́дцат**ый** год (1917/1917-й год).	Das Jahr 1917.

„Im Jahre ..." wird durch die Konstruktion
 в + Ordinalzahlwort im Präpositiv + году́
wiedergegeben:

В како́м году́?	In welchem Jahr?
В ты́сяча восемьсо́т два́дцать пя́**том** году́ (1825/1825-ом году́).	Im Jahr 1825.
В ты́сяча девятьсо́т семна́дца**том** году́ (1917/1917-ом году́).	Im Jahr 1917.

„Seit dem Jahre ..." wird durch die Konstruktion
 с + Ordinalzahlwort im Genitiv + го́да
wiedergegeben:

С како́го го́да?	Seit (ab) welchem Jahr?
С ты́сяча девятьсо́т со́рок пя́того **го́да** (с 1945-ого го́да).	Seit (dem Jahre) 1945.

Eine Jahre umfassende Zeitspanne „von ... bis ..." wird durch nachstehende Konstruktionen wiedergegeben:

 с + Ordinalzahlwort im Genitiv + до + Ordinalzahlwort im Genitiv + го́да oder
 с + Ordinalzahlwort im Genitiv + по + Ordinalzahlwort im Akkusativ + год

С како́го до како́го го́да?	Von welchem bis zu welchem Jahr?
С ты́сяча шестьсо́т девяно́сто восьм**о́го** до ты́сяча семьсо́т два́дцать пя́**того** го́да (с 1698-ого до 1725-ого го́да).	Von 1698 bis 1725.
С ты́сяча шестьсо́т девяно́сто восьм**о́го** по ты́сяча семьсо́т два́дцать пя́**тый** год (с 1698-ого по 1725-й год).	Von 1698 bis (eingeschlossen) 1725.

▽ Bei in **Ziffern geschriebenen** Jahreszahlen werden häufig an die letzte Ziffer ein Bindestrich und die Endung oder die letzten Buchstaben der Ordnungszahlwörter angefügt:

... 1980-ого го́да; ... 1980-го го́да; 1980-й год

§ 138 Datums- und Jahresangabe

In Verbindung mit dem Datum steht die **Jahresangabe** im **Genitiv**:

Какое число?
Тридцатое мая тысяча девятьсот пятьдесят шестого года   Der 30. Mai 1956.
(30. 05. 1956; 30. 05. 56)

Когда? Какого числа?
Тридцатого мая тысяча девятьсот пятьдесят шестого года   Am 30. Mai 1956.
(30. 05. 56; 30-ого мая 1956-ого г.).

▽ In **Ziffern** wird das Datum auch häufig wie folgt **geschrieben**: Tag. Monat. Jahr, z. B. 9. 02. 95. Veraltet, aber immer noch gebräuchlich, ist die Schreibweise: Tag/Monat (in römischen Ziffern) – Jahr mit г. (für год), z. B. 9/II – 95 г.

§ 139 Präpositionale Fügungen zum Ausdruck temporaler Beziehungen

Когда?	в + Präp.	kalendarische Angaben	в двадцатом веке	im 20. Jahrhundert
		Jahrzehnte, Jahrhunderte	в 90-х (девяностых) годах	in den 90er Jahren
		Monate	в феврале	im Februar
			в этом месяце	in diesem Monat
		Lebensabschnitt	в детстве	in der Kindheit
			в старости	im Alter
			в юности/в молодости	in der Jugend
		Beginn/Mitte/Ende eines Zeitraums	в начале марта	Anfang März
			в середине марта	Mitte März
			в конце марта	Ende März
	в + Akk.	Zeitabschnitt (oft mit Attribut)	в ближайшие годы	in den nächsten Jahren
			в тот день	an jenem Tage
		Tageszeiten	в тёмную ночь	in der dunklen Nacht
			в полдень	mittags
		Wochentage	в понедельник	am Montag
			в прошлую среду	am vergangenen Mittwoch
	на + Präp.	Woche + Attribut	на следующей неделе	in der nächsten Woche
			на прошлой неделе	in der vergangenen Woche
			на днях	unlängst, kürzlich, bald
Когда?	на + Akk.	Tag	на второй день	am zweiten Tag
			на другой день	am nächsten Tag
На какой срок?	на + Akk.	Zeitraum	на месяц	für einen Monat
			на несколько минут	für einige Minuten
Сколько раз?	Akk.	Häufigkeit	каждую секунду	jede Sekunde
	по + Dat.		по средам	mittwochs
			по утрам	morgens

В течение какого срока?	в течение + Gen.	im Verlaufe/während	в течение недели	im Verlaufe einer Woche	
			в течение трёх лет	im Verlaufe von 3 Jahren	
С какого времени?	с + Gen.	seit ..., von ... an	с шести часов утра	von 6 Uhr morgens an	
До какого времени?	до + Gen.	bis	до понедельника	bis Montag	
С ... до	с, от + Gen. ... до +Gen.	von ... bis	с утра до вечера	von morgens bis abends	
С ... по	с +Gen. ... по + Akk.	(einschließlich)	с апреля по август	von April bis (einschließlich) August	
Когда?	накануне + Gen.	am Vorabend	накануне Нового года	am Vorabend des neuen Jahres	
	(тому) назад	vor	много месяцев (тому) назад	vor vielen Monaten	
	к + Dat.	gegen	приехать к трём часам	gegen 3 Uhr kommen	

§ 140 Präpositionale Fügungen zum Ausdruck lokaler Beziehungen

Где?	в + Präp.	in	Они теперь в школе.	Sie sind jetzt in der Schule.
	вокруг + Gen.	um ... herum	Дети танцуют вокруг ёлки.	Die Kinder tanzen um den Tannenbaum herum.
	за + Instr.	hinter (an)	Журнал лежит за шкафом.	Die Zeitschrift liegt hinter dem Schrank.
	между + Instr.	zwischen	Расстояние между городами 450 км.	Die Entfernung zwischen den Städten beträgt 450 km.
	мимо + Gen.	vorüber ... an	Мы проходим мимо магазинов.	Wir gehen an den Geschäften vorbei.
	на + Präp.	auf, an	Газета лежит на столе.	Die Zeitung liegt auf dem Tisch.
			Семья отдыхает на озере.	Die Familie erholt sich am See.
	над + Instr.	über	Лампа висит над столом.	Die Lampe hängt über dem Tisch.
	около + Gen.	bei, neben, an	Деревня находится около моря.	Das Dorf liegt am Meer.
	перед + Instr.	vor	Кошка лежит перед креслом.	Die Katze liegt vor dem Sessel.
	по + Dat.	über, entlang, durch	Идите по этой площади!	Gehen Sie über diesen Platz!
			Вечером мы ходили по улицам.	Abends gingen wir durch die Straßen.
	под + Instr.	unter, bei (in der Nähe von)	Список лежит под телевизором.	Die Liste liegt unter dem Fernseher.
			Они живут под Москвой.	Sie wohnen bei Moskau.
	против + Gen.	gegenüber	Остановка как раз против театра.	Die Haltestelle liegt direkt gegenüber dem Theater.
	среди + Gen.	inmitten, mitten in/auf	Среди площади стоит памятник.	Mitten auf dem Platz steht ein Denkmal.
	у + Gen.	bei, an, neben	Он долго сидел у окна.	Er saß lange am Fenster.

Куда́?	в + Akk.	in, nach	Положи́ ве́щи в чемода́н.	Lege die Sachen in den Koffer!
			За́втра она́ пое́дет в Москву́.	Morgen wird sie nach Moskau fahren.
	за + Akk.	hinter (an)	Поста́вь посы́лку за дверь.	Stell das Päckchen hinter die Tür!
			Сади́тесь за стол.	Setzt euch an den Tisch!
	к + Dat.	zu, an	Они́ пошли́ к до́му.	Sie sind zum Haus gegangen.
			Подойди́ к окну́.	Tritt ans Fenster (heran)!
	на + Akk.	auf, an	Поста́вь телеви́зор на э́тот стол.	Stell den Fernseher auf diesen Tisch!
	навстре́чу + Dat.	entgegen	Нам навстре́чу е́хала маши́на.	Uns kam ein Auto entgegen.
	под + Akk.	unter	Почему́ ты поста́вил чемода́н под стол?	Warum hast du den Koffer unter den Tisch gestellt?
	че́рез + Akk.	über, durch	Мо́жно здесь перейти́ у́лицу?	Kann man hier die Straße überqueren?
Отку́да?	из + Gen.	aus	Она́ вы́шла из авто́буса.	Sie stieg aus dem Bus.
	из-за + Gen.	hinter ... hervor	Из-за облако́в показа́лось со́лнце.	Hinter den Wolken kam die Sonne hervor.
	от + Gen.	von ... weg	Они́ плы́ли далеко́ от бе́рега.	Sie schwammen weit vom Ufer weg.
	с + Gen.	von ... herab	Он пришёл с вокза́ла.	Er ist vom Bahnhof gekommen.
			Все сошли́ с горы́.	Alle sind vom Berg herabgestiegen.

▽ So wie на nicht immer deutschem „auf" entspricht ↗ § 90, bedeutet auch в nicht in allen Fällen „in":

в университе́те   an der Universität
в Крыму́   auf der Krim

In Verbindung mit präfigierten Verben der Fortbewegung werden oft Präpositionen verwendet, die mit dem Präfix identisch sind ↗ § 38, z. B.

Präfixe	Präposition	Beispiele	
в (во)-	в	войти́ в зда́ние	ins Gebäude gehen
до-	до	дое́хать до остано́вки	die Haltestelle erreichen
за-	за	зайти́ за дом	hinter das Haus gehen
от(о)-	от	отойти́ от две́ри	von der Tür weggehen
с(о)-	с	сойти́ с ба́шни	vom Turm heruntersteigen

Anhang

1. Unterschiede in der Rektion gebräuchlicher deutscher und russischer Verben

deutsche Rektion	russische Rektion (vo./uv.)	Beispiel
anfangen, beginnen (womit?)	нача́ть/начина́ть с + Gen.	с повторе́ния, с рабо́ты, с прове́рки зада́ния
ankommen (allgemein) (wo?)	прибы́ть/прибыва́ть в/на + Akk.	в столи́цу, в го́род, на Кавка́з, на вокза́л
ankommen (mit einem Fahrzeug) (wo?)	прие́хать/приезжа́ть + Akk.	на ста́нцию, на фа́брику
ankommen (mit einem Flugzeug) (wo?)	прилете́ть/прилета́ть + Akk.	в Ки́ев, в Смоле́нск
ankommen (mit einem Schiff, Boot) (wo?)	приплы́ть/приплыва́ть + Akk.	в Украи́ну, в Москву́
anrufen (wen?)	(по)звони́ть + Dat.	дру́гу, А́нне, ма́тери
beenden, aufhören (womit?)	(за)ко́нчить + Instr.	выступле́ние цита́той, слова́ми, призы́вом
befürchten (was?)	опаса́ться + Gen.	после́дствий
begeistern (sich wofür?)	увле́чься/увлека́ться + Instr.	кни́гами, спо́ртом, каки́м-л. писа́телем, Пу́шкиным, исто́рией, каки́м-л. де́лом
beginnen (womit?)	нача́ть/начина́ть с + Gen.	с приве́тствия, с изложе́ния чего́-л.
begrüßen (wen?, wo?)	приве́тствовать (кого́) **aber**: Добро́ пожа́ловать в + Akk. (куда́?) bei Personen auch: к + Dat.	друзе́й, това́рища, в ва́шу шко́лу, в го́род к нам, к дру́гу
Beitrag leisten (wozu?)	внести́/вноси́ть вклад в + Akk.	внести́ вклад в де́ло охра́ны приро́ды
beneiden (worum?), neidisch sein (worauf?)	(по)зави́довать + Dat.	успе́ху, това́рищу
benutzen (was?), gebrauchen, genießen	(вос)по́льзоваться + Instr.	те́хникой, авторите́том
beschäftigen (sich womit?)	заня́ться/занима́ться + Instr.	спо́ртом, му́зыкой
besitzen, beherrschen (was?)	владе́ть + Instr.	со́бственностью, до́мом, языко́м, ме́тодом

deutsche Rektion	russische Rektion (vo./uv.)	Beispiel
bitten (um)	(по)проси́ть + Akk./Gen. oder о + Präp.	у отца́ разреше́ния/разрешения, сове́та, дире́ктора о по́мощи
danken (wem? wofür?)	(по)благодари́ть + Akk. (за + Akk.)	бра́та, мать, сестру́ за по́мощь, за подде́ржку
denken (an), sich errinnern (an)	по́мнить + Akk. oder о + Präp. auch вспо́мнить/вспомина́ть	учи́теля, меня́, како́й-л. день, обо мне́, о чьей-л. про́сьбе
fordern, verlangen; erfordern (was?)	(по)тре́бовать + Gen.	внима́ния, дисципли́ны, поря́дка
freuen (sich worüber?)	(об)ра́доваться + Dat.	твоему́ пода́рку, успе́хам
fürchten (sich wovor?)	боя́ться + Gen.	приро́ды, моро́за, соба́к, экза́мена, темноты́
glauben (an)	(по)ве́рить в + Akk.	в него́, в чью-л. си́лу
gratulieren (wem wozu?), beglückwünschen (wem wozu?)	поздра́вить/поздравля́ть (кого́) с + Instr.	роди́телей с Но́вым го́дом, с днём рожде́ния, с при́зом
grüßen, begrüßen	(по)здоро́ваться с + Instr.	с дру́гом, с преподава́телем, со мной, со знако́мым
heiraten (wen?) (von der Frau aus)	вы́йти/выходи́ть за́муж за + Akk.	за знако́мого, за сосе́да, за Ви́ктора
heiraten (wen?) (vom Mann aus)	жени́ться на + Präp.	на студе́нтке, на Ве́ре, на краси́вой де́вушке
interessieren (sich wofür?)	интересова́ться + Instr.	кни́гами, мо́дой, е́ю, э́тим, всем
kommandieren (was? wen?) befehligen	кома́ндовать + Instr.	а́рмией, полко́м
lehren (wen? was?)	(на)учи́ть + Dat.	ученико́в математике, игре́ на гита́ре, иностра́нному языку́
leiten (wen? was?) Leitung (wovon)?	руководи́ть + Instr. руково́дство + Instr.	кружко́м, шко́лой, студе́нтами
lernen, erlernen (was?)	(на)учи́ть + Dat. изуча́ть/изучи́ть + Akk.	ру́сскому языку́ уро́к, стихотворе́ние, слова́
nutzen, benutzen (was?)	(вос)по́льзоваться + Instr.	се́рвисом, кни́гами
sein (wer? was?)	быть + Instr. явля́ться + Instr.	пенсионе́ром, дру́гом, писа́телем, осно́вой
spielen (ein Instrument)	игра́ть на + Präp.	на гита́ре, на роя́ле, на скри́пке
spielen (was?) ein Spiel	игра́ть в + Akk. игра́ в + Akk.	в ка́рты, в ша́хматы, в те́ннис в ку́клы
stolz sein (worauf?)	горди́ться + Instr.	свои́м сы́ном, успе́хами, маши́ной

deutsche Rektion	russische Rektion (vo./uv.)	Beispiel
stören (wen? was?)	(по)мешáть + Dat.	сестрé, сосéду, рабóте, выздоровлéнию когó-л.
suchen (wen? was?)	искáть + Akk. oder + Gen.	мáму, бáбушку счáстья, подéржки, мéста
sympathisieren (womit? mit wem?)	симпатизи́ровать + Dat.	дéлу, нóвому знакóмому
teilen/dividieren (wodurch?), einteilen	(раз)дели́ть на + Akk.	дéсять на два, шесть на три, ученикóв на грýппы, хлеб на чáсти
teilnehmen (woran?)	приня́ть/принимáть учáстие в + Präp.	в соревновáнии, в бесéде, в чемпионáте
verabschieden (von wem?)	прости́ться/прощáться с + Instr. попрощáться с + Instr.	с подрýгой, с мýжем, со знакóмыми, с роднь́ім гóродом, со шкóлой
verheiratet sein (mit wem?) (von der Frau aus)	быть зáмужем за + Instr.	за учи́телем, за Ви́ктором
verheiratet sein (mit wem?) (vom Mann aus)	быть женáтым, женáт на + Präp.	на Лю́бе, на студéнтке
vorbereiten (sich worauf?), die Vorbereitung (worauf?)	(под)готóвиться к + Dat. подготóвка к + Dat.	к поéздке, к экзáменам, к докладу
warten (worauf?)	ждать + Gen. (auch что)	пóезда, письмá, отвéта, начáла, кани́кул, 22-ой автóбус
wenden (sich an wen?)	обрати́ться/обращáться к + Dat.	к дирéктору, к сестрé, к шкóле
werden (was?)	стать/станови́ться + Instr.	врачóм, преподавáтелем, проблéмой
wollen, anstreben, fordern (was?)	хотéть + Gen.	успéхов, ми́ра, счáстья
haben wollen (was?)	(за)хотéть + Gen.	водь́і, молокá, чáю
wundern (sich worüber?)	удиви́ться/удивля́ться + Dat.	стрáнному вопрóсу, дрýгу, скрóмности когó-л.
wünschen (sich was?)	(за)хотéть + Akk. oder + Gen.	кни́гу, морóженое, хлéба, чáю, ми́ра
wünschen (wem? was?)	(по)желáть + Dat. + Gen.	дрýгу всегó хорóшего, ли́чного счáстья, больши́х успéхов
zweifeln, Zweifel (woran?)	сомневáться в + Präp. сомнéния в + Präp.	в себé, в э́том, в чьих-л. си́лах, в возмóжности чегó-л.

2. Liste einiger häufiger unregelmäßiger Verben

Infinitiv und Konjugation	Imperativ	Präteritum	dt. Bedeutung
бежа́ть *(uv.)*, бегу́, бежи́шь, бегу́т	беги́	бежа́л	laufen, rennen
бить *(uv.)*, бью, бьёшь, бьют	бей	бил	schlagen
боле́ть *(uv.)*, 1. und 2. Pers. ungebr., 3. Pers. боли́т	*ungebr.*	боле́л	schmerzen
боя́ться *(uv.)*, бою́сь, бои́шься, боя́тся	бо́йся	боя́лся	(sich) fürchten
брать *(uv.)*, беру́, берёшь, беру́т	бери́	брал	nehmen
быть *(uv.)*, бу́ду, бу́дешь, бу́дут	будь	был	sein
везти́ *(uv.)*, везу́, везёшь, везу́т	вези́	вёз, везла́, -о́, -и́	fahren *(trans.)*
вести́ *(uv.)*, веду́, ведёшь, веду́т	веди́	вёл, вела́, -о́, -и́	führen
взять *(vo.)*, возьму́, возьмёшь, возьму́т	возьми́	взял, -а́, -о, -и	nehmen
ви́деть *(uv.)*, ви́жу, ви́дишь, ви́дят	(смотри́)	ви́дел	sehen
висе́ть *(uv.)*, 1. und 2. Pers. ungebr., 3. Pers. виси́т	*ungebr.*	висе́л	hängen
возни́кнуть *(vo.)*, 1. und 2. Pers. ungebr., 3. Pers. возни́кнет	*ungebr.*	возни́к, возни́кла	entstehen
встава́ть *(uv.)*, встаю́, встаёшь, встаю́т	встава́й	встава́л	aufstehen
встать *(vo.)*, вста́ну, вста́нешь, вста́нут	встань	встал	
гнать *(uv.)*, гоню́, го́нишь, го́нят	гони́	гнал, -а́, -о, -и	jagen
горе́ть *(uv.)*, горю́, гори́шь, горя́т	гори́	горе́л	brennen
грести́ *(uv.)*, гребу́, гребёшь, гребу́т	греби́	грёб, гребла́, -о́, -и́	rudern
дава́ть *(uv.)*, даю́, даёшь, даю́т	дава́й	дава́л	geben
дать *(vo.)*, дам, дашь, даст, дади́м, дади́те, даду́т	дай	дал, -а́, -о, -и	
держа́ть *(uv.)*, держу́, де́ржишь, де́ржат	держи́	держа́л	halten
дрожа́ть *(uv.)*, дрожу́, дрожи́шь, дрожа́т	дрожи́	дрожа́л	zittern
дуть *(uv.)*, ду́ю, ду́ешь, ду́ют	дуй	дул	blasen, wehen
дыша́ть *(uv.)*, дышу́, ды́шишь, ды́шат	дыши́	дыша́л	atmen
есть *(uv.)*, ем, ешь, ест, еди́м, еди́те, едя́т	ешь	ел	essen
е́хать *(uv.)*, е́ду, е́дешь, е́дут	(поезжа́й)	е́хал	fahren
ждать *(uv.)*, жду, ждёшь, ждут	жди	ждал, -а́, -о, -и	warten
жить *(uv.)*, живу́, живёшь, живу́т	живи́	жил, -а́, -о, -и	leben, wohnen
забы́ть *(vo.)*, забу́ду, забу́дешь, забу́дут	забу́дь	забы́л	vergessen
закры́ть *(vo.)*, закро́ю, закро́ешь, закро́ют	закро́й	закры́л	schließen
заня́ться *(vo.)*, займу́сь, займёшься, займу́тся	займи́сь	занялся́, -ла́сь	sich beschäftigen
звать *(uv.)*, зову́, зовёшь, зову́т	зови́	звал, -а́, -о, -и	rufen, nennen
идти́ *(uv.)*, иду́, идёшь, иду́т	иди́	шёл, шла, -о, -и	gehen
класть *(uv.)*, кладу́, кладёшь, кладу́т	клади́	клал	legen
лежа́ть *(uv.)*, лежу́, лежи́шь, лежа́т	лежи́	лежа́л	liegen
лезть *(uv.)*, ле́зу, ле́зешь, ле́зут	лезь	лез, ле́зла, -о, -и	klettern
лете́ть *(uv.)*, лечу́, лети́шь, летя́т	лети́	лете́л	fliegen
лечь *(vo.)*, ля́гу, ля́жешь, ля́гут	ляг	лёг, легла́, -о́, -и́	sich hinlegen
лить *(uv.)*, лью, льёшь, льют	лей	лил, -а́, -о, -и	gießen
молча́ть *(uv.)*, молчу́, молчи́шь, молча́т	молчи́	молча́л	schweigen
мочь *(uv.)*, могу́, мо́жешь, мо́гут	*ungebr.*	мог, могла́, -о́, -и́	können
мыть *(uv.)*, мо́ю, мо́ешь, мо́ют	мой	мыл	waschen
наде́ть *(uv.)*, наде́ну, наде́нешь, наде́нут	наде́нь	наде́л	anziehen
наде́яться *(uv.)*, наде́юсь, наде́ешься, наде́ются	наде́йся	наде́ялся	hoffen
назва́ть *(vo.)*, назову́, назовёшь, назову́т	назови́	назва́л, -а́, -о, -и	nennen
нача́ть *(vo.)*, начну́, начнёшь, начну́т	начни́	на́чал, -а́, -о, -и	beginnen

ненави́деть *(uv.)*, нанави́жу, ненави́дишь, ненави́дят	*ungebr.*	ненави́дел	hassen
нести́ *(uv.)*, несу́, несёшь, несу́т	неси́	нёс, несла́, -о́, -и́	tragen
остава́ться *(uv.)*, остаю́сь, остаёшься, остаю́тся	остава́йся	остава́лся	bleiben
оста́ться *(vo.)*, оста́нусь, оста́нешься, оста́нутся	оста́нься	оста́лся	zurückbleiben
откры́ть *(vo.)*, откро́ю, откро́ешь, откро́ют	откро́й	откры́л	öffnen
отня́ть *(vo.)*, отниму́, отни́мешь, отни́мут	отними́	о́тнял, -а́, -о, -и	wegnehmen
пасть *(vo.)*, паду́, падёшь, паду́т	пади́	пал	fallen
па́хнуть *(uv.)*, па́хну, па́хнешь, па́хнут	*ungebr.*	пах, па́хла, -о, -и	duften
перевести́ *(vo.)*, переведу́, переведёшь, переведу́т	переведи́	перевёл, перевела́	übersetzen
петь *(uv.)*, пою́, поёшь, пою́т	пой	пел	singen
печь *(uv.)*, пеку́, печёшь, пеку́т	пеки́	пёк, пекла́, -о́, -и́	backen
писа́ть *(uv.)*, пишу́, пи́шешь, пи́шут	пиши́	писа́л	schreiben
пить *(uv.)*, пью, пьёшь, пьют	пей	пил, -а́, -о, -и	trinken
плыть *(uv.)*, плыву́, плывёшь, плыву́т	плыви́	плыл, -а́, -о, -и	schwimmen
показа́ть *(vo.)*, покажу́, пока́жешь, пока́жут	покажи́	показа́л	zeigen
ползти́ *(uv.)*, ползу́, ползёшь, ползу́т	ползи́	полз, ползла́, -о́, -и́	kriechen
помо́чь *(vo.)*, помогу́, помо́жешь, помо́гут	помоги́	помо́г, помогла́, -о́, -и́	helfen
поня́ть *(vo.)*, пойму́, поймёшь, пойму́т	пойми́	по́нял, -а́, -о, -и	verstehen
привы́кнуть *(vo.)*, привы́кну, привы́кнешь, привы́кнут	привы́кни	привы́к, -ла, -ло, -ли	sich gewöhnen
рассказа́ть *(vo.)*, расскажу́, расска́жешь, расска́жут	расскажи́	рассказа́л	erzählen
расти́ *(uv.)*, расту́, растёшь, расту́т	расти́	рос, росла́, -о́, -и́	wachsen
сесть *(vo.)*, ся́ду, ся́дешь, ся́дут	сядь	сел	sich setzen
сиде́ть *(uv.)*, сижу́, сиди́шь, сидя́т	сиди́	сиде́л	sitzen
сказа́ть *(vo.)*, скажу́, ска́жешь, ска́жут	скажи́	сказа́л	sagen
слать *(uv.)*, шлю, шлёшь, шлют	шли	слал	schicken
смея́ться *(uv.)*, смею́сь, смеёшься, смею́тся	сме́йся	смея́лся	lachen
смотре́ть *(uv.)*, смотрю́, смо́тришь, смо́трят	смотри́	смотре́л	sehen
собра́ть *(vo.)*, соберу́, соберёшь, соберу́т	собери́	собра́л, -а́, -о, -и	sammeln
спать *(uv.)*, сплю, спишь, спят	спи	спал, -а́, -о, -и	schlafen
стать *(vo.)*, ста́ну, ста́нешь, ста́нут	стань	стал	werden
стоя́ть *(uv.)*, стою́, стои́шь, стоя́т	стой	стоя́л	stehen
узнава́ть *(uv.)*, узнаю́, узнаёшь, узнаю́т	узнава́й	узнава́л	erkennen
умере́ть *(vo.)*, умру́, умрёшь, умру́т	умри́	у́мер, умерла́, -о, -и	sterben
хоте́ть *(uv.)*, хочу́, хо́чешь, хо́чет, хоти́м, хоти́те, хотя́т	*ungebr.*	хоте́л	wollen
шить *(uv.)*, шью, шьёшь, шьют	шей	шил	nähen

Register

Die vor dem Komma stehende Zahl gibt den Paragraphen, die danach stehende den Abschnitt an, in dem das Stichwort zu finden ist.
Die wenigen russischen Stichwörter wurden ins deutsche Alphabet eingeordnet.

Abkürzungswörter s. Wortzusammensetzungen
Abstrakta 39; 41
Adjektive 51–60
    Einteilung der ~ 51
    Deklination der ~; Deklinationstypen 52
    ~ mit hartem und weichem Stammauslaut 52
      ~ mit hartem Stammauslaut 53
      ~ mit weichem Stammauslaut 54
    Possessivadjektive 55
    Gattungsadjektive 56
    Kurz- und Langformen der ~ 57
    Komparation der ~ 58–60
      Steigerungsformen und -stufen 58
      Bildung und Gebrauch des Komparativs 59
      Bildung und Gebrauch des Superlativs 60
Adverbialpartizipien 34–36
    Charakter und Formenbestand der ~ 34
    ~ der Gleichzeitigkeit 35:
      Bildung der ~ 35,1
      Gebrauch und Übersetzung der ~ 35,2
    ~ der Vorzeitigkeit 36:
      Bildung der ~ 36,1
      Gebrauch und Übersetzung der ~ 36,2
Adverbialsätze 126–133
    Modalsätze 126
    Lokalsätze 127
    Temporalsätze 128
    Kausalsätze 129
    Finalsätze 130
    Konditionalsätze 131
    Konsekutivsätze 132
    Konzessivsätze 133
Adverbien 86,87
    Einteilung der ~ 86
    nach ihrer Bedeutung 86,1
    nach ihrer Bildungsweise 86,2
    Komparation der ~ 87

Akkusativ
    ~ bei belebten und unbelebten Substantiven 42; 44; 46
    ~ Singular der weiblichen Familiennamen 49
    ~ der Personalpronomen der 3. Person Singular und Plural 77,1
    die wichtigsten Funktionen des ~ 103
    ~ nach verneintem transitiven Verb 16
Alphabet 1,1
Altersangaben 134
angefügtes -o 77,1; s. auch unter Präpositionen 90,4
Aspektbildung 18
    Präfigierung 18,1
    Suffigierung 18,2
    unterschiedliche Wurzeln 18,3
    unpaarige Verben 18,4
Aspekt 15–24
    Aspektpaare 15
    Verben des unvoll. Aspekts 16
    Verben des voll. Aspekts 17
    Aspektbildung 18
    Tempusformen und ~ 19
    Gebrauch der Präsensformen und ~ 21,2
    Gebrauch der Futurformen und ~ 22,2
    Gebrauch der Imperativformen und ~ 24,2
Aspektpaare 15
Attribut
    adjektivisches ~ 55–57,3; 59,2; 60,2; 60,4; 60,6
    Genitiv ~ 101
Aufforderungssätze
    ~ mit Imperativformen 24
    ~ mit Indefinitpronomen 85,2
    ~ als indirekte Rede 122
Belebtheit der Substantive 42
    ~ nach mehrgliedrigen Zahlwörtern 71,2
Betonungswechsel 44–47
    ~ bei der Deklination der Maskulina 44

    ~ bei der Deklination der Neutra 45
    ~ bei der Deklination der Feminina auf -а (-я) 46
    ~ bei der Deklination der Feminina auf -ь 47
Bruchzahlwörter 74
    substantivische ~ 74,1
    gemeine Brüche 74,2
    gemischte Zahlen 74,3
    Dezimalbrüche und Dezimalzahlen 74,4
быть 106–108
    ~ als Kopula „sein/nicht sein" 106
    ~ zum Ausdruck des Vorhandenseins, der Existenz, der Anwesenheit 107
    ~ zur Wiedergabe von „haben" 108
Dativ
    die wichtigsten Funktionen des ~ 102
    ~ in unpersönlichen Sätzen 125
Deklination
    ~ des Partizips Präsens Aktiv 29,2
    ~ des Partizips Präteritum Aktiv 30,2
    ~ des Partizips Präsens Passiv 31,2
    ~ des Partizips Präteritum Passiv 32,2
    ~ der Maskulina (I. Deklination) 45
    ~ der Neutra (I. Deklination) 45
    ~ der Feminina auf -а/-я (II. Deklination) 46
    ~ der Feminina auf -ь (III. Deklination) 47
    ~ der Familiennamen 49
    ~ der Adjektive mit hartem Stammauslaut 53
    ~ der Adjektive mit weichem Stammauslaut 54
    ~ der Possessivadjektive 55
    ~ der Gattungsadjektive 56

~ von самый 60,1
~ der Kardinalzahlwörter 63–71
~ der Sammelzahlwörter 72,2
~ von оба 72,4
~ der Ordinalzahlwörter 73,2
~ der substantivischen Bruchzahlwörter 74,1
~ der Personalpronomen 77,1
~ der Possessivpronomen 78,1
~ der Demonstrativpronomen 79,1
~ der Interrogativpronomen 80,1
~ der Relativpronomen 81,1
~ der Determinativpronomen 83,1
~ der Negationspronomen 84,1
~ der Indefinitpronomen 85,1
Deklinationstypen
~ der Substantive 43
~ der Adjektive 52
Demonstrativpronomen 76; 79
Deklination der ~ 79,1
Gebrauch der ~ 79,2
Determinativpronomen 76; 83
Deklination der ~ 83,1
Gebrauch der ~ 83,2
Dezimalbrüche 74,4
Dezimalzahlen 74,4
direkte und indirekte Rede 120–123
Form der direkten und indirekten Rede 120
Wiedergabe von Aussagesätzen 121
Wiedergabe von Aufforderungssätzen 122
Wiedergabe von Fragesätzen 123
doppelte Verneinung 117
dürfen – nicht dürfen 110
можно 110,1
нельзя 110,2
Eigennamen 39; 41; 50,2; 50,3
Entscheidungsfragen 119
Aussagesatz mit Frageintonation 119,1
Spitzenstellung des hervorgehobenen Wortes 119,2
~ mit ли 119,3
~ mit не … ли/нет … ли 119,4
~ mit разве 119,5
indirekte ~ 123,2
Ergänzungsfragen 118
Wiedergabe in der indirekten Rede 123,1

Familiennamen 48
Deklination der ~ 49
weibliche Familiennamen auf Konsonant 49
Feminina
Genus der Substantive 40
Deklination der ~ 46
~ auf ия 46
Finalsätze 130
flüchtiges -o- (-e-) s. Vokalausfall/Vokaleinschub
~ bei der Deklination der Maskulina 44
~ bei der Deklination der Neutra 45
~ bei der Deklination der Feminina auf -a (-я) 46
~ bei der Deklination der Feminina auf -ь 47
~ bei Kurzformen der Adjektive 57
Fortbewegung, Verben der
unpräfigierte ~ 37:
Formenbestand 37,1
Gebrauch der paarigen ~ 37,2
präfigierte ~ 38
Frageadverbien 86,2; 118
~ zur Einleitung von Lokalsätzen 127
Frageintonation s. unter Intonationstypen
Fragepronomen s. unter Interrogativpronomen
Fragesätze
Ergänzungsfragen 118
Entscheidungsfragen 119,5
indirekte ~ 123
Fremdwörter 40,2; 50,1
Futur 19
Bildung der Futurformen 22,1
Gebrauch der Futurformen 22,2
Gattungsadjektive 56
Gattungsnamen 39
gemeine Brüche 74,2
Gemeinsamkeit
Wendungen zum Ausdruck der ~ 77,2
gemischte Zahlen 74,3
Genitiv
~ bei belebten Substantiven 42; 44
~ Singular auf -y (-ю) 44
~ Plural, endungsloser, der Maskulina 44
~ Plural, abweichender, der Neutra 45

~ des Vergleichswortes beim Komparativ 59,5
~ Singular des Adjektivs nach Kardinalzahlwörtern 65,2
~ Plural des Substantivs nach Kardinalzahlwörtern 66,2; 67,2
~ nach unbestimmten Zahlwörtern 75,2
die wichtigsten Funktionen des ~ 101
~ der Verneinung 107; 108; 116
Genus
grammatisches und natürliches Geschlecht der Substantive 40,1
Genus undeklinierbarer Substantive 40,2
~ von Personenbezeichnungen 99
Grundzahlwörter s. Kardinalzahlwörter
hinweisende Adverbien 86,2; 115,1
Höflichkeitsform 77,2; 78,2; 99
Imperativ 24
~ der 2. Person 24,1; 24,2:
Bildung des ~ 24,1
Gebrauch des ~ 24,2
besondere Formen des ~ 24,3
Imperativsätze s. Aufforderungssätze
Indefinitpronomen 76; 85
Deklination der ~ 85,1
Gebrauch der ~ 85,2
indirekte Fragesätze 123
indirekte Rede s. unter direkte und indirekte Rede
Infinitiv 11
Infinitivsätze 112; 125
Infinitivstamm 11; 12
Instrumental
Plural d. Feminina der III. Deklination auf -ьми 47
Singular der Familiennamen 49
als Prädikatsnomen 57,3; 104
Singular der Personalpronomen 77,1
die wichtigsten Funktionen des ~ 104
Interjektionen 95–97
~ zum Ausdruck von Gefühlen 95
~ zum Ausdruck von Aufforderungen 96
~ des Grußes, Dankens, der Entschuldigung 97

Interrogativpronomen 76; 80
  Deklination der ~ 80,1
  Gebrauch der ~ 80,2
Intonationstypen 6
intransitive Verben 23
Jahreszahlen 137; 138
Kardinalzahlwörter 62–71
  Überblick 62
  Kardinalzahlwort ноль/нуль 63
  Kardinalzahlwort один: 64
  ~ два, три, четыре 65:
  ~ 5–20, 30 66
  ~ 40, 90, 100 67
  ~ 50, 60, 70, 80 68
  ~ 200, 300, 400 ... 900 69
  ~ тысяча, миллион, миллиард 70
  mehrgliedrige ~ 71
Kasus 100–105
  Nominativ 100
  Genitiv 101
  Dativ 102
  Akkusativ 103
  Instrumental 104
  Präpositiv 105
Kausalsätze 129
Kollektivnamen 39
können – nicht können 109
  (не) мочь 109,1
  (не) уметь 109,2
  можно – нельзя – невозможно 109,2
Komparativ der Adjektive 58–60
  Bildung der zusammengesetzten Komparativformen 59,1
  Gebrauch der zusammengesetzten Komparativformen 59,2
  Bildung der einfachen Komparativformen 59,3
  Gebrauch der einfachen Komparativformen 59,4
  Zusammenfassung zum Gebrauch der Steigerungsformen 60,6
Komparativ der Adverbien 87
Komposita s. Wortzusammensetzungen
Konditionalsätze 131
Kongruenz
  ~ zwischen attributivem Adjektiv und Substantiv 55; 56; 57,3; 59,2; 60,2; 60,4; 60,6; 66,2
  ~ zwischen Kardinalzahlwort und Substantiv 64,2; 65,2
  ~ zwischen Ordinalzahlwort und Substantiv 73,2

  ~ zwischen Subjekt und Prädikat 98
  verbales Prädikat 98,1
  nominales Prädikat 98,2
  Sonderfälle der ~ zwischen Subjekt und Prädikat 99
Konjugation
  е-Konjugation 13
  и-Konjugation 14
Konjunktionen
  in Verbindung mit dem Konjunktiv 25
  die wichtigsten ~ und ihr Gebrauch 91
  Gebrauch von и, а, но 92
  ~ zur Einleitung von Modalsätzen 126
  ~ zur Einleitung von Temporalsätzen 128
  ~ zur Einleitung von Kausalsätzen 129
  ~ zur Einleitung von Finalsätzen 130
  ~ zur Einleitung von Konditionalsätzen 131
  ~ zur Einleitung von Konsekutivsätzen 132
  ~ zur Einleitung von Konzessivsätzen 133
Konjunktiv
  Bildung der Formen des ~ 25
  Konjunktivformen von (не) хотеть 114,2
  ~ in Verbindung mit ни 115,3
  ~ in der indirekten Rede 122
  Gebrauch des ~ in Finalsätzen 130
  Gebrauch des ~ in Konditionalsätzen 131
Konkreta 39
Konsekutivsätze 132
Konsonanten 2
  harte und weiche ~ 2,1
  stimmhafte und stimmlose ~ 2,2
  kurze und lange ~ 2,3
  Aussprache einzelner ~ 2,4
Konsonantenausfall 3
Konsonantenverbindungen s. Lautverbindungen
Konsonantenwechsel 7,3
  ~ bei der е-Konjugation 13
  ~ bei der и-Konjugation 14
  ~ bei der Bildung d. Komparativformen des Adjektivs 59,3
Konzessivsätze 133
Kopula 98,2; 99; 106

Kurzform
  ~ des Partizips Präsens Passiv 31
  ~ des Partizips Präteritum Passiv 32
  ~ des Adjektivs 57–60
Kurzwörter s. auch Wortzusammensetzungen
  Genus undeklinierbarer Kurzwörter 40,2
Langform
  ~ des Partizips Präsens Passiv 31
  ~ des Partizips Präteritum Passiv 32
  ~ des Adjektivs 57–60
Lautverbindungen
  Aussprache von ~ 3
Lautwechsel 7,3
Lokalsätze 127
Maskulina
  Genus der Substantive 40
  Deklination der Substantive 44
  ~ auf -а (я) 46
Mehrwortverbindungen s. Wortzusammensetzungen
Modalsätze 126
Modalverben 109–114
  Wiedergabe der deutschen ~
  können 109
  dürfen 110
  müssen 111
  sollen 112
  wollen 113
  mögen 114
mögen – nicht mögen 114
  (не) хочется 114,1
  Konjunktivformen von (не) хотеть 114,2
  (не) любить 114,3
müssen – nicht müssen/nicht brauchen 111
  (не) надо, (не) нужно 111,1
  (не) должен 111,2
  (не) следует 111,3
  (не) приходится 111,4
Namen, russische 48
не 115,1
Negationsadverbien 86,2; 115,3
  doppelte Verneinung 117
Negationspronomen 76; 84
  Deklination der ~ 84,1
  Gebrauch der ~ 84,2
  doppelte Verneinung 117
нет 115,2
Neutra
  Genus der Substantive 40
  Deklination der ~ 45

189

~ auf -ие   45
~ auf -мя   45
ни   115,3
Nominativ
  ~ Plural der Maskulina auf -a (я)
    44
  ~ Plural der Neutra auf -и   45
  ~ Singular der weiblichen Familiennamen   49
  ~ Plural der Familiennamen   49
  ~ des Adjektivs beim Gebrauch
    als Prädikatsnomen   57,3
  die wichtigsten Funktionen des ~
    100
Numeralien   61-75
  Einteilung der ~   61
  Kardinalzahlwörter   62-71
  Sammelzahlwörter   72
  Ordinalzahlwörter   73
  Bruchzahlwörter   74
  unbestimmte Zahlwörter   75
Numerus der Substantive   41
Objekt
  direktes ~   23; 103; 116
  indirektes ~   102
  ~ der Rede   105
Objektsatz   121; 122
Ordinalzahlwörter   73
  Überblick   73,1
  Deklination der ~   73,2
  Gebrauch der ~   73,3
Ordnungszahlwörter   s. Ordinalzahlwörter
Ortsangaben
  ~ in Verbindung mit dem Präp.
    Sing. der Maskulina auf -y (-ю)
    44
  ~ in Verbindung mit Adjektiven
    mit weichem Stammauslaut   54
  Präpositionale Fügungen bei ~
    140
Partikeln
  Gebrauch von бы   25
  eigentliche ~ und ihr Gebrauch
    93
  Wort und Form bildende ~   94
  Verneinungspartikeln не, нет, ни
    115
partitiver Genitiv   101
Partizipialkonstruktion
  ~ beim Partizip Präsens Aktiv
    29,2
  ~ beim Partizip Präteritum Aktiv
    30,2
  ~ beim Partizip Präsens Passiv
    31,2

  ~ beim Partizip Präteritum Passiv
    31,2
  ~ beim Adverbialpartizip der
    Gleichzeitigkeit   35,2
  ~ beim Adverbialpartizip der Vorzeitigkeit   36,2
Partizipien   28-33
  Charakter und Formenbestand der
    ~   28
  Partizip Präsens Aktiv   29
    Bildung des ~   29,1
    Gebrauch und Übersetzung des
      ~   29,2
  Partizip Präteritum Aktiv   30
    Bildung des ~   30,1
    Gebrauch und Übersetzung des
      ~   30,2
  Partizip Präsens Passiv   31
    Bildung des ~   31,1
    Gebrauch und Übersetzung des
      ~   31,2
  Partizip Präteritum Passiv   32
    Bildung des ~   32,1
    Gebrauch und Übersetzung des
      ~   32,2
  Übersicht zu Bildung und
    Gebrauch der ~   33
Passiv
  Bildung des ~ von unvoll. transitiven Verben   27
  Bildung des ~ mit dem Partizip
    Präteritum Passiv   32
Personalpronomen   76; 77
  Deklination der ~   77,1
  Gebrauch der ~   77,2
Personenbezeichnungen   42
  Genus von ~   99
Phasenverben   16
Pluralia tantum   41
Positiv der Adjektive   58
Possessivadjektive   55
  ~ mit -ов-/-ев-   55,1
  ~ mit -ин/-ын   55,2
Possessivpronomen   76; 78
  Deklination der ~   78,1
  Gebrauch der ~   78,1
Prädikat
  nominales adjektivisches ~   57;
    59; 60
  verbales ~   98,1; 99
  nominales ~   98,2; 99
Prädikatsnomen   98,2; 99; 100;
  104
Präfixe
  ~ zur Bildung von Substantiven
    8,1

  ~ zur Bildung von Verben   8,2
  ~ zur Bildung von Aspektpartnern
    18,1
  ~ bei den Verben der Fortbewegung   38; 140
  ~ und Präpositionen   38; 140
Präpositionen
  Gebrauch der ~ im Zusammenhang mit präfigierten Verben
    der Fortbewegung   38
  Gebrauch der ~ in Verbindung mit
    Negationspronomen   84,1
  Gebrauch der ~ in Verbindung mit
    Indefinitpronomen   85,1
  die wichtigsten einfachen ~ und
    ihr Gebrauch   88
  die wichtigsten abgeleiteten ~ und
    ihr Gebrauch   89
  schwierige Fälle   90
  Gebrauch von в und на   90,1
  Gebrauch von ~ in Verbindung
    mit Verben   90,2
  vom Deutschen abweichender
    Gebrauch von на   90,3
  о-Einschub   90,4
  ~ in Verbindung mit Personalpronomen der 3. Person   90,5
  ~ mit Genitiv   101
  ~ mit Dativ   102
  ~ mit Akkusativ   103
  ~ mit Instrumental   104
  ~ mit Präpositiv   105
  präpositionale Fügungen bei Zeitangaben   139
  präpositionale Fügungen bei Ortsangaben   140
Präpositiv
  ~ Singular auf -y (-ю)   44
  die wichtigsten Funktionen des
    ~   105
Präsens   19; 20 s. auch unter Konjugation
Präsensstamm   12
Präteritum   19; 21
  Bildung der Präteritumformen
    21,1
  Gebrauch der Präteritumformen
    21,2
Pronomen   76-85
  Einteilung der ~   76
  Personalpronomen   77
  Possessivpronomen   78
  Demonstrativpronomen   79
  Interrogativpronomen   80
  Relativpronomen   81
  Reflexivpronomen   82

Determinativpronomen 83
Negationspronomen 84
Indefinitpronomen 85
qualitative Adjektive 51
Reflexivpronomen 76; 82
Rektion
   ~ der Verben 23; 90; 101–105
   s. auch Anhang 1
   ~ der Kardinalzahlwörter 66–71
   ~ der Sammelzahlwörter 72,3
   ~ des Zahlwortes оба 72,4
   ~ der Bruchzahlwörter 74
   ~ der unbestimmten Zahlwörter 75,2
   ~ von Präpositionen 101–105
relative Adjektive 51
Relativpronomen 76; 81
   Deklination der ~ 81,1
   Gebrauch der ~ 81,2
Relativsätze s. auch unter Relativpronomen 81,2
   ~ als Übersetzung der Partizipien 29,2; 30,2; 31,2; 32,2
Sammelnamen 39; 41; 42
Sammelzahlwörter 72
   Charakter der ~ 72,1
   Deklination der ~ 72,2
   Gebrauch der ~ 72,3
   оба 72,4
Satzintonation 6
Schreibregeln 5
   ~ bei der Deklination der Maskulina 44
   ~ bei der Deklination der Neutra 45
   ~ bei der Deklination der Femina auf -а (я) 46
   ~ bei der и-Deklination 47
   ~ bei der Deklination der Adjektive 53; 54
Singularia tantum 41
sollen – nicht sollen 112
   надо, нужно, нельзя, следует, должен 112,2
   Infinitivsätze 112,2
Stammerweiterung s. Stammveränderung
Stammveränderung
   ~ bei der Deklination der Maskulina 44
   ~ bei der Deklination der Neutra 45
   ~ bei der Deklination der Femina auf -ь 47
   ~ bei der Bildung der Komparativformen 59,3

Steigerungsformen der Adjektive 58–60
Steigerungsformen der Adverbien 87
Stimmassimilation 3
Stoffnamen 39; 41
Subjekt 98; 99
   grammatisches ~ 100
   logisches ~ 102
Substantive 39–50
   Einteilung der ~ 39
   Genus der ~ 40
   Numerus der ~ 41
   Belebtheit – Unbelebtheit der ~ 42
   Deklination der ~
   Deklinationstypen 43
   I. Deklination – Maskulina 44
   I. Deklination – Neutra 45
   II. Deklination – Feminina auf -а (я) 46
   III. Deklination – Feminina auf -ь 47
   Russische Namen 48
   Deklination der Familiennamen 49
   Undeklinierbare Substantive 50
Suffixe
   ~ zur Bildung von Substantiven 9,1
   ~ zur Bildung von Adjektiven 9,2
   ~ zur Bildung der Infinitivform 11
   ~ zur Bildung von Aspektpartnern 18,2
   ~ -ся/-сь 26; 27; 29,1; 31,1
   ~ beim Partizip Präsens Aktiv 29,1
   ~ beim Partizip Präteritum Aktiv 30,1
   ~ beim Partizip Präsens Passiv 31,1
   ~ beim Partizip Präteritum Passiv 32,1
   ~ beim Adverbialpartizip der Gleichzeitigkeit 35,1
   ~ beim Adverbialpartizip der Vorzeitigkeit 36,1
Superlativ der Adjektive 58; 60
   Bildung und Gebrauch des Superlativs 60,1
   Gebrauch der zusammengesetzten Superlativformen 60,2
   Bildung der einfachen Superlativformen 60,3

   Gebrauch der einfachen Superlativformen 60,4
   Antonymische Paare 60,5
   Zusammenfassung zum Gebrauch der Steigerungsformen 60,6
Superlativ der Adverbien 87
Temporalsätze 128
Tempusformen des Verbs
   ~ und Aspekte 19
   Präsens 20; s. auch unter Konjugation
   Präteritum 21
   Futur 22
Tierbezeichnungen 42
Tierlockrufe 96,3
transitive Verben 23; 101; 103; 116
Uhrzeitangaben 135
   offizielle ~ 135,1
   umgangssprachliche ~ 135,2
Unbelebtheit der Substantive 42
unbestimmte Adverbien 86,2
unbestimmte Zahlwörter 75
   Deklination der ~ 75,1
   Gebrauch der ~ 75,2
unbestimmt-persönliche Sätze 124
ungefähre Zahlenangaben 66,2
unpersönliche Sätze
   Verneinung der Existenz 107,2
   Wiedergabe von „haben/nicht haben" 108
   можно – нельзя – невозможно 109,3
   можно – нельзя (dürfen – nicht dürfen) 110
   (не) надо, (не) нужно 111,1; 112,1
   (не) следует 111,3; 112,1
   (не) приходится 111,4; 112,1
   Infinitivsätze 112,2
   (не) хочется 113,2; 114,1
   Formen der ~ 125
Vatersnamen 48
Verben 11–38
   Infinitiv 11
   Verbstämme 12
   Konjugation 13; 14
   Aspekte 15–18
   Tempusformen der ~ 19–22
   Rektion der ~ 23
   Imperativ 24
   Konjunktiv 25
   ~ -ся 26
      Formenbildung 26,1
      Hauptbedeutungen des Suffixes -ся 26,2

in unpersönlichen Konstruktionen 113,2; 114,1; 125
Passiv 27; 32
Bildung von unvoll. transitiven Verben 27
Bildung mit dem Partizip Präteritum Passiv 32
Partizipien 28–33
Adverbialpartizipien 34–36
~ der Fortbewegung 37; 38
Verbstämme
Infinitivstamm 11; 12
Präsensstamm 12
verneinte Sätze s. Verneinung
Verneinung
~ der Existenz, des Vorhandenseins, der Anwesenheit 107
~ von „haben/besitzen" 108
нельзя 109,3; 110,1; 110,2; 112,1
не надо, не нужно 111,1; 112,1
не должен 111,1; 112,1
не следует 111,3; 112,1
115
Gebrauch von не, нет, ни 115

Direktes Objekt nach verneintem transitiven Verb 116
doppelte ~ 117
vorangestelltes н- 77,1; 90,5; s. auch Personalpronomen
Vokalausfall 7,3
~ bei der Deklination der Maskulina 44
~ bei der Deklination der Neutra 45
~ bei der Deklination der Feminina 46; 47
~ bei der Kurzform der Adjektive 57
Vokale 4
Überblick 4,1
Aussprache betonter ~ 4,2
Aussprache unbetonter ~ 4,3
Vokaleinschub 7,3
~ bei der Deklination der Neutra 45
~ bei der Deklination der Feminina 46; 47
~ bei Kurzformen der Adjektive 57

Vokalwechsel 7,3
Vornamen 48
wollen – nicht wollen 113
(не) хотеть 113,1
(не) хочется 113,2
(не) собираться 113,3
Wortbetonung 1,2
Wortbildung 7–10
Bestandteile des Wortes 7
Präfixe 8
Suffixe 9
Wortzusammensetzungen 10
Wortstamm 7,2
Wortzusammensetzungen 10
~ von Substantiven 10,1
~ von Adjektiven 10,2
undeklinierbare Substantive 50,4
Zahlwörter s. Numeralien
Zeitangaben
~ in Verbindung mit Adjektiven mit weichem Stammauslaut 54
Zusammenfügungen von Wörtern s. Wortzusammensetzungen
Zustandspassiv 27